国際人権法と憲法

多文化共生時代の人権論

KONDO Atsushi 近藤 敦

明石書店

はじめに

　2023 年の入管法等改正案などは、国際人権法上、憲法上、どのような問題があるのか。

　第 1 に、本書は、国際人権法と憲法の人権規定の相違点に着目する。しかし、そもそも人の権利としての人権の内容が、国際基準と国内基準により異なるということは、人権の普遍性の観点からは好ましくない。今日、人類社会のすべての構成員の固有の尊厳と平等で譲ることのできない権利とを承認すべく、世界人権宣言や各種の人権条約が制定されている。そこで、なぜ日本国憲法の人権条約適合的解釈が必要なのかを検討し、どのような解釈手法が適当なのかを考えたい。

　たとえば、2022 年のロシアによるウクライナ侵攻に伴い、多くの人々が国外に逃れ、日本にも来ている。世界人権宣言 14 条 1 項では、「すべて人は、迫害からの庇護を他国に求め、享受する権利を有する」とある。これと類似して、ドイツの憲法 16 条 2 項 2 文が「政治的に迫害されている者は、庇護権を有する」と定めている。この種の規定をもたない日本国憲法では、**庇護権**は、憲法上の基本的人権ではないのであろうか。この点、日本国憲法前文に「全世界の国民」が「ひとしく恐怖……から免かれ」る「権利」を有するとあり、同 13 条が「生命、自由及び幸福追求」の権利と「個人の尊重」を保障していることに目を向ける必要がある。「居住、移転」「職業選択」の自由を定める憲法 22 条 1 項と結びついた憲法 13 条が、居住と就労を保障した庇護権を保障しているものと解しうる。難民条約に加入したから難民を保護するというだけではなく、本国に送還することで生命、自由の重大な危険のおそれがある人の**補完的保護**の制度を入管法に定めることも、憲法上の要請といえる。

　第 2 に、本書は、世界人権宣言、自由権規約、社会権規約、人種差別撤廃条約、子どもの権利条約などと憲法の規定をめぐり、その整合的な解釈の

あり方を法令や判例に照らして分析する。まず、国際人権法の概略を確認しながら、国際人権法上の人権のうち、憲法の不文の人権に着目し（1章）、憲法の人権条約適合的解釈のあり方について概説する（2章）。ついで、個別に、恣意的な国籍剥奪禁止（3章）、差別禁止（4章）、補完的保護（5章）、恣意的な収容の禁止、品位を傷つける取扱いの禁止（6章）、自国に入国する権利、在留権（7章）、ヘイトスピーチの禁止（8章）、参政権、公務就任権（9章）、教育への権利（10章）、司法審査の機会を実質的に奪われない権利、行政の適正手続（11章）といった現代の重要な人権課題を扱う。そして出入国管理と外国人の人権の発展過程を跡づけ（12章）、入管法と憲法の媒介項としての国際人権法の役割を確認し（13章）、入管法等改正案の問題を検討する。

　第3に、本書の掲げる憲法の人権条約適合的解釈の特徴は、融合的保障といった、複数の条文を結びつけた憲法の体系解釈を重視する点にある。憲法13条だけで、包括的な内容を含んでいるとはいえ、他の人権規定と結びつけることで、具体的な保障内容がより明確になり、他の人権規定を準用するよりも人権保障を強化する。たとえば、行政手続の適正手続は、刑事手続の適正手続に関する憲法31条を準用するのではなく、憲法31条と結びついた憲法13条が保障するものと解しうる。こうした解釈は、チャーター機で本国に一斉送還するために難民不認定処分の異議申立の棄却決定の告知を直前まで遅らせ、事実上第三者との連絡を認めなかったことが、裁判を受ける権利を侵害し、**行政の適正手続**に違反することを判示した東京高裁確定判決（2021〔令和3〕年9月22日判タ1502号55頁）でも採用されるようになった。従来の憲法学では、人権の性質として、人権の固有性・不可侵性・普遍性が語られたが、今日の国際人権法学では、人権の普遍性・不可分性・相互依存性が語られる。人権は普遍性をもち、不可分であり、相互に関わり、補強し合っている。人権の不可分性と相互依存性を考慮するならば、21世紀の憲法解釈は、人権条約適合的解釈としての人権規定の融合的保障が求められている。

2022年9月30日

近藤　敦

国際人権法と憲法

多文化共生時代の人権論

●目 次

凡　例

■条文の引用について
　日本国憲法からの条文の引用において、読みやすさを優先し、旧仮名遣いおよび促音の表記を一部改めた箇所がある。

■略語一覧
刑集：『最高裁判所刑事判例集』
東高時報：『東京高等裁判所判決時報』
判時：『判例時報』
判タ：『判例タイムズ』
民集：『最高裁判所民事判例集』
BverfGE: Entscheidungen des Bundesverfassungsgerichts
CEDAW: The Committee on the Elimination of Discrimination against Women
CESCR: The Committee on Economic, Social and Cultural Rights
CFDT: Confédération française démocratique des travailleurs
CGT: Confédération générale du travail
S.C.R. : The Supreme Court Reports [Canada]
ECHR : European Court of Human Rights
ECRE: European Council on Refugees and Exiles
E.D.N.Y.: United States District Court for the Eastern District of New York
EHRR: European Human Rights Reports
GISTI: Groupe d'information et de soutien des immigrés
HRC: [UN] Human Rights Committee
ICJ, International Court of Justice
NZSC: The Supreme Court of New Zealand
SCC: Supreme Court Cases [India]
SFS: Svensk författningssamling
UKHL: United Kingdom House of Lord
UNGA: The UN General Assembly
ZACC: Constitutional Court of South Africa
ZASCA: South Africa Supreme Court Appeal

第1章

国際人権法上の人権と憲法の不文の人権

1. 国際人権法の歴史

　国際人権法とは、日本国憲法のような1つの法典ではなく、関係するいくつもの法の総称である。それは実体と手続の両面からなる。実体には、国際的な人権保障に関する国際人権規範（国際人権基準）として、国際連合の下で制定された条約や宣言などがある。さらには、地域的な条約や宣言を含む場合もある[1]。手続には、国際的な人権保障を実現するための法制度や手続の体系（実施措置）として、国連人権高等弁務官事務所や個人通報などの国際的な制度がある。加えて、各国の人権委員会やオンブズマンなどの国内人権機関や裁判所を含む国内的な制度もある。

　本格的な国際人権規範は、第2次世界大戦後に形成される。1919年に第1次世界大戦の講和条約において設立された国際連盟（League of Nations）は人権保障を規定しなかった。その規約に「宗教」による差別禁止の規定を入れるアメリカの提案も[2]、「人種または国籍」による差別禁止の規定を入れる日本の提案もしりぞけられた[3]。例外的に、国際連盟の下では、一部の人権条約が定められた。戦後の領土変更に伴う、東欧・中欧における少数者保護

---

1) ヨーロッパ諸国では、国連の人権条約よりも、ヨーロッパ人権条約の違反をヨーロッパ人権裁判所に訴えることが多い。地域的な人権保障として、米州人権条約違反を審査する米州人権裁判所、アフリカ人権条約違反を審査するアフリカ人権裁判所もある。
2) 篠原、2015、74頁。
3) 池井、1963、50頁。

条約がそれである。たとえば、1919 年のポーランドとの条約 2 条のように、「ポーランドは、出生、国籍、言語、人種、宗教の区別なく、すべての住民に生命と自由の十分かつ完全な保護を確保することを約束する」と定めていた。また、国際連盟の下に、国際労働機関（ILO）が設立され、1930 年の強制労働条約は、日本も批准した。さらに、国際連盟の下の 1921 年の婦人および児童の売買禁止に関する国際条約も日本は批准したが、1926 年の奴隷条約には日本は批准していない。

　しかし、第 2 次世界大戦以前、人権問題は国内問題とされた。一般に、国際法は国家と国家の関係を規律する法と考えられ、人権がかかわる国家と個人の関係は、それぞれの国の憲法が独自に規律する問題とみなされた。ユダヤ人がナチス・ドイツに迫害されていても、各国は国内問題だからとして放置した。この反省から、人間の尊厳を尊重し、法律によっても奪われることのない人権を国際的にも保障する考え方が第 2 次世界大戦後に生まれてくる。

(1) 国連憲章

　1945 年に設立された国際連合（United Nations, 以下、国連）は、その設立根拠となる国連憲章（Charter of the United Nations）の前文において、「戦争の惨害から将来の世代を救い」、「基本的人権と人間の尊厳および価値と男女および大小各国の同権とに関する信念をあらためて確認」すると定めている。「人間の尊厳」を基底に置く国連の人権条約は、国家の利益よりも「個人の利益」の保障を優越させる法体制の樹立をめざす。そして国連憲章 1 条 3 項は、国連の目的の 1 つに、「人種、性、言語または宗教による差別なく、すべての人のために人権および基本的自由を尊重する」ことを定めた。「すべての人」の人権保障は、人権の「普遍性」原理に基づく。また、同 55 条・56 条は、「人権および基本的自由の普遍的な尊重および遵守」を加盟国の義務と定めている。かくして、1945 年からは、人権はもはや国家主権のベールに隠れる国内問題ではなくなった。[4]

4）Joseph and McBeth (eds.), 2010, p. 1 [Joseph and Kyriakakis].

(2) 世界人権宣言

　1948 年に国連総会で採択された**世界人権宣言**（Universal Declaration of Human Rights）は、その前文によれば、人権および基本的自由を尊重し、確保するための「すべての人民とすべての国とが達成すべき共通の基準」である。1 条では、「すべての人間は、生まれながらにして自由であり、かつ、尊厳と権利とについて平等である。人間は、理性と良心とを授けられており、互いに同胞（brotherhood: fraternité）の精神をもって行動しなければならない」[5]と定める。この 1 条において、人権の「普遍性」は、明らかである。

　一方、文化相対主義（ないし多文化主義）の下に、人権の「普遍性」に異議を唱える立場もある。他方、多様な文化の選択の「自由」を認め合い、合理的配慮を含む実質的な「平等」を保障する今日の多文化共生社会では、「同胞（友愛）」の精神としての「共生」の理念が求められている。今日、普遍的な人権として尊重されるべき文化の多様性のあり方が問題となる[6]。

　世界人権宣言の名称が宣言とあるのは、法的拘束力をもたないことを意味する。ただし、国際人権規約の解釈の際の重要な基準である。宣言の一部は国際慣習法となって効力を有するという説も有力である[7]。また、世界人権宣言は、国際法上いかなる逸脱も許されない「強行規範（*jus cogens*）」とみなされる国連憲章 1 条 3 項・55 条・56 条の「人権」を定義するものという説もある[8]。

　世界人権宣言の採択には 48 カ国が賛成し、反対した国はなかったものの、8 カ国が棄権した。棄権の理由は、ソビエト連邦と東欧諸国は宣言がより具

---

5) 自由、平等、友愛は、フランス革命のスローガンであり、1789 年のフランス人権宣言において、「人は、自由かつ権利において平等なものとして生まれ、そして生存する」（1 条）と定め、現行の 1958 年のフランス憲法の前文において、共和国は「自由、平等、友愛の共通の理想を基礎」とするとある。

6) 2001 年のユネスコの文化の多様性に関する世界宣言 4 条では「何人も、文化の多様性を理由に、国際法で保障された人権を侵害し、またその範囲を制限してはならない」とある。したがって、インドの持参金殺人やアフリカ諸国における女性器切除などの文化的伝統が、人権諸条約に抵触する場合、普遍的な人権保障の方が優越する。

7) Sohn, 1977, 133; Henkin, 1990, 19; 申、2016、27 頁、岩沢、2020、366 頁。

8) Joseph and McBeth (eds.), 2010, pp. 2, 316 [Sivakumaran].

体的にファシズムを否定し、民主主義を擁護する国の責任を明記すべきという点、南アフリカはアパルトヘイトと相容れないという点、サウジアラビアは宣言が西欧文化に基づいており、イスラーム文化とは異質だという点にあった。

　当初、国際的な人権の伸展のために経済社会理事会に助言する人権委員会が設けられた。その権限が弱く非効率などの問題もあり、2006年からは、これに代わり国連総会の下に47の理事国によって構成される**国連人権理事会**が置かれた。その作業部会が国連加盟国の人権状況を定期的・系統的に調査することにより、国際社会の人権状況を改善し、深刻な人権侵害に対処すべく、2008年からはすべての国連加盟国を対象に「**普遍的定期審査**」を行うようになった。国連憲章、世界人権宣言、当該国が締結している人権条約や自発的誓約などに基づいて、当該国の準備した報告書、人権高等弁務官事務所の要約書、国内人権機関や人権NGOなどの利害関係機関の準備した文書を審査する模様は、ウェブで公開されている。2023年に行われた日本の第4回審査では、国内人権機関の設立、死刑廃止、包括的な差別禁止法の制定、個人通報制度を含む未批准の人権諸条約の締結、女性の社会参加促進、同性婚の承認、収容期限の設定・司法上の保護措置、包括的な庇護法の採用などについての勧告が出された。

　また、人権理事会は、各国ごとの審査だけでなく、テーマごとの審議も行う。たとえば、恣意的収容の事例に関する調査を任務とする専門家の作業部会である「恣意的収容（拘禁と訳される場合もある）作業部会」が、人権理事会の決議に基づき設置されている。恣意的収容作業部会は、その調査の一環として個人通報を受理してきた。後述する自由権規約委員会などへの個人通報と異なり、条約に基づく個人通報ではないため、個人通報を定める当該条約の締約国であることも、国内的救済手段を尽くすことも、要件とされていない。そこで、2021年に日本ではじめて、個人通報に対する見解が示された（恣意的な収容禁止について、詳しくは、**第6章参照**）。

(3) 自由権規約

　法的拘束力のある包括的な人権条約として、国連総会が1966年に採択し、

1976年に発効し、日本が1979年に批准し発効した**国際人権規約**（International Covenant on Human Rights）は、冷戦による東西対立と、1950年代後半からのアジアやアフリカでの新興独立国の国連加盟に伴う南北対立を反映して、社会権規約と自由権規約の2種類の条約に分かれた。東側の社会主義国は、社会権が人権の中核であるという立場で1つの規約を主張した。西側の自由主義国は、社会権と自由権の性質の違いを理由に2つの規約を主張した。一方、南の新興国は、経済的基盤が弱いため、社会権の実施について国際的義務を負うことに反対した。なお、世界人権宣言と国際人権規約は、あわせて**国際人権章典**（International Bill of Human Rights）と呼ばれる。

　自由権規約は、別名、B規約と呼ばれ、正式名称は「市民的および政治的権利に関する国際規約（International Covenant on Civil and Political Rights）」という。自由権規約では、締約国は、権利を「尊重し及び確保する」即時的効力を有する（2条1項）。「尊重」する義務とは、国が権利を侵害しない消極的義務を意味する。しかし、「確保」する義務とは、私人等からの権利侵害に対して「保護」する義務と、権利を実現するための適切な措置をとる「充足」する義務といった国の積極的義務も含むため、必ずしも即時的とはいえない要素をもっている[9]。

　政府報告制度において、締約国は、人権を実施するためにとった措置を国連の事務総長に定期的に報告する義務がある。この報告を18名の専門家からなる自由権規約委員会が審議し、総括所見において当事国に勧告を出すことで義務の履行を監視する。自由権規約委員会は、たとえば、2022年の日本政府報告書審査の総括所見において、第1選択議定書（個人通報制度）および第2選択議定書（死刑廃止条約）の批准、国内人権機関の設立、性的指向・性自認を含むあらゆる理由による差別禁止法の制定、ヘイトスピーチ解消法の範囲の拡大、精神障碍者の強制入院の見直し、有罪判決を受けた受刑者の選挙権を否定する法律の見直し、「慰安婦」に対する効果的救済、国際基準に則った包括的な庇護法の採用、仮放免者への支援と就労の許可、入管収容の上限期間の導入と合法性審査の確保、先住民の土地・天然資源に対す

9）申、2016、160-167頁。

る権利保障、在日コリアンに地方選挙権を認める法改正、子どもの最善の利益のために子どもを親から引き離す場合の明確な基準の設定と司法審査の導入などについて勧告し、国内人権機関、外国人の待遇、子どもの権利については、3 年以内にフォローアップ情報を提供することを求めた[10]。

　1966 年に採択され、1976 年に発効した、(2022 年末時点で 117 カ国が批准しているものの) いまだ日本が批准していない個人通報制度に関する自由権規約第 1 選択議定書を締約している国では、その国の管轄下にある個人が自らの権利を侵害されたと自由権規約委員会に通報できる。同委員会は、通報が国内での救済措置を尽くすなどの形式的要件を満たすと判断した場合、当事国の説明書などを含むすべての情報をもとに見解を示し、条約違反がある場合は救済措置を当事国に勧告する。政府の報告書の審査と同様、見解には当事国を拘束する法的効力はない。同委員会は、当事国が救済措置をとったかについて 180 日以内に通知するように要請し、年次報告書で公表する。

(4) 社会権規約
　社会権規約は、別名、A 規約といい、正式名称は「経済的、社会的および文化的権利に関する国際規約 (International Covenant on Economic, Social and Cultural Rights)」である。社会権規約では、締約国は、権利の「完全な実現を漸進的に達成する」義務を負う (2 条 1 項)。この義務は、努力義務とは違い、最小限の中核的な義務を即自的に負わせるものであり、権利の完全な実現を可能な限り迅速かつ効果的に達成するよう義務を課すものである[11] (詳しくは、**第 4 章**参照)。

　「住居を内容とする相当な生活水準について」の「すべての者の権利」を定める社会権規約 11 条を日本政府が 1979 年に批准したこともあって、1980 年に当時の建設省は「公営住宅の賃貸における外国人の取扱いについて」という通達を出した[12]。国際人権規約の批准に際して、国内法の改正は

---

10) 自由権規約委員会・第 7 回日本定期報告書に関する総括所見 (2022 年)。
11) 社会権規約委員会・第 3 回日本定期報告書に関する総括所見 (2013 年) 7 段落。
12) 建設省住政発第 9 号 (1980 〔昭和 55〕年 2 月 8 日)。

行わなかったものの、それまでの住宅金融公庫法（現行の独立行政法人住宅金融支援機構法）、公営住宅法、日本住宅公団法（現行の独立行政法人都市再生機構法）、地方住宅供給公社法の運用上の国籍要件が撤廃された[13]。

　政府報告制度において、締約国は、人権を実施するためにとった措置を国連の経済社会理事会に定期的に報告する義務がある。この報告を 18 名の専門家からなる社会権規約委員会が審議し、総括所見において当事国に勧告を出し、義務の履行を監視する。社会権規約委員会は、たとえば、2013 年の第 3 回日本政府報告書審査の総括所見において、包括的な差別禁止法の制定、男女平等を達成するためのクオータ制などの一時的な措置の実施、職場におけるすべての形態のハラスメントを防止する法令の採用、矯正の手段または刑としての強制労働の廃止、移住労働者の不平等な取扱いをなくすための法令・規則の強化、高等学校等就学支援金制度の朝鮮学校の生徒への適用、先住民の土地・天然資源に対する権利保障などを勧告した。2013 年からは、個人通報制度を含む選択議定書が発効したが、日本は批准していない。**個人通報制度**では、締約国の管轄下にある個人、個人の集団または（原則としてこれらの者の同意を得た）第 3 者は、社会権規約委員会に対する通報が認められる。通報を行うためには、国内における救済措置を尽くしていなければならない点などは、自由権規約委員会の場合と同様である。

(5) 難民条約

　また、国連は、個別の人権分野ごとの人権条約も制定している。難民条約は、主として難民の権利を射程としており、広く人の権利を扱う人権条約とは区別される場合もあるが、ここでは一緒に扱うことにする。とりわけ、難民類似の補完的保護が人権条約を根拠とする今日、両者を一緒に扱う必要性は大きい。

　「難民の地位に関する条約（Convention Relating to the Status of Refugees: 難民条約）」は、1951 年に難民および無国籍者の地位に関する国連全権委員会議が採択し、1954 年に発効した。この条約は、「1951 年 1 月 1 日以前に生

13）田中、2013、168-169 頁。

じた事象の結果として」生じた難民のみに対して適用されるという時間的制約があった（1条）。そこで、この時間的制約をなくす形で、「難民の地位に関する議定書（Protocol Relating to the Status of Refugees: 難民議定書）」が、国連総会により 1967 年に採択され、発効した。日本は難民条約に 1981 年に加入、1982 年に発効し、難民議定書には 1982 年に加入・発効した。この条約と議定書をあわせて**難民条約**と呼ぶことも多い。

　日本が難民条約に「加入」したことは多くの法改正をもたらした。1980 年に出入国管理法が改正され、難民認定手続を含む「出入国管理及び難民認定法（入管法）」となった。また、難民条約 24 条が「社会保障」について新たに入国する「難民」に「自国民に与える待遇と同一の待遇を与える」旨を定めている。そこで、これまで日本に長く居住していた外国人の社会保障を認めるために、児童手当法、児童扶養手当法、特別児童扶養手当等の支給に関する法律、国民年金法、国民健康保険法の改正がなされた。国民年金や国民健康保険という名称はいまも残っているが、今日、住民登録の対象となる、3 カ月を超えて（2012 年 7 月までは 1 年以上）日本に居住する外国人も加入者である。

(6) 女性差別撤廃条約

　「女性に対するあらゆる形態の差別の撤廃に関する条約（Convention on the Elimination of all forms of Discrimination Against Women: 女性差別撤廃条約）」は、国連総会が、1979 年に採択、1981 年に発効し、日本も 1985 年に批准・発効した。本条約は、「男女の平等を基礎として」（1条）、「女性に対するすべての差別を禁止する」（2条）。とりわけ、同 9 条 2 項が「締約国は、子の

---

14) 条約の締結手続は、「批准」が一般的であるが、条約の批准を受け付けている時期に批准する手続を経ることなく、あとから条約を締結する場合を加入という。難民条約、難民議定書、人種差別撤廃条約および拷問等禁止条約は日本は加入である。批准手続は、内閣の署名、国会の承認、内閣の批准（批准書を作成、国連事務総長に寄託）であるものの、加入手続は、国会の承認、内閣の批准である。

15) 本書でも、政府訳にある女子を女性、児童を子ども、障害者を障碍者と表記する。その理由については、近藤、2020、19 頁参照。

国籍に関し、女性に対して男性と平等の権利を与える」と定めているため、日本では批准前の 1984 年に国会が、父系血統主義から父母両系血統主義に国籍法を改正した。また、「雇用の分野における女性に対する差別を撤廃するためのすべての適当な措置をとる」(11 条)と定めているので、1985 年に国会が、「雇用の分野における男女の均等な機会及び待遇の確保等女子労働者の福祉の増進に関する法律(男女雇用機会均等法)」を制定した。

　政府報告制度において、締約国は、その国の条約実施状況について定期的に国連に報告する義務がある。この報告を 23 名の専門家からなる女性差別撤廃員会が審議し、総括所見において当事国に勧告を出し、義務の履行を監視する。女性差別撤廃委員会は、たとえば、2016 年の日本政府報告書審査の総括所見において、個人通報制度に関する選択議定書の批准の検討、さまざまなマイノリティ集団に属する女性に対する複合差別を禁止する包括的な差別禁止法の制定、婚姻適齢の男女同一化と女性のみの再婚禁止期間の廃止、マイノリティ女性に対する憎悪表現禁止法の制定と偏見根絶措置のモニタリング、クオータ制などの暫定特別措置の採用などを勧告し、婚姻適齢・再婚禁止期間、憎悪表現禁止立法・偏見根絶措置のモニタリングについて 2 年以内にフォローアップ情報を書面で提供することを求めている。[16] 2018 年の日本政府のフォローアップコメントでは、一部、2016 年に「本邦外出身者に対する不当な差別的言動の解消に向けた取組の推進に関する法律(ヘイトスピーチ解消法)」と「部落差別の解消の推進に関する法律(部落差別解消法)」が制定・施行され、2018 年(2022 年施行)の民法改正により、女性の婚姻適齢は、16 歳から男性と同じ 18 歳に引き上げられたことなどが報告された。

　いまだ日本が批准していない**個人通報制度**に関する(1999 年に採択され 2000 年に発効した)選択議定書の締約国では、その国の管轄下にある個人、個人の集団または第 3 者が条約上の権利侵害を女性差別撤廃委員会に通報できる。同委員会は、通報が国内での救済措置を尽くすなどの形式的要件を満たすと判断した場合、見解を示し、条約違反がある場合は、その個人の救済措置を当事国に勧告する。政府の報告書の審査と同様、見解には当事国を

---

16) 女性差別撤廃条約・第 7 回・第 8 回日本定期報告書に関する総括所見(2016 年)。

拘束する法的効力はない。同委員会は、当事国が救済措置をとったかについて 6 カ月以内に通知するように要請し、年次報告書で公表する。

(7) 人種差別撤廃条約

　「あらゆる形態の人種差別の撤廃に関する国際条約 (International Convention on the Elimination of All Forms of Racial Discrimination: 人種差別撤廃条約)」は、国際人権規約の前年の 1965 年に国連総会により採択され、1969 年に発効したものの、日本はようやく 1995 年に加入し、[17] 1996 年に発効した。同条約 1 条は、「人種差別」を「人種、皮膚の色、世系または民族的もしくは種族的出身に基づくあらゆる区別、排除、制限または優先であって、政治的、経済的、社会的、文化的その他のあらゆる公的生活の分野における平等の立場での人権および基本的自由を認識し、享有しまたは行使することを妨げまたは害する目的または効果を有するもの」と広く定義している。「世系（descent）」とは、先祖の意味であり、世系に基づく差別には、カーストおよびそれに類似する地位の世襲制度等の社会階層化の形態に基づく集団の構成員に対する差別を含む。[18] また、「民族的もしくは種族的出身（national or ethnic origin）」とは、自由権規約 2 条・26 条の政府訳では前者の national origin が「国民的」出身と訳されているように、国を意識した民族の出身をさし、後者の ethnic origin は、国を意識しない民族の出身をさす。[19]

　政府報告制度において、締約国は、人権を実施するためにとった措置を人種差別撤廃員会に定期的に報告する義務がある。この報告を 18 名の専門家からなる人種差別撤廃員会が審議し、総括所見において当事国に勧告を出し、義務の履行を監視する。人種差別撤廃委員会は、たとえば、2018 年の日本の定期報告書審査の総括所見において、国内人権機関の設立、ヘイトスピーチ処罰に関する同条約 4 条(a)および(b)の留保の撤回の検討（詳しくは、第 8

---

17) 第 8 章でみるように、日本の批准が遅れた理由は、アメリカ同様、憲法上の表現の自由等との抵触が懸念された点にある。
18) 人種差別撤廃委員会・一般的勧告 29（2002 年）。
19) 近藤、2020、124-126 頁。

章参照）、条約に即したヘイトスピーチ解消法の改正と包括的な人種差別禁止法の制定、沖縄の人々の先住民族としての認定、アイヌの人々も含む先住民の権利保障、部落民に対する差別を世系に基づく差別であると認識すること、数世代にわたり日本に在留するコリアンに地方選挙権および公権力の行使または公の意思の形成への参画にも携わる国家公務員として勤務することを認めること（詳しくは、**第 9 章参照**）、警察によるイスラーム教徒に対する民族的・宗教的プロファイリングの禁止、技能実習制度が「外国人の技能実習の適正な実施及び技能実習生の保護に関する法律（技能実習法）」に適合するよう政府が監視すること、移住労働者権利条約の批准の検討などを勧告し、国内人権機関、技能実習制度について、1 年以内にフォローアップ情報を提供することを求めた。[20]

　個人通報制度については、同条約 14 条 1 項に「委員会が受理しかつ検討する権限を有することを認める旨を、いつでも宣言することができる」との定めがある。日本政府はこの宣言をしていないので、日本での個人通報は認められない。なお、**国家間通報制度**とは、締約国が条約義務を履行していない場合、他の締約国の通報に基づき、条約機関が審査する制度である。しかし、人種差別撤廃条約以外は、締約国の別個の受諾宣言が必要であり、実質的には機能していない。人種差別撤廃条約においても、50 年近く利用されず、2018 年にカタールがサウジアラビアとアラブ首長国連邦に対し、パレスチナがイスラエルに対し申し立てた。[21]

(8) 拷問等禁止条約

　「拷問および他の残虐な、非人道的なまたは品位を傷つける取り扱いまたは刑罰に関する条約（Convention against Torture and Other Cruel, Inhuman or Degrading Treatment or Punishment: 拷問等禁止条約）」は、国連総会が、1984 年に採択、1987 年に発効し、日本も 1999 年に加入・発効した。前文にあ

20）人種差別撤廃委員会・日本の第 10 回・第 11 回定期報告書に関する総括所見（2018 年）10・12・14・16・18・20・22・24・32・39・46 段落。

21）李、2022、69 頁。

るように、本条約は、「何人も拷問または残虐な、非人道的なもしくは品位を傷つける取扱いもしくは刑罰を受けない」と定めている世界人権宣言5条および自由権規約7条の規定を留意し、拷問、他の残虐な・非人道的な・品位を傷つける取扱い・刑罰をなくす世界各地の努力を一層効果的なものとするために策定された。「拷問（torture）」とは、自白などを得るために、公務員などが、またはその同意や黙認の下に、身体的・精神的な苦痛を故意に与えることをさす（1条）。「戦争状態、戦争の脅威、内政の不安定または他の公の緊急事態であるかどうかにかかわらず、いかなる例外的な事態も拷問を正当化する根拠として援用することはできない」（2条2項）と定めている。したがって、拷問の防止は、逸脱できない、絶対的な権利である。

本条約は、拷問と（苦痛や被害の深刻さの点で）拷問に至らない虐待（ill-treatment）とを区別しつつも、虐待（すなわち、他の残虐な・非人道的な・品位を傷つける取扱い・刑罰）を防止する義務は、拷問を防止する義務と相互依存的で不可分、かつ関連し合っており、実際上は、多くの点で一致し、戦時などを理由に逸脱できない措置であるべきという[22]。また、3条は、「拷問」が行われるおそれがあると信ずるに足りる実質的な根拠がある国への追放・送還・引渡しを禁じているにすぎない。ただし、「虐待」の場合は、「拷問」が行われるおそれがあることが示唆されるものとしてノン・ルフールマン原則の適用を正当化する基本的要素として考慮しなければならないという[23]。

拷問禁止委員会は、本条約の実施状況に関する政府報告および個人通報の検討を主な任務とする。その構成員は、締約国により選出された10名の個人資格の専門家からなる。**政府報告制度**において、拷問禁止委員会は、たとえば、2013年の日本の第2回政府報告書に対する総括所見では、庇護希望者の収容期間に上限を設けること、代用監獄制度の廃止、取り調べの可視化、被拘禁者への拘束器具の使用禁止、死刑執行日の事前通知、軍性奴隷制度の被害者への効果的な補償などについて勧告している。日本は、22条に定める**個人通報制度**への参加を宣言していないので、日本では個人通報はできな

---

22) 拷問禁止委員会・一般的意見2（2007年）3段落。
23) 同・一般的意見4（2018年）28段落。

い。

(9) 子どもの権利条約

　「**子どもの権利条約**（United Nations Convention on the Rights of the Child）」は、1989 年に国連総会で採択され、1990 年に発効し、日本では 1994 年に批准・発効した。本条約は、（成人年齢が低い国の場合を除いて）18 歳未満のすべての子どもに、諸権利を保障する。本条約の一般原則として、「差別禁止」（2 条）、「子どもの最善の利益」（3 条 1 項）、「生命・生存・発達に対する権利」（6 条）および「子どもの意見の尊重」（12 条）の 4 つの原則を定めている。[24] 差別事由として「民族的出身（ethnic origin）」と「障碍（disability）」が明記され、「親の地位」などを理由とした差別を禁止したことは、本条約の特色である。[25] 子どもの最善の利益を第 1 次的考慮事項とすることが、立法・司法・行政機関および私的な社会福祉機関にも課せられる。子どもの人格の発達のためにも、自己に影響を与える手続において意見を聴かれる子どもの権利は重要である。[26]

　子どもの権利委員会は、本条約の実施状況に関する政府報告および個人通報の検討を主な任務とする。その構成員は、締約国により選出された 18 名の個人資格の専門家からなる。政府報告制度において、たとえば、2019 年の日本の第 4 回・第 5 回統合定期報告書に関する総括所見では、包括的な差別禁止法の制定、無国籍認定手続の制定、体罰禁止、共同親権を認める法改正などについて勧告している。[27] 日本は、国連総会で 2011 年に採択され、2014 年に発効した通報手続に関する子どもの権利条約選択議定書を締結していないので、日本では個人通報はできない。

　なお、**武力紛争に関する子どもの権利条約選択議定書**は、2000 年に国連

24）子どもの権利委員会・一般的意見 5 号（2003 年）12 段落、同一般的意見 20 号（2016 年）14-25 段落、同一般的意見 25 号（2021 年）8-18 段落。

25）喜多ほか編、2009、58 頁〔広沢〕。

26）子どもの権利委員会・一般的意見 12 号（2009 年）79 段落。

27）子どもの権利委員会・日本の第 4 回・第 5 回統合定期報告書に関する総括所見（2019 年）18・23・26・27 段落。

総会で採択され、2002 年に発効し、2004 年に日本も批准・発効した。また、**子どもの売買等に関する子どもの権利条約選択議定書**は、2000 年に国連総会で採択され、2002 年に発効し、2005 年に日本も批准・発効した。JK ビジネスなどの商業的活動の禁止も勧告されている[28]。

⑽ 障碍者権利条約

「障碍者の権利に関する条約（Convention on the Rights of Persons with Disabilities: 障碍者権利条約」は、2006 年に国連総会で採択され、2008 年に発効し、2014 年に日本も批准・発効した。本条約は、障碍者を「長期的な身体的、精神的、知的または感覚的な機能障害であって、様々な障壁との相互作用により他の者との平等を基礎として社会に完全かつ効果的に参加することを妨げ得るものを有する者」と定義する（1 条）。本条約の 8 つの一般原則として、「固有の尊厳、個人の自律および個人の自立の尊重」「無差別」「社会への完全かつ効果的な参加・包摂」「差異の尊重ならびに人間の多様性の一部および人類の一員としての障害者の受入れ」「機会の均等」「施設・サービス等の利用の容易さ」「男女の平等」「障碍のある子どもの発達しつつある能力の尊重および障碍のある子どもがその同一性を保持する権利の尊重」が定められている（3 条）。日本政府は、2014 年に障碍者権利条約を批准する前に、障害者基本法・障害者雇用促進法を改正し、障害者総合支援法[29]・障害者差別解消法を制定した。

障碍者委員会は、本条約の実施状況に関する政府報告および個人通報の検討を主な任務とする。その構成員は、締約国により選出された 18 名の個人資格の専門家からなる。日本は、2006 年に採択され、2008 年に発効した障碍者権利条約選択議定書を締結していないので、日本では個人通報はできない。

⑾ 強制失踪条約

「強制失踪からのすべての者の保護に関する国際条約（International Con-

---

28) 同 46 段落。
29) 2005 年の障害者自立支援法を 2012 年に改正する形で成立した。

vention for the Protection of All Persons from Enforced Disappearance: 強制失踪条約」は、2006 年に国連総会で採択され、2009 年に日本も批准し、2010 年に発効した。本条約 2 条は、「強制失踪」の定義を定める。すなわち、国の許可・支援・黙認を得て行動する個人もしくは集団が「逮捕、拘禁、拉致その他のあらゆる形態の自由の剥奪」により、「自由の剥奪を認めず、または失踪者の消息もしくは所在を隠蔽することを伴い、かつ、当該失踪者を法律の保護の外に置く」ことである。

　強制失踪委員会は、強制失踪条約の実施状況に関する検討、失踪者の捜索に係る情報提供の要請・勧告、個人通報の検討を主な任務とする。その構成員は、締約国により選出された 10 名の個人資格の専門家からなる。政府報告制度においては、たとえば、2018 年の日本審査の総括所見において、個人通報制度への参加、強制失踪の罪の法定などの勧告をしている[30]。日本は、31 条に定める個人通報制度への参加を宣言していないので、日本では個人通報はできない。

　以上が、日本の批准している主要な人権条約である。いずれの条約の個人通報も、日本では認められていない。ただし、人権条約とは別に、人権理事会の作業部会に対する個人通報ならば、日本に住む者も申立可能である。

2. 国際人権法学における第 1・第 2・第 3 世代の人権と憲法学における「新しい人権」

　憲法学では、一般に自由権、受益権、包括的人権、参政権および社会権の 5 つに分類される。これに対して、国際人権法学では、市民的権利、政治的権利、社会的権利、経済的権利および文化的権利の 5 つに分類される。おおよそ市民的権利は、（職業選択の自由と財産権を除く[31]）自由権、受益権およ

---

30) 強制失踪委員会・日本の第 1 回定期報告書に関する総括所見（2018 年）10・14 段落。
31) 日本の憲法学において経済的自由に分類される居住移転の自由は、国際人権法学では市民的権利であり、財産権は国際人権規約では意見の対立があり規約には明記されておらず、職業選択の自由の内容は、社会権規約の経済的権利としての労働権に位置づけられている。

び包括的人権に対応し、政治的権利は参政権に対応し、社会的権利および経済的権利は、（勤労の権利・労働基本権を除く）社会権および勤労の権利・労働基本権・職業選択の自由に対応するといえよう。

国際人権法学では、自由権規約の掲げる市民的権利と政治的権利は、自由を確保するための人権であり、18世紀末のフランス人権宣言やアメリカ合衆国の権利章典以来の**第1世代の人権**と呼ばれることがある。たとえば、自由権規約にある拷問・残虐な刑罰の禁止（7条）、奴隷・強制労働の禁止（8条）、身体の自由（9条）、被告人の権利（10条）、裁判を受ける権利（14条）、遡及処罰の禁止（15条）、信教の自由（18条）、表現の自由（19条）選挙権（25条）および平等（26条）は、それぞれ合衆国憲法の修正8条、修正13条[32]、修正4条、修正6条、修正6条、1条9節3項、修正1条、修正1条、修正15・19・26条および修正14条などにもある。また、これらの権利は、日本国憲法36条、18条、31・33・34・35条、37・38条、37条、39条、20条、21条、15条および14条にもみられる。

一方、国際人権法学では、社会権規約の掲げる社会的権利と経済的権利と文化的権利は、平等を確保するための人権であり、20世紀初頭以来の各国の憲法に盛り込まれた**第2世代の人権**と呼ばれる。たとえば、社会権規約にある労働の権利（6条）、労働条件を享受する権利（7条）、団結権・ストライキ権（8条）、生活水準の確保・社会保障の権利（11・9）および教育に対する権利・無償の初等義務教育（13・14条）は、日本国憲法22条1項の職業選択の自由、同27条の勤労の権利、同28条の労働基本権、同25条の生存権、同26条の教育を受ける権利が対応している。同26条は、同13条とともに、文化的権利の側面ももっていることについては、後述する。

他方、国際人権法学では、友愛の精神を確保するための新たな人権として、**第3世代の人権**が提唱されている。この議論は、第2次世界大戦後の非植民地化に伴い、発展途上国が多数参加する国際社会の構造変化を反映している。発展の権利、平和に対する権利、環境権、人類共同遺産の平等享受権、

32）1865年成立。

人道的援助への権利を第 3 世代の人権と呼ぶ傾向がある。[33] 第 3 世代の人権は、個人の権利というよりも集団の権利という性格をもつ。この点で、伝統的な人権概念とは大きく異なる。憲法 13 条の個人の尊重を根拠として、第 3 世代の人権の有する集団の権利という発想への消極論が日本の憲法学においては一般的である。しかし、環境権を掲げる憲法は徐々に増えており、たとえば、1978 年のスペイン憲法 45 条が環境を享受する権利を定めている。また、人権条約上は、すでにアフリカ人権憲章が、発展の権利（22 条）、平和の権利（23 条）、環境権（24 条）などを定めている。

　かつて日本の憲法学では、1946 年に制定され、1947 年に施行された日本国憲法の人権規定には明文化されていないものの、社会の進展により、憲法上の人権として保障される必要のある人権として、いわゆる「新しい人権」が提唱された。たとえば、人格権、プライバシー権、自己情報コントロール権、知る権利、環境権、平和的生存権などである。後二者は、第 3 世代の人権と呼ばれるが、人格権、プライバシー権、自己情報コントロール権は、自由権規約 17 条において、知る権利は、同 19 条において、第 1 世代の人権として規定されている。同 17 条 1 項は「何人も、その私生活、家族、住居もしくは通信に対して恣意的にもしくは不法に干渉されまたは名誉および信用を不法に攻撃されない」と定めている。「私生活を恣意的に干渉されない権利」はプライバシー権に対応し、「名誉および信用を不法に攻撃されない権利」は、人格権の一部である。また、同 19 条 2 項が「すべての者は、表現の自由についての権利を有する。この権利には、口頭、手書きもしくは印刷、芸術の形態または自ら選択する他の方法により、国境とのかかわりなく、あらゆる種類の情報および考えを求め、受け、伝える自由を含む」と定めている。「情報および考え」を「伝える」だけが表現の自由ではなく、「情報および考え」を「求め、受け」る点に「知る権利」としての表現の自由の内容が明示されている。

33）岡田、1999、158 頁以下。

3. 人権条約の定める詳細な権利保障

　日本国憲法に定めのある人権規定においても、その後に定められた人権条約の方がより詳細な内容の権利保障を明示している場合もある。たとえば、**第3章**でみるように、日本国憲法22条2項は、「何人も、……国籍を離脱する自由を侵されない」と定めているにすぎない。しかし、世界人権宣言15条1項は「すべて人は、国籍をもつ権利を有する」と定め、同2項は「何人も、ほしいままにその国籍を奪われ、またはその国籍を変更する権利を否認されることはない」と詳しく定めている。自由権規約24条3項も「すべての子どもは、国籍を取得する権利を有する」と定め、子どもの権利条約7条1項も「子どもは、出生の時から……国籍を取得する権利を有する」と定めている。また、女性差別撤廃条約9条1項が「締約国は、国籍の取得、変更および保持に関し、女性に対して男性と平等の権利を与える。締約国は、特に、外国人との婚姻または婚姻中の夫の国籍の変更が、自動的に妻の国籍を変更し、妻を無国籍にしまたは夫の国籍を妻に強制することとならないことを確保する」、同2項が「締約国は、子の国籍に関し、女性に対して男性と平等の権利を与える」と定めている。人種差別撤廃条約5条(d)iiiも「国籍についての権利」の平等を定めている。

　また、**第4章**でみるように、日本国憲法14条1項の平等規定では、差別禁止事項として「人種、信条、性別、社会的身分又は門地」を例示しているにとどまる。これに対し、自由権規約2条1項・同26条・社会権規約2条は、「人種、皮膚の色、性、言語、宗教、政治的意見その他の意見、国民的もしくは社会的出身、財産、出生または他の地位」と例示が多い。また、人種差別撤廃条約1条は、この条約において、「人種差別」とは、「人種、皮膚の色、世系または民族的もしくは種族的出身（national or ethnic origin）」に基づくあらゆる区別、排除、制限または優先などといった詳細な定義を施し、人種差別が民族差別などを含むことを明示している。子どもの権利条約では、「障碍」が加わる。また、実質的平等としての積極的差別是正措置、合理的配慮、間接差別の明文規定も人権条約にはみられる。

4. 人権条約の定める発展的な内容の新たな権利

　自由権規約や社会権規約などの人権条約は、日本国憲法の制定時には、ま
だ基本的人権として明示するに至らなかった人権の発展的内容をすでに明文
規定として定めている場合も少なくない。たとえば、**第 5 章**でみるように
自由権規約 6 条の「恣意的にその生命を奪われない」権利、同 7 条後段の
「非人道的な取扱い・品位を傷つける取扱いの禁止」、同 13 条の「恣意的な
追放の禁止」、難民条約 33 条 1 項の「人種、宗教、国籍もしくは特定の社
会的集団の構成員であることまたは政治的意見のためにその生命または自由
が脅威にさらされるおそれのある」国への追放・送還禁止、拷問等禁止条約
3 条 1 項の「拷問が行われるおそれがあると信ずるに足りる実質的な根拠が
ある」国への追放・送還・引渡し禁止、強制失踪条約 16 条 1 項の「強制失
踪の対象とされるおそれがあると信ずるに足りる実質的な理由がある」国へ
の追放・送還・引渡し禁止を詳しく定めている。

　ついで、**第 6 章**でみるように、自由権規約 9 条 1 項は「何人も、恣意的
に逮捕され、または収容されない」と定め、子どもの権利条約 37 条(b)は
「いかなる子どもも、不法にまたは恣意的にその自由を奪われない」と定め
ているのは、刑事収容に限らず、行政収容も含む規定と解されている。加え
て、**第 7 章**でみるように自由権規約 12 条 4 項の「自国に入国する権利」を
規定する。また、**第 8 章**でみるように同 20 条 2 項の「差別・敵意・暴力の
扇動となる国民的・人種的・宗教的憎悪の唱道」の禁止および人種差別撤廃
条約 4 条の「人種差別の扇動」等の禁止を定めている。そのうえ、**第 9 章**
でみるように、自由権規約 25 条の「選挙されること」および「自国の公務
に携わること」といった被選挙権と公務就任権の明文規定もある。

　さらに、**第 10 章**でみるように、自由権規約 18 条 4 項・社会権規約 23 条
3 項の「自己の信念に従って子どもの宗教的・道徳的教育を確保する自由」
を規定する。そして**第 11 章**でみるように、自由権規約 2 条 3 項(a)の「効
果的な救済措置」を受ける権利を定める。あわせて**第 12 章**でみるように、
自由権規約 17 条 1 項・23 条 1 項の「家族の権利」、同 24 条・子どもの権

利条約 3 条の「子どもの権利」・「子どもの最善の利益」を定めている。

　そのほか、自由権規約 27 条が「民族的・宗教的・言語的少数者の自己の文化享有・宗教信仰・言語使用権」を定めている。**二風谷ダム事件**[34]では、この規定の保障する「民族固有の文化を享有する権利は、自己の人格的生存に必要な権利」であって、アイヌ民族は、「多様性」を前提とし「個人を実質的に尊重」する「憲法 13 条により、その属する少数民族たるアイヌ民族固有の文化を享有する権利を保障されている」と判示している。また、社会権規約 15 条 1 項が「文化的な生活に参加する権利」「科学の進歩およびその利用による利益を享受する権利」「自己の科学的、文学的または芸術的作品により生ずる精神的および物質的利益が保護されることを享受する権利」を定めている。文化的生活に参加する権利は、文化的習慣の実践などの国からの妨害を排除する自由権的側面と、文化的生活への参加を支援する国による積極的措置としての社会権的側面の両面をもつ権利である[35]。こうした文化的権利を定める直接の規定は、日本国憲法にはない。しかし、文化の多様性の保障は、人間の尊厳と不可分の倫理的な要請である[36]。文化享有権としての憲法 13 条、「健康で文化的な最低限度の生活」を保障する憲法 25 条、教育を受ける権利を定める憲法 26 条を根拠に文化的権利を導くことができるものと思われる[37]。たとえば、憲法 26 条の教育を受ける権利も自由権的側面と社会権的側面をもち、憲法「26 条と結びついた 13 条」が自己の文化を享有する権利とともに、諸国民・諸民族間の理解・寛容・友好を促進するための公費の財政的援助を受ける権利としての多文化教育を受ける権利を保障すると解しうる[38]。この多文化教育の内容には、外国人学校における日本語

---

34) **二風谷ダム事件**・札幌地判 1997（平成 9）年 3 月 27 日判時 1598 号 33 頁では、アイヌ民族の暮らす二風谷村のダム建設により得られる洪水調節等の公共の利益がこれによって失われるアイヌ民族の文化享有権などの価値に優越するかどうかを判断するために必要な調査等を怠った点などの違法性を認めながら、ダム本体が完成し湛水している事情を考慮して有効とした。

35) 社会権規約委員会・一般的意見 21（2009 年）6 段落。

36) 同 40 段落。

37) 宮崎編、1996、102 頁〔荒巻〕参照。

38) 近藤、2020、314 頁。

教育と公立学校における母語教育への選択権の保障が含まれるべきである。子どもの権利条約 29 条 1 項の「自己の文化的アイデンティティ」と「言語」の尊重の規定は、学校における寛容の文化と多文化主義を促進し、バイリンガル教育や母語教育を要求する[39]。また、同 28 条 1 項により、国は「定期的な登校および中途退学率の減少を奨励するための措置をとる」義務があり、社会権規約委員会は、不就学等の比率を下げるために、母語教育の機会と多文化教育の専門教員の確保を勧告している[40]。

　人権条約に明文規定があるものの、日本国憲法に明文規定がない場合における人権条約と適合的な憲法解釈手法については、**第 2 章**でみることにしよう。憲法 13 条だけで不文の人権規定を導く従来の解釈手法よりも、憲法 13 条と他の関連する憲法規定とを結びつける融合的保障という体系解釈の方が、具体的な保障内容がより明確になる。たとえば、自由権規約 14 条 3 項(f)は、「無料で法廷通訳の援助を受ける権利」を定めているが、この種の裁判を受ける権利における不文の言語的デュープロセスは、憲法「32 条と結びついた 13 条」が保障しているものと解しうる。

---

39) Tobin, 2019, pp. 1704-1705.
40) E/C.12/1/Add.97, CESCR, 7 June 2004.

第2章

憲法の人権条約適合的解釈

1. 憲法上の人権と国際人権法上の人権

　たとえば、ジョン・ロックによれば、人間は造物主の作品であり、人々は自然状態において、自由・平等であり、生まれながらにして自然法上のすべての権利を無制限に享有する。その「生命、自由および財産」を維持する目的のために「社会契約」を結び、政府をつくると説明した[1]。その自然法思想が、トーマス・ジェファーソンに影響を与え、「すべての人は平等に造られ、造物主によって一定の譲り渡すことのできない権利を与えられており、その中には生命、自由および幸福追求が含まれている」というアメリカ独立宣言の一句につながり、それが日本国憲法 13 条の「生命、自由及び幸福追求」に対する権利へとつながっていく[2]。

　今日、人権の普遍性を語る上で、もはや自然法をもち出すよりも、人権条約に照らして論ずることの方が有益である。たしかに、日本の裁判所は、アメリカの裁判所と同じように、人権条約を援用することに熱心ではない。しかし、アメリカの憲法解釈上、条文や制定者意思や当該国家に特有な政治的・法的文脈に限らず、（自然法という言葉に代わる）「普遍的論拠（universal argument）」が説かれる場合がある[3]。たとえば、2003 年の Lawrence v.

---

1) ロック、1980 (1689)、194-346 頁。

2) 芦部、1994、328 頁。

3) Simon, 2015, p. 5.

Texas では、連邦最高裁は、テキサス州における同性間の性行為を処罰する法律が、修正 14 条の適正手続により保障される「自由」を侵害すると判示した[4]。そこでは、ヨーロッパ人権裁判所が北アイルランドにおける同性間の性交を処罰する法律をヨーロッパ人権条約 8 条の私生活を尊重する権利に反するとした 1981 年の Dudgeon v. United Kingdom を援用する[5]。また、連邦最高裁は、2005 年の Roper v. Simmons において、未成年者に対する死刑制度を違憲とした[6]。ここでは、アメリカが留保を付した自由権規約 6 条 5 項や、国連加盟国でアメリカだけが批准していない子どもの権利条約 37 条の未成年者への死刑禁止規定を援用している。真に人権が普遍的であるならば、イギリスで人権違反とされる行為は、アメリカでも人権違反である。留保を付した規定であれ、批准していない人権条約であれ、裁判所は人権条約を積極的に援用することになるだろう。しかし、現実の人権状況は、普遍的とはいえない現状がある。とりわけ、アメリカの上院は、人権条約の批准に際し、自動執行力がない旨を宣告するのが一般であり、ほとんどの人権条約は、国内法的効力をもたない[7]。アメリカの裁判官が、人権条約の援用に熱心でない背景は、この点にある。憲法上の人権は、当該国家に特有な政治的・法的文脈を論拠として語られることが多い。しかし、人権の理念の普遍性を意識するならば、多くの国が批准する新たな人権条約と矛盾する憲法解釈は、アナクロニズムのそしりを免れないものになりかねない。

　一方、ヨーロッパ諸国では、近年、ヨーロッパ人権裁判所の判決が国内の憲法解釈に大きな影響を与えていることもあって、人権条約と整合的な憲法解釈に比較的熱心である。たとえば、1976 年のポルトガル憲法 16 条 2 項では、「基本的権利に関する憲法および法律の規定は、世界人権宣言と

---

4) Lawrence v. Texas, 539 U.S. 558 (2003).

5) Dudgeon v. United Kingdom, 45 Eur. Ct. H. R. (1981).

6) Roper v. Simmons, 543 U.S. 551 (2005).

7) 例外的にジェノサイド条約は自動執行力をもつが、自由権規約・拷問等禁止条約・人種差別撤廃条約の批准に際しては、上院が自動執行力をもたない旨の宣言をしている。また、社会権規約・子どもの権利条約・女性差別撤廃条約には、署名しただけで、批准をしていない。

調和するように解釈され、整合的でなければならない」と定めている。また、1978 年のスペイン憲法 10 条 2 項では、「憲法により認められた基本的権利と自由に関する規定は、世界人権宣言および当該事項に関してスペインの批准した国際条約と協定に適合するように解釈しなければならない」とある。この国際条約と協定には、自由権規約、社会権規約、ヨーロッパ人権条約、EU 基本権憲章なども含まれる[8]。さらに、1991 年のルーマニア憲法 20 条 1 項では、「市民の権利と自由に関する憲法規定は、世界人権宣言、およびルーマニアが締結している規約その他の条約に適合するように解釈し、適用されなければならない」と定める。いわば、憲法の整合的な解釈により、憲法と国際法との衝突を最小限にとどめている[9]。このような憲法解釈を人権条約適合的解釈という。加えて、1994 年に改正されたスウェーデン憲法（統治法）2 章 19 条は、「法律その他の法令がヨーロッパ人権条約に基づくスウェーデンの義務に反する規定を設けてはならない」と定め、同条約を憲法自体に取り入れている。また、イギリスの憲法上の人権規定に相当する 1998 年の人権法 2 条 1 項・3 条・4 条では、ヨーロッパ人権条約上の権利に関連する問題はヨーロッパ人権裁判所の判決等を考慮に入れ、同条約との適合性を有するようにさせる義務をイギリスの立法府に課し、同条約との不適合の宣言を裁判所の権限とする。イギリスの（当時の最高裁にあたる）貴族院の上訴委員会は、テロ容疑の外国人に対し、裁判なしに無期限収容することは（自由権規約 9 条・26 条違反などにも言及しながら）、ヨーロッパ人権条約 5 条・14 条に反する旨を判示している[10]。なお、ヨーロッパ以外でも、1996 年の南アフリカ憲法 39 条 1 項は、裁判所等が憲法の権利章典を解釈する際には、「国際法を考慮しなければならない」と同時に「外国法を考慮してもよい」と定めている。裁判所の憲法解釈において、比較法解釈は、may であるのに対し、人権条約適合的解釈は、must であることは、今日の人権条約適合的解釈の要請傾向を的確に表している。また、憲

---

8) Robledo, 2018, para. 335.
9) Peters and Preuss, 2012, pp. 39-40.
10) A and others v. Secretary of State for the Home Department [2004] UKHL 56, paras. 64, 69, 73.

法上の明示の規定がなくても、ドイツの連邦憲法裁判所は、「国際法親和性
（Völkerrechtsfreundlichkeit）原則」を判示している。条約の規定とヨーロッ
パ人権裁判所の判決は、ドイツの憲法（基本法）上の基本権と法治国家原則
の内容と範囲を確定するための「解釈の補助（Auslegungshilfe)」機能をもち
うるという。[11]

　他方、日本の裁判所は、これまで人権条約適合的解釈に必ずしも積極的で
はなかった。しかし、アメリカと違い、人権条約適合的解釈が要請される3
つの要因が日本にはある。1つは、人権条約を批准する際に国会は自動執行
力がない旨を宣言しておらず、自由権規約をはじめ、多くの人権条約は日本
での自動執行力をもつからである。しかも、憲法適合的な条約として留保
や解釈宣言なしに条約を批准した以上、人権条約と憲法との整合性が求めら
れる。2つ目は、条約誠実遵守義務を定める憲法98条2項が、憲法の「人
権条約適合的解釈」を要請しているからである。実のところ、人権条約適合
的解釈は、通説的な立場からも以前から指摘されていた。「人権条約の規定
が日本国憲法よりも保障する人権の範囲が広いとか、保障の仕方がより具体
的で詳しいとかいう場合」は、「憲法のほうを条約に適合するように解釈し
ていくことが必要」、「つまり人権条約の趣旨を具体的に実現していくような
方向で憲法を解釈する」必要があるという。[12] さらに、ラテン・アメリカで
は、憲法上の人権規定とその国が批准した人権条約上の人権規定のいずれを
適用するかにおいて、「プロ・ホミネ」原則という「個人の利益を最大限に」
保障する方向で解釈適用する原則が採用されている国が多い。[13] 日本国憲法
13条が個人の権利を「国政の上で、最大の尊重」を必要とすると定めてい
ることはこの原則を要請する。また、憲法11条が「すべての基本的人権の
享有を妨げられない」と定めるうちに、この原則を読み込むことができるの
であって、[14] 憲法上の「人権」規定が、基本権や市民的自由などと違い、人

11）BVerfG (8.12.2008), BvR 2604/06, para. 24.
12）芦部、1991、29頁。
13）根岸、2015、103頁。
14）Mazzuoli and Ribeiro, 2015, pp. 270-272.

権条約と同様の「人権」という規定を用いていることも、人権条約適合的解釈が日本で要請される 3 つ目の要因ともいえる。プロ・ホミネ原則の下では、憲法を理由に人権条約上の人権の享有を妨げることも、人権条約を理由に憲法上の人権の享有を妨げることも許されない。

　本章は、日本における人権条約適合的解釈のあり方について、憲法 13 条の融合的保障の場合と憲法 14 条の差別禁止事由の具体化の場合に分けて、以下に論じるものである。「融合的保障」とは、従来の憲法 13 条は他の個別の人権条項が保障していない部分を補充的に保障するとする補充的保障説とも、憲法 13 条が他の個別の人権条項と競合的関係にあるとする競合的保障説とも違い、他の個別の人権規定と憲法 13 条と結びつけて解釈することにより、両者の融合が人権保障を拡充することに着目した憲法解釈である。人権条約には明示の規定があるものの、日本国憲法には明文規定がない人権の保障には、融合的保障といった憲法解釈が有用である。そして最後に、人権条約適合的解釈の例外として、憲法アイデンティティが認められる余地についても検討する。憲法アイデンティティとは、憲法の基本構造に存在する固有の国家アイデンティティを意味し、人権条約に整合的な憲法解釈や憲法改正の限界として考えられている。

2. 人権条約適合的解釈としての憲法 13 条の融合的保障

(1)「非人道的な取扱い」の禁止と「品位を傷つける取扱い」の禁止

　解釈には幅がある。高水準の人権保障を求める解釈も、低水準の人権保障にとどまる解釈もその幅の中にある。従来の通説・判例が低水準の人権保障の解釈を採用していたとしても、新たに批准した人権条約が高水準の人権保障を求めており（高度化）、具体的な解釈基準を示している場合（具体化）、人権条約と整合的な憲法解釈は、高度化と具体化の方向でなされる[15]。たとえば、自由権規約 7 条は「何人も、拷問または残虐な、非人道的なもしく

---

15) なお、憲法の人権保障の方が高い水準の場合、多くの人権条約は「高水準の国内法令の優先適用」を定めており、人権条約適合的解釈は、従来の憲法解釈と同じでよい。

は品位を傷つける取扱いもしくは刑罰を受けない」と定めている。したがって、憲法 36 条の禁止する「拷問」や「残虐な刑罰」に加えて、「非人道的な取扱い」や「品位を傷つける取扱い」の禁止が問題となる。東京高裁は、生存に必要な生理的行動を困難にする両手を身体の後ろで締める態様での革手錠を用いた拘禁を違法とした確定判決において、「拷問を禁止した憲法 36 条及びすべての国民が個人として尊重されることを保障した憲法 13 条」が、自由権規約 7 条と同様の内容を保障していることを指摘する[16]。同判決のように憲法 13 条の「個人の尊重」が、解釈上、人間の尊厳と通底する内容をもち、非人道的な取扱いや品位を傷つける取扱いの禁止といった具体的な内容を導きうる。自由権規約「7 条の条文はいかなる制限も認めていない[17]」。非人道的な取扱いと品位を傷つける取扱いの禁止の権利保障が強化される効果の点で、絶対的に禁止する憲法 36 条と結びつけることは有益である。そこで、憲法「36 条と結びついた 13 条」の融合的保障により、人権条約上の非人道的な取扱いと品位を傷つける取扱いの禁止といった憲法の不文の人権を導きうる点に目を向けるべきである。自由権規約 7 条の人権の保護領域は、刑事手続に限らず、行政手続においても、憲法 36 条と 13 条が合わさってカバーするといった、人権条約適合的解釈が求められている。

(2) 恣意的な「収容」からの自由

　自由権規約 9 条 1 項は「すべての者は、身体の自由および安全についての権利を有する。何人も、恣意的に逮捕されまたは抑留され（be subjected to arbitrary arrest or detention）ない。何人も、法律で定める理由および手続によらない限り、その自由を奪われない」と定める。外務省訳では、「抑留」と訳されている。しかし、日本国憲法の用語に当てはめれば、detention は、「拘禁」と訳しうる。憲法 34 条（とその英文）は「何人も、理由を直ちに告げられ、且つ、直ちに弁護人に依頼する権利を与えられなければ、抑留又は拘禁され（be arrested or detained）ない。又、何人も、正当な理由がなければ、

16）東京高判 1998（平成 10）年 1 月 21 日判時 1645 号 67 頁。
17）自由権規約委員会・一般的意見 20（1992 年）3 段落。

拘禁され（be detained）ず、要求があれば、その理由は、直ちに本人及びその弁護人の出席する公開の法廷で示されなければならない」と定める。自由権規約委員会によれば、自由権規約9条1項は、刑事収容に限らず、入管収容などの行政収容にも適用される[18]。「正当な理由」がなければ、「拘禁」されないとは、恣意的な拘禁を禁止するものである。一般に、「正当な理由」とは、「拘禁」の必要性を基礎づける合理的・実質的理由（逃亡、罪証隠滅のおそれなど）を意味する[19]。また、法律違反がなくても、適正手続に反する収容は、恣意的な収容として、条約違反になる。逮捕または収容が、国内法により許容されているにもかかわらず、恣意的な場合もある。「恣意性」の概念は、「法律違反」と同じではなく、「より広く不適切、不正義、予測可能性の欠如、法の適正手続の欠如の要素とともに、合理性、必要性、比例性の要素を含むように解釈されなければならない[20]」。ここでの合理性、必要性、比例性の要素とは、比例原則の審査を意味する。そして違法に入国した庇護希望者の身元特定などのための短期間の収容を超え、「さらに申立内容の審査のあいだも収容するためには、逃亡の個別的蓋然性、他者に対する犯罪の危険性、国家の安全保障への危険といった特別な理由が個人になければ、恣意的になるであろう」という[21]。

　これまで、日本国憲法34条の「拘禁」は、もっぱら刑事訴訟法60条などの定める「勾留」の問題とし[22]、入管法39条などの定める「収容」の問題を含まないと一般に解されてきた。しかし、そのような狭い憲法解釈の下、恣意的な入管収容を継続することは、人権条約との整合性を欠き、「日本国が締結した条約及び確立された国際法規は、これを誠実に遵守することを必要とする」と定める憲法98条2項に反するおそれがある。憲法13条に基づく適正な行政手続の具体化として憲法34条の趣旨が及ぶ、ないしは類

---

18) 自由権規約委員会・一般的意見8（1982年）1段落。
19) 樋口ほか、1997、306、311頁〔佐藤〕、木下・只野編、2019、392頁〔倉田〕。
20) 自由権規約委員会・一般的意見35（2014年）12段落。
21) 同、18段落。
22) 厳密にいえば、刑事訴訟法167条などの「鑑定留置」の問題も含む。

推適用を考えるのが今日の有力な見解である[23]。行政手続において身体が拘束される場合の正当な理由の告知などの手がかりを憲法 34 条が提供していることに目を向けるべきである[24]。そこで、憲法「34 条と結びついた 13 条」が、恣意的な収容からの自由を保障していることを認識し、正当な理由の開示、長期収容の禁止などの適正手続のための入管法改正が必要である。また、憲法 13 条は、比例原則の根拠規定でもあり、政府の人権制約を制約する違憲審査基準を内在させている点にも着目する必要がある。すなわち、当該「権利」が「公共の福祉に反しない限り、立法その他の国政の上で、最大の尊重」を「必要」とする以上、「権利」を制約する国の「規制」は目的達成のための「必要最小限」の手段にとどまるべきである。したがって、「何人も、恣意的に逮捕され又は拘禁されない」と定める自由権規約 9 条の恣意性の判断が、比例原則に基づいているように[25]、裁判所や出入国在留管理庁は、比例原則に照らし、収容の適合性・必要性・狭義の比例性の審査を行うべきである。

　このほか、人身の自由に関する憲法上の不文の権利は、人権条約に明文化されているものも少なくない。たとえば、裁判所において使用される言語を理解し、話すことができない被告人に「無料で通訳を受けること」は、自由権規約 14 条 3 項(f)が明示している。そこで、東京高裁は、自由権規約の自動執行力を認め、「被告人に通訳に要した費用の負担を命じることは許されない」と判示している[26]。今日、裁判を受ける権利における言語的デュープ

---

23) 樋口ほか、1997、299-304、313-315 頁〔佐藤〕、高橋、2020、306 頁。

24) 渡辺ほか、2016、292 頁〔松本〕。

25) 自由権規約委員会・一般的意見 35（2014 年）12 段落。

26) **法廷通訳無料訴訟・東京高判 1993（平成 5）年 2 月 3 日東高時報（刑事）44 巻 1-12 号 11 頁**では、大麻取締法違反・関税法違反の事件において、この規定を援用しながら、無料で通訳を受ける権利は「無条件かつ絶対的」であり、被告人に十分な資力がある場合でも無料とし、裁判の結果にかかわらず、後日の求償も予定していないとした。実務の取扱いは、刑事訴訟法 181 条 1 項ただし書きの「被告人が貧困のため訴訟費用を納付することができないことが明らかであるときは、この限りではない」という規定を根拠に、通訳費用の負担をさせないが、刑事訴訟費用等に関する法律の改正がなされるべきである。

ロセスは不可欠である。その根拠は、憲法「32 条と結びついた 13 条」に求めることが適当であろう。また、憲法 37 条 3 項所定の被告人段階の国選弁護人制度とは違い、被疑者段階の国選弁護人制度は、憲法の明文規定がない。しかし、自由権規約委員会が勧告するように[27]、公正な裁判を受ける権利に関する自由権規約 14 条 3 項(b)の防御の準備のために十分な「便益」を与えられることの内容に、「弁護人を依頼し、連絡する機会をもつこと」が含まれ[28]、「資力に乏しい被告人の場合には、弁護人との連絡は、公判前段階および公判段階で無料の通訳人が提供されることによって、はじめて確保され」るのである[29]。したがって、人権条約適合的解釈からは、資力に乏しい場合、被疑者の無料の弁護人依頼権や無料の通訳を受ける権利は、憲法「32 条と結びついた 13 条」が保障する。

(3) ヘイトスピーチによって人間の尊厳を侵されない自由

　自由権規約 20 条 2 項は、「差別、敵意または暴力の扇動となる国民的、人種的または宗教的憎悪の唱道は、法律で禁止する」と定めている。人種差別撤廃条約 4 条(a)も人種的優越・憎悪に基づく思想の流布・人種差別の扇動を、同条(b)も人種差別団体への加入とその宣伝活動などの差別的行為を、「法律で処罰」すべき義務を締結国に課している。しかし、日本政府は、人種差別撤廃条約の締結の際、条約の 4 条(a)および(b)の適用を除外し、「日本国憲法の下における集会、結社及び表現の自由その他の権利の保障と抵触しない限度において、これらの規定に基づく義務を履行する」という「留保」をつけた[30]。したがって、刑事罰は憲法との関係で一定の制約が必要であるものの、法律で禁止することは、締約国としての義務といえる。さらに、

---

27) 自由権規約委員会・日本の第 4 回定期報告書に関する総括所見（1998 年 11 月 19 日）22 段落。
28) 自由権規約委員会・一般的意見 13（1984 年）9 段落。
29) 自由権規約委員会・一般的意見 32（2007 年）32 段落。
30) アメリカは、上院の承認の際に 4 条の義務を受け入れないという留保と、人種差別撤廃条約の規定がアメリカ国内では自動執行力をもたないなどの解釈宣言をしている。イギリスやフランスは、表現の自由などとの整合性をもたない差別禁止立法の義務を課されるものではないとの解釈宣言をしている。

同条約 4 条(c)の「国・地方の公の当局・機関が人種差別を助長・扇動することを認めない」部分には、日本政府は留保をつけていないので、この点の締約国としての義務を負う[31]。

　人権条約適合的解釈からは、憲法「21 条と結びついた 13 条」が、民族的・人種的・宗教的憎悪の唱導（ヘイトスピーチ）によって人間の尊厳を侵されない自由を保障する。表現の自由の必要やむをえない制約として、人間の尊厳を侵す民族的憎悪唱導への刑事罰は、許される。たとえば、集団に対する民族的憎悪唱導が、侮辱・誹謗・中傷により人間の尊厳を害する表現、差し迫った危険を伴う扇動[32]、違法な暴力行為を加える真の脅迫にあたる場合は[33]、表現の自由の制約が、正当化されるものと思われる。また、民族的・人種的・宗教的属性によって、社会の成員として取り扱われるのに値しないと主張する、集団に向けられた攻撃からの保護としての「人間の尊厳」の保護も問題となる[34]。したがって、人間の尊厳を最優先する人権施策のために、「川崎市差別のない人権尊重のまちづくり条例」において、①（地域社会からの排除ないし）居住地域からの退去の扇動、②生命・身体・自由・名誉・財産への危害の扇動、③人以外のものにたとえるなどの著しい侮辱といった「本邦外出身者に対する不当な差別的言動」が 3 度繰り返される場合に、50 万円以下の罰金を定めることは、憲法「21 条と結びついた 13 条」の要請にかなっている。従来、アメリカの憲法学説の影響を受けて、ヘイトスピーチ規制への消極論が日本でも有力であった。しかし、人間の尊厳に関する憲法規定をもたず、自由権規約 20 条を留保し、上院が承認する際にジェノサイド条約を除きほとんどの人権条約の自動執行力の否認を宣言するアメリ

31）自由権規約 2 条 2 項では「この規約の各締約国は、立法措置その他の措置がまだとられていない場合には、この規約において認められる権利を実現するために必要な立法措置その他の措置をとるため、自国の憲法上の手続およびこの規約の規定に従って必要な行動をとることを約束する」とある。締約国が類似の積極的な措置をとることを約束する規定は、人種差別撤廃条約 4 条にもある。

32）参照、Brandenburg v. Ohio, 395 U.S. 444 (1969).

33）参照、Virginia v. Black, 538 U.S. 343 (2003).

34）ウォルドロン、2015、125 頁。

カとは違う。日本は人間の尊厳類似の憲法13条の規定をもち、自由権規約20条を留保なく批准し、日本国憲法98条2項が条約の誠実な遵守を要請しているのである。自由権規約19条2項は「表現の自由」を定め、同3項は「(a)他の者の権利または信用の尊重 (b)国の安全、公の秩序または公衆の健康もしくは道徳の保護」の目的のために必要な制限に限定する。こうした目的に必要な制限であるかどうかについて、自由権規約委員会は、比例原則を用いたより厳格な審査の必要性を説いている。[36]同3項の「他の者」には、民族等の構成員が含まれ、「権利または信用」の内実には、人間の尊厳が含まれる。ヘイトスピーチの被害は、単なる名誉感情の問題とみるべきではなく、人間の尊厳にかかわる問題である。[37]ヘイトスピーチは、最も基本的な権利としての「人間として承認される権利」を侵害するものである。[38]したがって、「ヘイトスピーチ」が、人間の尊厳を損なうか否かを比例原則に照らし審査する法制度は、憲法および人権条約上の要請といえる。

(4)「外国人」の教育を受ける権利の裏返しとしての「教育を提供する義務」

　日本国憲法26条1項は「国民」の「教育を受ける権利」を、同2項が「国民」に「その保護する子女に普通教育を受けさせる義務」を定めている。裁判所は、この義務が、「性質上、日本国民にのみ課せられたものというべきであって、外国籍の子どもの保護者に対して課せられた義務ということはできない」と判示している。[39]しかし、保護者に義務を課さないことは、国の義務を免除するものではなく、学齢期にある外国人の子どもの不就学の放置を不問とする意味ではない。文科省によれば、「憲法及び教育基本法は、国民はその保護する子女に普通教育を受けさせる義務を負うものとしていることから、普通教育を受けさせる義務は、我が国の国籍を有する者に課されたものであり、外国人には課せられないと解される。しかしながら国際人

35) 芦部、2019、82頁、宮沢、1974、13-14頁。
36) 自由権規約委員会・一般的意見34（2011年）22、34-35段落。
37) 曽我部、2015、155頁。
38) Heyman, 2008, p. 183.
39) 大阪地判2008（平成20）年9月26日判タ1295号198頁。

権規約等の規定を踏まえ、公立の小学校、中学校等では入学を希望する外国人の子どもを無償で受け入れる等の措置を講じており、これらの取組により、外国人の子どもの教育を受ける権利を保障している」という[40]。たしかに、教育基本法 5 条 1 項が「国民は、その保護する子に、別に法律で定めるところにより、普通教育を受けさせる義務を負う」と定めている。しかし、別に定める法律としての学校教育法 16 条は「保護者」に、「普通教育を受けさせる義務」を課しているのであって、「国民」に限定しているわけではない。憲法 26 条 1 項の「国民」は、教育を受ける権利の性質上、外国人も含むと解する方が今日の多数説といえよう[41]。権利に限らず、義務教育の対象も、性質上、外国人も含まれることは、人権条約の規定からうかがえる。社会権規約 13 条（または子どもの権利条約 28 条 1 項）が「教育についてのすべての者（または子ども）の権利を認め」、「初等教育は、義務的なものとし、すべての者に対して無償のものとする」と定めている。この教育の権利に対応して、国や自治体の側に教育を提供する義務がある。したがって、人権条約との整合的な憲法解釈をすれば、「日本に住むすべての人（とりわけ学齢期の子ども）」に教育を受ける権利があり、「すべての学齢期の子ども」に対して義務教育を提供する国の義務がある。厳密には、初等教育は小学校教育のレベルであり、中学校教育の義務を含んでいない。しかし、「無償教育の漸進的な導入」と社会権規約 13 条が定めているのは、「国が無償の初等教育に優先順位をおかなければならないものの、無償の中等教育及び高等教育の達成に向けて具体的な措置をとる義務も負っていることを意味している[42]」。人権条約適合的解釈をするならば、憲法 26 条は、すべての学齢期の子どもの保護者の（多様な教育の機会を確保した形での）普通教育を受けさせる義務とと

---

40) 文部科学省「Ⅲ　外国人の子どもに対する就学支援について」（https://www.mext.go.jp/
　b_menu/shingi/chousa/shotou/042/houkoku/08070301/004.htm, 2023 年 2 月 10 日閲覧）。
　このような立場は、国際比較調査としての「移民統合政策指数（Migrant Integration
　Policy Index: MIPEX）」では、「黙示の義務」と類型化されている。参照、近藤、2019、
　194-195 頁。
41) 近藤、2020、312 頁。
42) 社会権規約委員会・一般的意見 13（1999 年）14 段落。

もに、すべての学齢期の子どもが教育にアクセスできるように配慮する国
の義務を内包していることに目を向けるべきである。一般に、個人の権利に
対応する国家の義務がある。学齢期の外国人の子どもの不就学を放置するこ
とは、憲法26条1項の教育を受ける権利(およびその裏返しとしての国の教
育義務)に反することになる。

(5) 同性婚の自由と性自認の権利

日本国憲法24条1項が、「婚姻は、両性の合意のみに基いて成立」する
旨を定めている。このため、同性婚の法制化は、民法改正だけで可能か、憲
法の改正も必要かという問題がある。この点の憲法解釈で参考になるのは、
スペインの憲法裁判所の判決である。スペイン憲法32条1項が「男性およ
び女性は、法律上完全に平等に、婚姻する権利をもつ」と定めているものの、
2012年に憲法裁判所は、「婚姻締結の両者が同一の性であれ異なる性であれ、
婚姻は同一の要件の下に同一の効力をもつ」との規定を追加する2005年の
改正民法44条を合憲とした。その理由は、憲法の文言解釈、歴史的解釈、
体系解釈からすれば、異性婚が想定されていたが、比較法的解釈、人権条約
適合的解釈、発展的解釈からは、同性婚が許容される点にある。

比較法上、2005年には、オランダ、ベルギー、アメリカのマサチューセッ
ツ州ぐらいしか同性婚を認めていなかった。その後、カナダ、南アフリカ、
ノルウェー、スウェーデン、ポルトガル、アイスランド、アルゼンチン、デ

---

43) ただし、学校教育法1条の普通教育の学校へ就学させる義務を外国人の子どもの保護
　者に課さない運用は、(フリースクールや家庭教育とともに、外国人学校を普通教育と
　して認める「義務教育の段階における普通教育に相当する教育の機会の確保等に関す
　る法律」の改正による多様な教育の機会を確保するまでは)外国人学校への就学の選択
　として認められてよい。

44) Constitutional Court Judgment No. 198/2012, of November 6.

45) 2005年に同性婚を認める改正法案についての法的意見を求められたカナダの最高裁
　は、「市民的目的にとって、婚姻は、すべての他者を排除した2人の人の法的結合で
　ある」と定める市民婚姻法案1条は、「すべて個人は、法の前および法の下に平等で
　あり、とりわけ、……性別……により差別されることなく、法による公平な保護お
　よび利益を受ける権利を有する」と定める人権憲章15条1項に合致すると判示した。
　Reference re Same-Sex Marriage [2004] 3 S.C.R. 698, 2004 SCC 79.

ンマーク、アメリカの諸州で同性婚が認められ、さらにはスロベニア、フィ
ンランドでも同性婚を認める法案が準備されていた。また、同性パートナー
シップ制度も、1980年代末まではどの国にも存在しなかったが、ほとんど
すべての西洋諸国で同性のカップルに類似の権利を今日認めている。

　人権条約上、自由権規約23条2項は、「婚姻をすることができる年齢の
男女が婚姻をしかつ家族を形成する権利は、認められる」と定めている。し
たがって、自由権規約委員会は、同性カップルに対し、たんに婚姻証明書を
発給しないことが同項などに違反するとみることはできないという[47]。しか
し、同委員会は、LGBTおよびインターセックスの人、カップル、家族へ
の平等な保護を確保すべく、同性婚を禁止する法律の改正を勧告している[48]。
ヨーロッパ人権裁判所は、類似の規定のヨーロッパ人権条約12条が「婚姻
することができる年齢の男女は、権利の行使を規制する国内法に従って婚姻
をし、家庭を形成する権利を有する」と定めていることから、同条約は同性
婚を認めることを締約国に義務づけていないと判示しつつ、禁止もしてい
ないという[49]。なぜならば、まず、トランスジェンダーの事例を考えると12
条は生物学的な男女を意味するものとは考えられないからである。ついで、
12条は「すべての人は」または「何人も～ない」という他の規定の定め方
と違い、禁止された取扱いの一定のタイプに服する規定ではないからである。
他方、条約が制定された1950年代には伝統的な意味での異性のカップルを
考えていたからである。さらに、締約国に同性婚を認める義務を課さないこ
とは、ヨーロッパ人権条約8条の「家族の権利」と結びついた14条の性的

46）コネティカット州、アイオワ州、バーモント州、ニューハンプシャー州、コロンビア、
　　ニューヨーク州などであった。その後、最終的には、2015年に連邦最高裁は、オハイ
　　オ州などの同性婚や同性愛者間で養子をとることを禁じる州法を修正14条（デュープ
　　ロセス条項の保障する自由と平等保護条項）違反とし、同性愛者の求める「平等な尊厳」
　　の求めに応じて、同性のカップルはすべての州で婚姻という基本的権利を有する旨を
　　判示し、今後、すべての州で同性婚が認められることになる。Obergefell v. Hodges,
　　135 S. Ct 2584 (2015).

47）HRC, Joslin *et al.* v. New Zealand (2002), para. 8.3.

48）Concluding Observations, Australia, CCPR/C/AUS/CO/6, para. 29.

49）Schalk and Kopf v. Austria, June 24th, 2010.

指向による「差別禁止」にも違反するものではない。なぜならば、同性パートナーシップ制度を導入するという選択肢があるからである。

　人権条約適合的解釈を明文で定めるスペイン憲法10条2項から、スペインが承認した条約で創設された監視機関の解釈を無視することはできない。同項に含まれる解釈ルールは、「男性および女性は、法律上完全に平等に、婚姻する権利を有する」と定める憲法32条1項と同性婚に異性婚と同じ効力を認める改正民法との整合性を説く、発展的解釈を必要とする。発展的解釈からすれば、婚姻という制度は、その制度内で同じ地位をもち、法で定める形式により明示されたその制度に固有の権利と義務に同意し、共通の家族生活を確立するために自発的な参加を決定する2人の間の相互扶助の絆または単位である。したがって、配偶者間の平等、自己の選択した人と婚姻する自由意思、およびその意思の表明が婚姻の本質要素である。この婚姻制度の本質要素が改正法に認められる以上、婚姻制度は歪められてはいない。したがって、婚姻を制度的保障とみる立場からは、この場合の立法者の選択は、憲法上認められた裁量の範囲内であり、違憲と非難されるものではない。また、スペインにおいて以下の意識調査のような同性婚を認める公式統計があるので、裁判所は、社会の現状から超然としてはいられない。同性婚を認める法改正案が出された2004年の複数の意識調査では、66.2%または56.9%が賛成であり、若者対象に行った2010年の調査では、76.8%が賛成である。2005年の法の施行から2011年末までに2万2124件の同性婚が行われている。これらの数値が、改正法の合憲性を決定するものではないが、婚姻制度に同性婚がしだいに組み込まれていることを正確に映し出している。

　日本について検討すると、日本国憲法24条1項が、「婚姻は、両性の合意のみに基いて成立」する旨を定めていても、同性婚を認める民法改正は、憲法改正なしに可能である。憲法の解釈は、文言解釈だけではなく、①憲法制定時の歴史的解釈、②他の規定との意味連関からなる体系解釈もあり、とりわけ、今日の③比較法的解釈、④人権条約適合的解釈、⑤社会の発展を考慮する社会学的解釈からすれば、同性婚の合憲性が認められうる。①戦前の家制度における婚姻が、当事者である男女の合意ではなく、家制度の存続という封建的価値を重視して成立していたことを否定するために憲法24条

1 項は「両性の合意のみに基いて成立し」と定めたのである。②同 13 条の個人の尊重、同 14 条の法の下の平等または（性的指向を含む）社会的身分または性別による差別禁止との関連が重要である。③諸外国での同性婚の承認の広がりがみられる。④自由権規約委員会が、日本政府に対し、「同性カップルが、公営住宅へのアクセスおよび同性婚を含む、規約に定められているすべての権利を、締約国の全領域で享受できるようにすること」を勧告している。[50] 社会権規約委員会も、「同性カップル」に対する差別を解消する法改正を勧告している。[51] ⑤パートナーシップ制度を認める自治体が増えており、日本弁護士連合会（日弁連）の「同性の当事者による婚姻に関する意見書」[52] の中で紹介されているように世論調査では過半数の賛成を得ている。①から⑤を踏まえると、同性婚かパートナーシップの制度を承認する必要がある。世界的にかなりの国が同性婚や同性パートナーシップ制度を認めており、日本でも同性パートナーシップ制度を採用する自治体がみられる社会情勢を踏まえると、「憲法 24 条 1 項が『婚姻は、両性の合意のみに基いて成立し』としているのも、憲法制定当時は同性婚が想定されていなかったからにすぎず、およそ同性婚を否定する趣旨とまでは解されない」と同性婚を許容したり、[53]「性的指向」により区別して、「同性愛者に対しては、婚姻によって生じる法的効果の一部ですらもこれを享受する法的手段を提供しないとしていることは、……合理的な根拠を欠く差別取扱いに当たる」ので「憲法 14 条 1 項に違反する」、[54] また、「今後の社会状況の変化によっては、……将来的に憲法 24 条 2 項に違反するものとして違憲になる可能性はある」、[55] さらには、「現行

---

50) 自由権規約委員会・日本の第 7 回定期報告に関する総括所見（2022 年）11 段落。

51) 社会権規約委員会・日本の定期報告書に対する総括所見（2013 年）10 段落。

52) 日本弁護士連合会「同性の当事者による婚姻に関する意見書」（2019 年）。

53) 宇都宮（真岡支部）地判 2019（平成 31）年 9 月 18 日裁判所ウェブサイト。慰謝料の算定において、同性カップルにも男女の内縁関係に準じた法的保護を認めた。控訴審も、同様の「法律上保護される利益」として認めている。東京高判 2020（令和 2）年 3 月 4 日裁判所ウェブサイト。最高裁も、上告を棄却し、確定した。最判 2021（令和 3）年 3 月 17 日裁判所ウェブサイト。

54) 札幌地判 2021（令和 3）年 3 月 17 日裁判所ウェブサイト。

55) 大阪地判 2022（令和 4）年 6 月 20 日裁判所ウェブサイト。

法上、同性愛者についてパートナーと家族になるための法制度が存在しないことは、同性愛者の人格的生存に対する重大な脅威、障害であり、個人の尊厳に照らして合理的な理由があるとはいえず、憲法24条2項に違反する状態にある」とする憲法解釈が下級審の判決には登場している。

　さらに、「性的指向」による差別は憲法14条1項違反というだけでは、（同性婚か、同性パートナーシップ制度かといった）差別を解消する制度選択の裁量が国にあるものの、②の体系解釈上、憲法24条2項所定の「個人の尊厳」と「平等」の理念に立脚する婚姻制度のためには、同条1項の「両性」の解釈を広げ、「2人の性（をもつ婚姻当事者）」の「本質的平等」に立脚する婚姻に道を開くべきである。「性」のあり方が多様であれば、「夫婦」のあり方も多様である。画一的な婚姻制度ゆえに、婚姻により幸福を追求する権利が侵害され続けることを憲法は容認するものではない。むしろ、多様性を前提として定められた憲法13条の「個人の尊重」に根差す婚姻の「自由」を立法その他の国政の上で、最大に尊重することを命じている憲法「24条と結びついた13条」は、「同性婚の権利」を保障していると解しうる。したがって、同性婚を認める民法および戸籍法の改正は、むしろ憲法上の要請といえる（この点、同性婚を認めない州法を違憲とした2015年のアメリカの連邦最高裁判所の判決も参考になる。婚姻の権利は、人の「自由」に内在する基本的権利であり、適正手続なしに「自由」を奪ってはならず、法の「平等」保護を定める修正14条の下、同性のカップルは、その権利と自由を奪われてはならない）。

　ついで、性自認の問題として、日本の2004年に施行された「性同一性障害者の性別の取扱いの特例に関する法律」3条4号では「生殖腺がないこと又は生殖腺の機能を永続的に欠く状態にあること」の要件を満たすため、性別適合手術を望まない者には、事実上、手術を強制することの違憲性が争われた。最高裁は、「性自認に従った性別の取扱いや家族制度の理解に関する社会的状況の変化等に応じて変わり得る」としつつも、「本件規定の目的、

56）東京地判2022（令和4）年11月30日裁判所ウェブサイト。
57）Obergefell v. Hodges, 576 U.S. 644 (2015).

上記の制約の態様、現在の社会的状況等を総合的に較量すると、本件規定は、現時点では、憲法 13 条、14 条 1 項に違反するものとはいえない」とした[58]。ただし、鬼丸かおる・三浦守裁判官は補足意見で、「その意思に反して身体への侵襲を受けない自由」を保障する憲法 13 条違反の「疑いが生じている」という。

　2007 年に国連人権理事会は「各人の自己規定する性的指向や性自認はその個人の人格に不可欠のものであり、自己決定権、尊厳、自由の最も基本的側面の 1 つである。性自認の法的承認の条件に性別適合手術や不妊手術やホルモン療法といった医学的治療は必須とされない」との見解を示す[59]。この点、ドイツ連邦憲法裁判所は、性転換法が、性別の帰属につき外科的侵襲と生殖の永続的不能を要件とすることは、基本法 1 条 1 項（人間の尊厳）と結びついた 2 条 1 項（人格の自由な発展を求める権利）・2 項（身体を害されない権利）違反と判示している[60]。ヨーロッパ人権裁判所も、フランスが出生証明書の性別変更のために外観の不可逆的変更を要件とすることは、ヨーロッパ人権条約 3 条（非人道的・品位を傷つける取扱いの禁止）と結びついた 8 条（私生活を尊重される権利）に反するとした[61]。

　日本の法律も、医学的治療を性自認の法的承認の条件とする制限規定とともに、「性別不合」特例法などの名称に見直すべきである。また、今後は、憲法 13 条が性自認の自由を保障していることを踏まえた立法・行政実務が望まれる。

3. 14 条の差別禁止事由の具体化における人権条約適合的解釈

(1)「性別」による差別禁止の具体化

　日本国憲法 14 条は、「性別」による差別禁止を定めている。しかし、ど

---

58) 最決 2019（平成 31）年 1 月 23 日裁判所ウェブサイト。
59) 国連人権理事会・ジョグジャカルタ原則 3（2007 年 3 月 26 日）。
60) BVerfGE 128, 109 (2011).
61) A.P., Garçon and Nicot v. France (2017).

のような場合が、性差別にあたるかといった具体的な基準が明示されている
わけではない。そこで、憲法の解釈基準の具体化として、人権条約を指針と
することが有用である。女性差別撤廃条約9条2項が、「締約国は、子の国
籍に関し、女性に対して男性と平等の権利を与える」と定める。同条約の批
准に際し、1984年に日本は父系血統主義の国籍法を父母両系主義の国籍法
に改正した。本条約との適合的な解釈からすれば、子の国籍に関する性差別
の禁止が日本国憲法14条1項の「性別」による差別禁止の具体的な規範内
容として、新たな意味が充填され、今日、父系血統主義に戻すことは憲法違
反の性差別となる。

　また、女性差別撤廃条約11条1項(b)は、男女の「同一の雇用機会」の
権利を定めている。そこで、男女の「募集・採用」の機会均等の権利は、
1985年の男女雇用機会均等法5条に定められているだけでなく、憲法14条
1項の「性別」による差別禁止の具体的な内容となる。同条約11条1項(c)
は、「昇進・降格」の性差別を禁止し、1997年の改正男女雇用機会均等法6
条が定めているだけでなく、憲法14条1項の「性別」による差別禁止の具
体的な内容となる。同条約1条が差別の定義に「目的」だけでなく、「効果」
を含めており、2007年の改正男女雇用機会均等法7条が間接差別を禁止す
るだけでなく、憲法14条1項の「性別」による差別禁止は間接差別の禁止
も含む内容となる。たとえば、刑務所の刑務官の募集に身長・体重要件を
設けることは、女性に対する差別的「効果」をもち、[62] 2019年に廃止された。
身長・体重要件を復活させることは、憲法14条1項違反となりうるものと
思われる。

(2) 「出生」による差別禁止──非嫡出子の場合

　2008年に最高裁は、親が婚姻関係にない日本国民の父と外国人の母との
間に生まれた婚外子（非嫡出子）の場合、届出に両親の婚姻を要件とする旧
国籍法3条を、憲法14条1項の法の下の平等違反とした。その判決理由で
「我が国が批准した」自由権規約と子どもの権利条約にも、子どもが「出生

---

62) 参照、Dothard v. Rawlinson, 433 U.S. 321 (1977).

によっていかなる差別も受けないとする趣旨の規定が存する」と判示している[63]。自由権規約 24 条と子どもの権利条約 2 条の子どもの「出生」による差別禁止[64]と憲法 14 条 1 項の整合性が国籍法改正の 1 つの根拠となっている。一種の人権条約適合的解釈を採用した最高裁判例とみることもできる。日本国憲法 14 条 1 項後段は、「人種、信条、性別、社会的身分又は門地により、政治的、経済的又は社会的関係において、差別されない」と規定する。そこで、より明確に整理するならば、人権諸条約の「出生」による差別は、憲法 14 条 1 項の禁止する「社会的身分」による差別に含めることが適当である[65]。したがって、憲法 14 条 1 項は、「出生」による差別禁止を明示で禁止していないものの、自由権規約や子どもの権利条約が解釈基準となり、「社会的身分」としての非嫡出子に対する「出生」による差別禁止を含むことになる。

(3)「民族」差別としての「人種」差別

　人種差別撤廃条約 1 条によれば、人種とは、広く「人種、皮膚の色、世系または民族的もしくは種族的出身」を意味する[66]。したがって、人種差別は、民族的出身・種族的出身による差別を含むというのが、人種差別撤廃条約の立場である。日本政府がこの条約の 1 条について、留保や解釈宣言なしに憲法に適合するものとして批准した以上、今日、日本国憲法 14 条後段の禁ずる人種差別は、民族的出身による差別を含むとの解釈が一般的である[67]。ここにも、人権条約適合的解釈がみられる。特別永住者に対する差別

---

63) **国籍法違憲判決・最大判 2008（平成 20）年 6 月 4 日民集 62 巻 6 号 1367 頁。**
64) なお、自由権規約 2 条・26 条、社会権規約 2 条・10 条 3 項も、「出生」による差別禁止を定めており、非嫡出子差別を禁止する根拠となる。参照、自由権規約委員会・日本の第 3 回定期報告書に関する総括所見（1993 年）11・17 段落、社会権規約委員会・日本の第 2 回定期報告書に関する総括所見（2001 年）41 段落。
65) ただし、門地の差別も、「出生」による差別の例である。また、社会的身分の差別は、出生による差別以外にも、後天的な社会的地位による差別の場合も含むことには注意を要する。たとえば、後天的な障碍による障碍者に対する差別は、社会的身分による差別といえる。
66) 野中ほか、2012、292 頁〔野中〕。ここで、「世系」というのは、先祖のことである。
67) 参照、近藤、2020、125 頁。

が national origin による差別として、広義の人種差別となることについては、第3章でみる。

4. 人権条約適合的解釈の限界としての憲法アイデンティティ

人権条約適合的解釈は、ヨーロッパ諸国においては、一般的である。そこでは、各国の憲法を人権条約に適合的に解釈をすることが求められている。しかし、例外として、各国の独自性が認められる余地もある。この点、ヨーロッパ連合（EU）では、国家アイデンティティの尊重と誠実協力原則[68]が問題となる。2009年のリスボン条約（EU条約4条2項）では「連合は、両条約の下、加盟国間の平等、ならびに加盟国の州および地方自治体の自治を含む、政治的および憲法的な基本構造に固有な国家アイデンティティ（national identities）を尊重する」と定めている。たとえば、「共和国の国としてのステイタス[69]」や「公式の国語の保障[70]」などが国家アイデンティティとしてEU裁判所の判決において指摘されている。また、各国の憲法裁判所などは、国家アイデンティティに関する憲法規定を審査することからも、「国家アイデンティティ」を「憲法アイデンティティ」と呼ぶ傾向にある。リスボン条約に関するドイツ連邦憲法裁判所の判決では、EUへの主権の移譲は、加盟国の憲法アイデンティティの尊重が必要と判示した[71]。また、スペインの憲法裁判所によれば、スペインの国家主権は、スペイン憲法のアイデンティティである本質要素に適合する限り、制限することができるという[72]。事柄が加盟国の憲法アイデンティティの核心と密接に関連するならば、裁量の余地は広くなる[73]。憲法アイデンティティは、国や憲法の歴史と強く結びつい

68）EU条約4条3項では、「誠実協力原則に従って、連合と加盟国は、両条約から生じる任務の遂行において、相互を十分尊重し、相互に支援する」とある。

69）Case C-208/09 Sayn-Wittgenstein, EU:C:2010:806.

70）Case C-391/09 Runevič-Vardyn and Wardyn, EU:C:2011:291.

71）BverfGE 123, 267 (2009).

72）Spanish Constitutional Court, Declaración 1/2004. 参照、Cloots, 2016, p. 93.

73）Millet, 2013, p. 233.

たり、国の主権を背景として語られたりする。

　この点、日本では、第 1 に、皇室典範 1 条が「男系の男子」に皇位継承を限定することについて、歴史を理由にその独自性が語られている。しかし、女性差別撤廃条約 2 条(a)は、「男女の平等の原則が自国の憲法その他の適当な法令に組み入れられていない場合にはこれを定め、かつ、男女の平等の原則の実際的な実現を法律その他の適当な手段により確保すること」と規定する。人権条約の誠実な遵守の例外として、正当化するほどの内実がありうるかどうかは、議論のあるところとはいえ、このことは、一種の憲法アイデンティティの事例といえる。第 2 に、戦争を放棄し、軍隊を否認している日本国憲法 9 条の平和主義の特徴もあって、同 18 条の「苦役からの自由」に反するとして、一般に徴兵義務は憲法違反と解されている。しかし、自由権規約 8 条 3 項(C)(ii) が、軍事的性質の役務は「強制労働」には含まれないと定めている。したがって、人権条約適合的解釈からすれば、徴兵は苦役としての強制労働ではない。ここにも、憲法アイデンティティの限界事例がみられ、人権条約適合的解釈の例外として、国の裁量が認められる。もっとも、第 1 の場合は、女性差別撤廃条約 23 条の「高水準の国内法令の優先適用」の事例とはいえないのに対し、第 2 の場合は、自由権規約 5 条 2 項の「高水準の国内法令の優先適用」の事例といえよう。

　以上、本章では、まず、人権の普遍性を語る上で、今日、自然法よりも人権条約を参照する必要があり、人権条約適合的解釈が多くの国の憲法解釈として重要であることを確認した。ついで、日本における人権条約適合的解釈について、憲法 13 条の融合的保障の場合と 14 条の差別禁止事由の具体化の場合を検討した。最後に、人権条約適合的解釈の例外として、憲法アイデ

---

74) 宮沢、1974、335 頁。

75) 芦部、2019、252 頁。

76) 男女平等との関連で、男系の男子と定めるリヒテンシュタインの公位継承法について、女性差別撤廃委員会と自由権規約委員会は、繰り返し懸念を表明し、該当する条約の規定への留保や解釈宣言の撤回を勧告している。たとえば、CEDAW/C/LIE/CO/5/Rev.1 (3 December 2018), paras. 9-10. CCPR/C/LIE/CO/2 (21 August 2017), paras. 13-14.

ンティティが認められる余地について考察した。人権保障の発展からすれ
ば、人権条約適合的解釈に対する憲法アイデンティティを根拠とする例外は、
「高水準の国内法令の優先適用」の場合に限定する方が望ましい。

第**3**章

世界人権宣言 15 条 2 項と恣意的な国籍剥奪禁止

1. 日本国憲法の基本原理と国籍に関する国際法上の基本原則

　日本国憲法 22 条 2 項は、「何人も、外国に移住し、又は国籍を離脱する自由を侵されない」と定めている。同項の体系解釈としては、**基本的人権の尊重、国民主権、平和主義、国際協調主義**といった基本原理に即した解釈が必要である。本章は、同項の定める「国籍離脱の自由」の規範内容として、恣意的な国籍剥奪禁止原則が含まれることを 4 つの基本原理に照らした憲法の体系解釈から導く。その上で、複数国籍の合理性について確認する。

　日本国憲法が国籍について直接に明示している条文は、上記を加えて 2 カ所である。もう 1 つの憲法 10 条では、「日本国民たる要件は、法律でこれを定める」とある（したがって、広い立法裁量が認められ、出生に伴う国籍取得に際して、①現行の親の国籍を承継する「血統主義」に限らず、②生まれた国の国籍を認める「生地主義」[1]を認めることも、また、後天的な国籍取得に際しても、(1)行政の裁量などによる「帰化」だけでなく、(2)一定の居住期間などを要件に権利として国籍を取得する「届出」[2][3]などを認めることも可能である。たとえば、

---

1) 日本の国籍法では、2 条 3 項が「父母がともに知れないとき、又は国籍を有しないとき」に限り、生地主義を採用している。

2) 日本の国籍法では、3 条が認知による「届出」、17 条が国籍の再取得の場合の「届出」を採用しているにすぎない。

3) フランスで生まれ、11 歳から 5 年以上フランスに住んでいる者は、18 歳のときに届出なしに国籍を自動取得するが、成人になる半年前または成人になった 1 年以内に辞退

アメリカ[4]、カナダ[5]などは全面的な生地主義を採用し、ドイツ[6]、イギリス[7]、オーストラリア[8]、ニュージーランド[9]などは永住者の子に生地主義を採用し、フランス[10]、スペイン[11]、ルクセンブルク[12]などは2世代生地主義を採用している。また、ベルギー[13]、イタリア[14]、オランダ[15]などで生まれ18歳まで正規に継続居住している者、オランダに4歳から18歳まで継続居住している者、スウェーデンに13歳から18歳まで継続居住している永住者[16]、スウェーデンで生まれ13歳から18歳まで継続居住している者[17]、フランスで生まれ8歳から継続居住している者〔13歳から〕または11歳から5年以上居住している者[18]〔16歳から〕は、届け出れば国籍が権利[19]として取得できる。なお、ここで紹介した国は、スペイン以外は複数国籍に寛容であり、スペインにおいても、出生時に複数国籍を取得した者には、日本のような大人になって国籍の選択を義務づけるものではなく、日本の国籍法の狭隘な特徴がうかがえる）。しかし、「法律でこれを定める」とある憲法10条も、無制限の立法裁量を認めているのではない。憲法の体系解釈として、同13条の**個人の尊重**、同14条1項の**差別禁止原則**、同22条2項の**恣意的な国籍剥奪禁止原則**、同98条2項の**条約**（および国際慣習法）**誠実遵守義務**との相互

することもできる。Code civil, §21-7, 21-8.

4) Constitution of the United States, 14th Amendment§1; Immigration and Nationality Act, §301(a).

5) Citizenship Act, §3(1)(a).

6) Staatsangehörigkeitsgesetz, §4(3).

7) British Nationality Act 1981, §1(1).

8) Australian Citizenship Act 2007, §12(1)(a).

9) Citizenship Act 1977, §6(1)(b)(ii).

10) Code civil, §19-3.

11) CÓDIGO CIVIL, §17(1)(b).

12) Loi du 8 mars 2017 sur la nationalité luxembourgeoise, §4.

13) Wetboek van de Belgische nationaliteit§12bis.(1).

14) Nuove norme sulla cittadinanza, §4(2).

15) Rijkswet op het Nederlanderschap, §6(1)(a).

16) *Ibid.*, §6(1)(e).

17) Lag (2001:82) om svenskt medborgarskap, §8.

18) *Ibid.*

19) Code civil, Article 21-11.

の意味連関が重要である。したがって、憲法10条に基づく国籍の立法裁量原則は、かつての国家主権万能の時代の無制約のものではない。今日、その規範内容は、憲法の基本原理（基本的人権の尊重、国民主権、平和主義および国際協調主義）、憲法13条、同14条1項、同22条2項および同98条2項との体系解釈により、大きく制限されていることに留意する必要がある。

　国籍法11条1項は、「日本国民は、自己の志望によって外国の国籍を取得したときは、日本の国籍を失う」と定めている。同項の違憲性を争う裁判が係争中である。2018年にヨーロッパ在住の6人の原告が同項により、外国の国籍を取得したために日本国籍を喪失したこと、また2人の原告が日本国籍の喪失を望まないために住んでいる外国の国籍を取得できないでいることは、憲法22条2項、同13条、同14条に違反するとして、国籍確認および国家賠償を求めて提訴した。しかし、2021年に東京地裁は、前者の請求を棄却し、後者の請求を却下した（以下、1審判決[20]）。複数国籍を防止することの合理性を説明する1審判決の議論は、今日の多くの民主国家でなされている議論とは大きく異なる。たとえば、「できる限り重国籍を防止し解消させるべきであるという理念は合理性を有する」（44頁）という部分は、1930年の国籍法抵触条約制定時にみられた議論が中心の時代錯誤的なものである。国際連盟国際法典編纂会議で採択されたこの条約の前文には、たしかに「すべての者が国籍を有し、かつ、一つの国籍のみを有するべきである」とあった。しかし、前文には、法的拘束力はない。また、20世紀初頭、大半のヨーロッパ諸国は、帰化による従来の国籍喪失規定など、複数国籍が生じないように国籍法を定めようとしていた[21]。その後、ヨーロッパ評議会は、人の国際移動の規模がまだ小さかった1963年に複数国籍削減協定を締結し、同1条では「締約国の国民は、成人であり、自己の意思で、帰化・選択・回復により、他の締約国の国籍を取得した場合は、従来の国籍を放棄する」ことも定めていた。しかし、複数国籍削減協定にかかわらず、国際結婚と国際移住の増大により、複数国籍者は大量に増え、1993年には、国際

20）国籍確認等請求事件・東京地判2021（令和3）年1月21日裁判所ウェブサイト。
21）de Groot, 2003, p. 99.

結婚と国際移住に伴う複数国籍の承認傾向が一定の国々にみられることから、1963年協定の第2選択議定書をヨーロッパ評議会は採択している。これは家族の国籍の統一と移民の2世の社会統合のために、国際結婚による配偶者と子、移民の2世の複数国籍を承認するものであった[22]。そして、1997年のヨーロッパ国籍条約15条が、複数国籍には中立の立場を表明し、加盟国が自由に決定できるようにした[23]。したがって、複数国籍の容認は、国際法に反しない。そればかりか、従来、考えられてきた弊害は、現実的な問題となることはほとんどなく、個人にとっても、国家にとっても、利益が大きいといわれている。むしろ、**複数国籍の合理性**の議論の方がはるかに優勢である。したがって、今日、世界のおよそ4分の3の国は複数国籍を認めている。

　一方、国際法上の国籍に関する基本原則は、伝統的な「立法裁量の原則」（「国内管轄の原則」または「国家主権の原則」）だけでない。世界人権宣言15条1項は、「すべて人は、国籍をもつ権利を有する」と定めている。ここからは、**無国籍防止原則**が導かれる。同2項は「何人も、ほしいままにその国籍を奪われ、またはその国籍を変更する権利を否認されることはない」と定めている。この前段からは、**恣意的な国籍剥奪禁止原則**が導かれる。世界人権宣言2条は、**差別禁止原則**を定めている。したがって、今日の国際人権法の発展に伴い、無国籍防止条約、恣意的な国籍剥奪禁止原則および差別禁止原則の3つの原則により、立法裁量の幅を狭められつつある。20世紀初期にあって、国籍法の抵触解消にもっぱら関心があった国際法は、現在、人権という観点から国籍に対峙しており、これと憲法との再調整が望まれる[24]。

2. 基本的人権の尊重と国籍離脱の自由

　日本国憲法は、前文で「自由のもたらす恵沢を確保」し、「全世界の国民が、ひとしく恐怖と欠乏から免かれ、平和のうちに生存する権利を有するこ

---

22) Europarat, 1994, p. 411.
23) Council of Europe, 1998, par. 97.
24) 江島、2022、25頁。

とを確認する」と定める。また、憲法13条が「個人の尊重」を掲げ、「生命、自由及び幸福追求」に対する権利が国政上「最大の尊重を必要とする」として、「基本的人権の尊重」の基本原理を明らかにしている。[25]

　1審判決では、「憲法10条は、『日本国民たる要件は、法律でこれを定める。』と規定し、これを受けて、国籍法は、日本国籍の得喪に関する要件を規定している」とある。そして、憲法10条の規定は、「立法府の裁量判断に委ねる趣旨」という。「他方で、憲法は、22条2項において、『何人も〔中略〕国籍を離脱する自由を侵されない。』と規定して、国籍離脱の自由を定めているものの、国籍の取得及び保持に関する権利が保障されるか否かについては何らの定めも置いていない」としている（39頁）。

　しかし、国籍を離脱する自由を定めることは、離脱するか離脱しないか（＝保持するか）を決める自由を意味するものである。したがって、保持に関する権利の保障と無関係とはいえない。「自由」は、一般に作為の自由とともに、不作為の自由を内包している。表現の自由は、表現しない自由（沈黙の自由）を保障する。信教の自由は、信仰を強制されない自由を保障する。同様に、国籍離脱の自由は、国籍を離脱しない自由（国籍離脱を強制されない自由）を保障する。したがって、政府が国民の国籍を恣意的に剥奪することは、憲法22条2項が禁止している。[26] 1審判決の「自由」の理解に立てば、憲法21条1項の表現の自由は、沈黙の自由を保障せず、憲法20条1項の信教の自由は、信仰を強制されない自由を保障するものではないことになる。また、1審判決の「自由」の理解は、「個人の尊重」を掲げ、「自由」に対して国政上「最大の尊重」を求める憲法13条にも反する。

　ついで、1審判決は、憲法10条により、「日本国籍の得喪に関する要件の定立が立法府の裁量判断に委ねられていることからすれば」、憲法22条2項の定める国籍離脱の自由は、「日本国籍からの離脱を望む者に対して、その者が無国籍者となるのでない限り、国家がこれを妨げることを禁止すると

25）芦部、1992、214-215頁
26）近藤、2020、42頁、渋谷・赤坂、2022、14-15頁〔赤坂〕、高佐、2022、102頁、館田、2019、174頁、渡辺ほか、2016、321頁〔松本〕。

いう消極的権利を定めたものにすぎないということができ、同項の規定を根拠に、憲法上、日本国籍を積極的に取得又は保持することができる権利が保障されているということはできない」という（39頁）。以下、これを「1審判決の論理」と呼ぶことにする。

しかし、1審判決の論理は、憲法10条による立法裁量原則が、あたかも上位規範であり、それをもとに下位規範の憲法22条2項の意味合いを導く思考方法に立脚しているものと思われる。むしろ、憲法10条は国籍に関する一般法（一般規範）であり、特別法（特別規範）である憲法22条2項を優先し、その結果、憲法10条の適用範囲を制約するのが、ここでのあるべき解釈手法である。

また、国籍離脱を望まない者が国籍を保持することは、国による国籍離脱の強制を禁止することである。この消極的権利を憲法22条2項の国籍離脱の自由は、保障していると解釈すべきである。そうでなければ、同項は、他国の国籍を取得することで自国の国籍を離脱したい「極めて少数」の（兵役義務や納税義務のような不都合な条件のない日本の場合はほとんど皆無かもしれない）人にのみ意味のある規定にすぎない。今日、他国の国籍を取得したくても、自国の国籍を離脱したくない原告らのような「大多数」[27]の人に対しては、同項は何ら基本的人権を保障するものではなく、むしろ自国の国籍離脱の強制を正当化する規範内容をもつことになる。そのような規定を人権規定と呼ぶことができるのであろうか。

「大多数」の人は、原告らのように居住国の国籍を取得しても日本の国籍の離脱を望んでおらず、「極めて少数」の人しか日本国籍の離脱を望んでいないのが実態である。それにもかかわらず、1審判決の論理は、憲法22条2項の規定は、「日本国籍からの離脱を望む者に対して、その者が無国籍者となるのでない限り、国家がこれを妨げることを禁止するという消極的権利を定めたものにすぎない」と解する。しかし、同項をそのように解すること

---

27) なぜ、他国の国籍を取得したくても、自国の国籍を離脱したくない人が「大多数」といえるのかについては、近藤、2022、101-102頁。なお、本章は、近藤、2022を大幅に加筆したものである。

は、大多数の人の自己の意思に反した国籍離脱を強制する国籍法 11 条 1 項を正当化することを意味するものである。このような規定と解する場合、果たして憲法 22 条 2 項は、基本的人権を保障する規定と呼べるのであろうか。「個人の尊重」を掲げ、「自由」に対して国政上「最大の尊重」を求める憲法 13 条所定の「基本的人権の尊重」の基本原理からは、疑問である。

　自己の志望によって外国国籍を取得するからといって、当然に本人が従来の国籍を放棄する意思を有していたとするのは 1 つの「擬制」に過ぎない[28]。実際には、従来の国籍を放棄することを望まない人の方が大多数である。人の国際移動や国際結婚の増大を踏まえると、この「擬制」の妥当性は、人権の視点から再検討が必要である[29]。

3. 国民主権と国籍離脱の自由

　憲法 22 条 2 項の国籍離脱の自由の淵源は、アメリカの 1868 年 7 月 27 日の法律 1 条にある。そこでは、「国籍離脱の自由は、すべての人の生まれながらの権利であって、生命・自由・幸福追求の権利に不可欠のものである」と定めている[30]。この法律の数日前にアメリカ合衆国憲法修正 14 条が制定され、アメリカで生まれるか、帰化し、アメリカの管轄権に服する者は、アメリカの国民（市民）となる。当初は、「君主主権」の理論である臣民の「永久忠誠（perpetual allegiance）」を求めるイギリスなどの君主国家からの移住者にとって重要な国籍を離脱する自由としての「国籍変更の自由」に焦点が当てられた。アメリカは、当初、自国民に対しても 1907 年の国籍離脱法および 1940 年の国籍法により、他国への帰化、他国への忠誠の宣誓、他国の選挙への参加などの理由に基づく国籍の喪失の手続を定めていた。

　しかし、連邦最高裁は、1967 年の Afroyim v. Rusk 事件で[31]、アメリカ国

28）木棚、2021、547 頁。

29）毛利、2021、165 頁。

30）法学協会編、1953、439 頁。

31）Afroyim v. Rusk, 387 U.S. 253 (1967).

民がイスラエルの選挙に参加したことによるアメリカ国籍の剥奪を違憲とした。そこでは、すべての人の生まれながらの権利としての「国籍離脱の自由」を定めた 1868 年 7 月 27 日の法律 1 条の趣旨が、議会の協議した国籍喪失の唯一の方法は、国民が自らの意思で離脱ないし放棄した場合に限定されうる点にあったと当時の法律制定史を分析している（para. 18）。したがって、人権としての「国籍離脱の自由」の意味は、自己の意思によってのみ国籍を離脱する自由であり、自己の意思に反して国籍を離脱させられない自由、すなわち国籍を離脱しない自由である。判決の言葉を借りれば、「自発的に国籍を放棄しない限り、自由な国に国民として留まる憲法上の権利」である（para. 21）。最終的には、1980 年の Vance v. Terrazas 事件により、[32] 複数国籍を容認する最高裁判例が確立した。同事件は、メキシコの国籍証明書の発行がメキシコへの忠誠を意味するかどうかが争われ、国籍を離脱するのに必要な意図をもって国籍喪失行為が行われたかは、政府の側に挙証責任があるとして原審に差し戻した。いわば、国民主権下の民主国家間にあっては（たとえば、アメリカとかつての大英帝国または大日本帝国では、民主国家と君主国家の間なので国籍変更の自由の側面が重要であったが、アメリカと今の民主化されたイギリスまたは今の日本では、民主国家の間なので）、自己の意思に反して「国籍を離脱しない自由」の側面こそが、人権としての「国籍離脱の自由」の規範内容としては、重要とされているのである。

　日本国憲法 22 条 2 項の国籍離脱の自由も、当初の国籍を離脱する自由としての「国籍変更の自由」に限らず、今日、国籍を離脱しない自由としての「自発的に国籍を放棄しない限り、自由な国に国民として留まる憲法上の権利」を保障するものと解釈する必要がある。かつて「ひとたび臣民となった者は永久に臣民である」との永久忠誠が問題であった君主主権の時代には、国籍変更の自由が重要な意味をもっていた。しかし、国民主権下の民主国家では国籍変更の自由は、もはや自明のことである。諸外国の憲法と比べても、珍しく、あえて日本国憲法が明文で国籍離脱の自由を掲げている以上、国籍変更の自由の意味にとどまるものと解すべきではない。むしろ、国籍を離脱

---

32) Vance v. Terrazas, 444 U.S. 252 (1980).

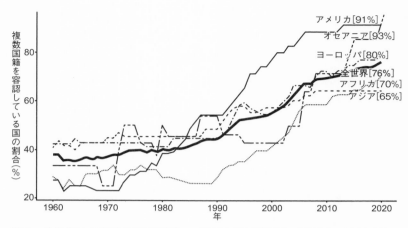

図 1　在外邦人の複数国籍の容認——世界と地域別傾向（1960－2020 年）
出典：MACIMIDE Global Expatriate Dual Citizenship Dataset V5 [2020].

しない自由としての「自発的に国籍を放棄しない限り、自由な国に国民として留まる憲法上の権利」の側面が重要である。

　換言すれば、「国籍変更の自由」は、君主主権原理に対応した主要な規範内容である。そして、「国籍を離脱しない自由」が、国民主権原理に即した国籍離脱の自由の主要な規範内容である。国籍離脱の自由のかかる両義的な内容が、国民主権下の憲法 13 条の「生命、自由及び幸福追求」の権利にとっては不可欠である。国籍離脱の「自由」について、国政上「最大の尊重を必要とする」以上、その制約は必要最小限でなければならない。とりわけ、主権者である国民の国籍を剥奪することは、やむにやまれぬ政府利益を達成するために必要不可欠な場合でなければ許されない。[33] 特別に国家の安全や国益を脅かす事例を除き、一般に、通常の帰化などにより外国の国籍を取得しただけで日本国民の国籍を剥奪する場合に、やむにやまれぬ政府利益があるものとはいえない。

　図 1 にみるように、1930 年の国籍法抵触条約にみられる国籍唯一の原則

33）松井、2022、129、296 頁。

がまだ影響力をもっていた 1960 年には 62% の国が複数国籍に否定的であった。しかし、今日、2020 年末には 76% の国が複数国籍に肯定的であり、在外邦人が自己の意思により居住国の国籍を取得しても自動的に従来の国籍離脱を強制される制度をもたないのが現状である[34]。かつて国籍唯一の理念は原則であったが、今日、国籍唯一の理念は例外にすぎない。

　複数国籍を認める多くの国では、原告の知人たちのように、一般に国籍離脱を望まず、複数国籍を維持しているのが現状である。居住国の国籍を自己の意思で取得するとしても、従来の国籍離脱を望まず、従来の国籍保持を望む人が一般的である時代に、日本国憲法 22 条 2 項の規範的意味が、「極めて少数」の国籍離脱を望む者に対してのみ有効であり、「大多数」の国籍離脱を望まない者には無意味であると解するのは、人権保障の効果をほとんど無にするに等しい解釈である。1 審判決は、「基本的人権の尊重」を基本原理とする日本国憲法の解釈として不適切といえよう。

　他方、1 審判決は、適切にも、「国籍法 11 条 1 項は、……憲法 22 条 2 項により保障される国籍離脱の自由の一場面として外国籍への変更を認めることにより、国籍変更の自由を保障した」と指摘する（44 頁）。たしかに、「国籍変更の自由」は、「憲法 22 条 2 項により保障される国籍離脱の自由の一場面」にすぎない。しかし、国民主権下にあって、同項の保障する「国籍離脱の自由」の規範的意味内容のより重要な場面は、自己の意思によってのみ国籍を離脱することであって、自己の意思に反して「国籍を離脱しない自由」である。1 審判決は、憲法 22 条 2 項の規範的意味合いを極端に狭く解す不適切な憲法解釈の下、国籍法 11 条 1 項の合理性を説明している。

4. 平和主義と複数国籍を認めることの合理性

　1 審判決は、国籍法 11 条 1 項の立法目的としての複数国籍防止の合理性を説明するために、つぎの 5 つの複数国籍の問題点を理由として指摘している。(1)「外交保護権の衝突」、(2)「納税義務」の衝突、(3)「兵役義務」の衝

---

34) Vink *et al.* 2015.

突、(4)「入国管理が阻害され」ること、(5)「重婚を防止し得ない」ことなど のおそれがあるという (43 頁)。

　しかし、いずれの理由も、今日、多くの複数国籍者が日本にもいる中で、 具体的には問題となっていないことばかりを例示しているにすぎない。(1) 「外交保護権の衝突」は、伝統的な反対論の根拠であったが、1955 年の国際 司法裁判所のノッテボーム事件判決[35]以来、第三国における外交上の保護は、 真正な結合を有する実効的国籍の国の側が保護の責任を負うことで解決可能 とされる。また、国際的な人権保障の進展は、国籍国の人権侵害行為を正当 化せず、国籍国間での外交上の保護はもはや不可能ではないという[36]。政府 の国会答弁でも、(1)については、(3)に関連する忠誠の衝突や、(5)の重婚に よる身分関係の混乱とともに、「具体的に重国籍で何らかの問題が生じたと いう事例は把握しておりません」というのが法務省民事局長の説明である[37]。

　上述した世界の 76% にも及ぶ多くの国にとっては、複数国籍は、国の安 定を促進し、個人の社会参加の可能性を広げ、「公共の福祉」にかなうとさ れている。こうした現状を無視して、時代錯誤の憶測の下に、1 審判決は判 断している。今日、多くの国では、複数国籍は平和主義、民主主義、人権 擁護などを促進する手段として歓迎され[38]、国の安定、移住者の統合、移住 者の安定した将来計画、移住者の人権擁護、移住者の複合的なアイデンティ ティへの対応に役立つとされている[39]。平和主義、民主主義 (国民主権)、人 権擁護は、まさに日本国憲法の基本原理であり、複数国籍の容認は憲法の基 本原理上の要請である。

　なかでも、1 審判決の不適切な点は、(3)「兵役義務の衝突」を根拠にする ことである。日本国憲法にあっては、9 条の「平和主義」もあり、兵役義務 は、憲法 18 条の禁止する「苦役」にあたると通説は解している[40]。日本にお

---

35) ICJ, Liechtenstein v. Guatemala (1955).

36) Hailbronner, 1999, p. 107; Hokema, 2002, pp. 291-294.

37) 衆議院法務委員会・2004 年 6 月 2 日 (房村精一法務省民事局長発言)。

38) Martin, 2003, pp. 5-10.

39) 近藤、2019、237 頁、Schade, 1994, p. 409.

40) 芦部、2019、252 頁、野中ほか、2012、406 頁〔高橋〕。国会における政府答弁 (1980

いては、問題とならないのにもかかわらず、「兵役義務の衝突」を理由として挙げるのは、基本的な立法事実の認定の誤りが顕著である。実は、複数国籍を認めない国の最大の理由は、戦争を前提とした場合の複数国籍の問題点である。どちらの側に忠誠を誓うのかは、戦時においては個人にとっても国家にとっても、忠誠の衝突の問題が想定される。しかし、冷戦の終焉とともに、複数国籍を認める国が増えてきた。もともと戦争を放棄する憲法をもつ日本にとっては、複数国籍を防止する必要性の理由にならないはずである。

(2)納税義務も、アメリカを除き多くの国の基本は、国民ではなく、住民に対して課されるので衝突はない。また、アメリカが高額所得の在外邦人に所得税を課すことは、単一国籍でも、複数国籍でも同じであるので、複数国籍の問題ではない。(4)と(5)は、他国の議論では問題とされていない。日本における複数国籍の反対論が実証的な根拠に基づかず、単なる思い込みで複数国籍の問題点を指摘していることの証左であろう。(4)「入国管理が阻害され」るというのは、むしろ、逆であり、イギリスの実務家によれば、もし複数国籍を認めず、それをチェックするのであれば、膨大な経費と人力を割く必要があり、かえって入管行政に支障が生じるというのが現実的な議論である。(5)重婚も国外結婚ないし国際結婚の増大とは相関関係があるかもしれないが、複数国籍そのものの問題ではない。国籍法11条1項の合憲性を支える立法事実としての複数国籍の弊害は、現実的な根拠の乏しい議論である。

日本のように複数国籍に消極的であった血統主義の国のスウェーデンにおいて、複数国籍を認める「国籍法の現代化」が必要とされたのは、二重兵役、外交上の保護の困難、二重投票、忠誠の衝突といった国家の不利益と従来考えられてきた複数国籍の問題は、実際には非常に限られたものであり、人の国際移動や国際結婚の増大により複数国籍者数が増大する中、現実にはほとんど何も問題にならないことがわかった一方で、複数国籍はアイデンティティのあり方にとって有益であり、旅行、居住、就労、社会扶助、財産権などに関する移住者にとっての「個人の側の利益」が大きく、他方、複数国籍

年8月15日内閣衆質92第4号および2015年7月3日内閣参質189第178号）では、憲法13条、18条などの規定の趣旨からみて、許容されるものではないという。

は、移住者が社会的に排除されている問題を解消し、統合を実現する上で有益であり、国を安定させるといった「国の側の利益」も大きいからである。[41]今日、こうした議論の方が一般的である。76% もの国が複数国籍に肯定的であるのは、複数国籍の弊害の議論よりも、複数国籍の有益性の議論の方がはるかに優越しているからである。たとえば、二重投票といっても、理念上は、1 つの政治制度では一人一票の原則が守られている。忠誠の衝突に関しては、君主制下の主権者への排他的な忠誠概念とは違い、今日の民主国家では多様なメンバーシップへの忠誠や愛着が競合する。国への忠誠の法的意味はもっぱら法の遵守にある。複数の法体制を同時に守ることができれば忠誠は衝突しない。忠誠の衝突の弊害として、日米の複数国籍者がアメリカで反逆罪とされた 1952 年の判例[42]がよく指摘される。しかし、1963 年に彼は恩赦で許されている。その後、この種の実例も聞かない。[43]

　複数国籍を認める国に住む日本国民が、居住国の国籍を取得しつつ日本国籍を保持することに、何ら支障はないのが現状である。体系解釈の観点からすれば、1 審判決は、1930 年の国籍法抵触条約の前文で掲げられた「国籍唯一の原則」といった時代錯誤的な国際法の状況認識の下、基本的人権の尊重、国民主権、平和主義といった日本国憲法の基本原理を尊重しない憲法解釈をしている。冷戦の終焉、徴兵制の廃止、人の国際移動の増大、国際結婚の増大、国際法の変化によって、複数国籍を認める国際情勢が一般的になっている。[44]日本の国内状況も同様であり、徴兵制の禁止、人の国際移動の増大、国際結婚の増大がみられる。こうした国際情勢および国内状況において、従来の憲法解釈を見直す必要がある。もともと、憲法 22 条 2 項の国籍離脱の自由は、国籍を個人の自由意思により離脱することを意味する規定であり、個人の意思に反して国籍離脱を強制する国の法規制を禁止する防御権としての性質をもちうる憲法規範である。表現の自由や信教の自由など、通常の自

41）Gustafson, 2002, pp. 463-481; Gustafson, 2005, pp. 5-19.
42）Kawakita v. U.S., 343 U.S. 717 (1952).
43）Spiro, 2002, p. 24.
44）近藤、2019、233 頁。

由権と同様の憲法解釈をすればよいだけである。

　また、国籍は自己のアイデンティティや人格権の重要な要素であり、国籍離脱を強制することが憲法13条の個人の尊厳に反しないかどうか、真剣に考えるべき時がきている[45]。出生時に日本国籍を取得した日本人からその意に反して日本国籍を剥奪する日本政府の行為は、憲法13条を根拠とする「基幹的な自己人生創造希求権」自体の剥奪・制約に相当しうる[46]。憲法13条は、「自由」に対して国政上「最大の尊重を必要とする」旨を定めている。国籍変更の自由という狭い規範内容では、最大の尊重とはいえない。したがって、憲法22条2項および憲法13条により、国籍離脱の自由は、自己の意思に基づく「国籍変更の自由」とともに、自己の意思に反して「国籍を離脱しない自由」を保障していると解すべきである。

5. 国際協調主義と国籍離脱の自由

　憲法22条2項の国籍離脱の自由は、自己の意思に基づく「国籍変更の自由」とともに、自己の意思に反して「国籍を離脱しない自由」を保障しているとの解釈は、世界人権宣言15条2項に整合的な憲法解釈である。日本国憲法は、前文において「自国のことのみに専念して他国を無視してはならない」といった国際協調主義を基本原理として定めている。これを受けて、同98条2項は、「日本国が締結した条約及び確立された国際法規は、これを誠実に遵守することを必要とする」と定める。確立された国際法規とは、国際慣習法をさす[47]。近年、世界人権宣言の全部または一部を国際慣習法と位置づける見解は増えており、一般的ともいわれる[48]。世界人権宣言15条2項は、「何人も、ほしいままにその国籍を奪われ、またはその国籍を変更する権利を否認されることはない」と定める。前段は、「恣意的な国籍剥奪禁止原則」、

45）高橋、2020、279頁参照。
46）竹中、2009、5頁。
47）佐藤、1984、1287頁。
48）岩沢、2020、366頁、申、2016、27頁。

後段は、「国籍変更の自由」を規定する規範内容である。

　かつての国籍をめぐる国際慣習法は、1 審判決が依拠するように、伝統的には、国籍の取得と喪失は、国家の主権の作用によるものであり、国際慣習法上、国家は誰が国民であるかを国内法により決定する自由を有するとされてきた。この伝統は、「**立法裁量の原則**」（「国内管轄の原則」または「国家主権の原則」）と呼ぶことができる。しかし、今日の国際法上は、伝統的な「立法裁量原則」は、人権法の発展に伴い、国際慣習法ともみなされる「恣意的な国籍剥奪禁止原則」「差別禁止原則」「無国籍防止原則」の 3 つの原則により、立法裁量の幅を狭められつつある[49]。

　(1)**差別禁止原則**は、世界人権宣言 2 条が定めるだけでなく、ほとんどすべての人権条約が定めている。国際慣習法ともみなされており[50]、日本国憲法 14 条 1 項も定めている。1984 年に日本が女性差別撤廃条約 9 条 2 項の要請する性差別の禁止により国籍法を父系血統主義から父母両系血統主義に改正した。また、2008 年に最高裁は、国籍法違憲判決において、親が婚姻関係にない日本国民の父と外国人の母の間に生まれた婚外子（非嫡出子）の場合、届出に両親の婚姻を要件としていた旧国籍法 3 条を、憲法 14 条 1 項の法の下の平等違反とした[51]。したがって、国籍の立法裁量原則は、差別禁止原則により制約されている。

　(2)**無国籍防止原則**は、世界人権宣言 15 条 1 項が定めるだけでなく、自由権規約 24 条 3 項、子どもの権利条約 7 条 1 項も定めており、国際慣習法ともみなされている[52]。1995 年に最高裁は、アンデレ事件において、父が不明で、出産後、消息不明の母のフィリピン国籍が特定できない日本生まれの子どもの日本国籍を認め、国籍法 2 条 3 号の立法趣旨にある無国籍防止原則から、「父母がともに知れないとき」とは、「父及び母のいずれもが特定されないとき」をさすとの拡張解釈を導いた[53]。したがって、国籍の立法裁量原

---

49) 近藤、2019、239-240 頁。

50) Chetail, 2019, p. 145.

51) **国籍法違憲判決**・最大判 2008（平成 20）年 6 月 4 日民集 62 巻 6 号 1367 頁。

52) Hailbronner, 2006, p. 65.

53) **アンデレ事件**・最判 1995（平成 7）年 1 月 27 日民集 49 巻 1 号 56 頁。

則は、無国籍防止原則によっても制約されるべきである。

　(3)**恣意的な国籍剝奪禁止原則**は、世界人権宣言15条2項が定めるだけでなく、国際慣習法ともみなされている[54]。同項の規定にあるように、恣意的な国籍剝奪禁止原則は、国籍変更の自由と不即不離の関係にあり、自己の意思に基づく国籍離脱の自由を確保する上で、自己の意思に反して国籍を離脱しない自由は不可欠である。したがって、国籍の立法裁量原則は、恣意的な国籍剝奪禁止原則によっても制約されるべきである。この点、まず、憲法98条2項によれば、「日本国が締結した条約及び確立された国際法規は、これを誠実に遵守することを必要とする」。そこで、世界人権宣言15条2項と整合的な憲法解釈が必要となる。憲法22条2項の国籍離脱の自由は、自由の「最大の尊重」を必要とする憲法13条と相まって、国籍離脱の必要最小限の規制を国籍の恣意的剝奪禁止原則を保障する。このことは、憲法98条2項の要請でもある。

　そもそも、憲法22条2項は、国籍離脱の自由を定めるのみで、無国籍防止原則を明文で定めるものではない。しかし、国際慣習法である無国籍防止原則は、憲法98条2項の要請である。したがって、憲法22条2項の国籍離脱の自由は、無国籍となる自由を含むものではないと一般に解されているのは正しい。通説は、世界人権宣言15条2項後段が「国籍を変更する権利」と定めていることを解釈指針として、憲法22条2項は無国籍となる自由を保障するものではないという[55]。同様に、世界人権宣言15条2項前段が「何人も、ほしいままにその国籍を奪われ……ない」と定めていることを解釈指針として、憲法22条2項は、国籍の恣意的剝奪を禁止すると解すべきである。

　今日、世界人権宣言15条2項が禁止する「恣意的な国籍剝奪」にあたらないためには、国際人権法の趣旨と合致する「正当な目的に対して比例的でなければならない」。すなわち、国家によって追求される手段は、目的を

---

54) Dörr, 2019, para. 32; Hailbronner, 2006, p. 70.
55) 芦部、2000、586頁。

達成するための必要最小限の侵害でなければならない[56]。恣意的というのは、単に法律に基づかないとか、合理的でないというだけでなく、比例的でないことを含む概念である。したがって、1 審判決のように、立法目的の合理性と目的と手段との合理的関連性のみでは十分ではなく、立法目的とその手段との比例性も厳格に要求される[57]。したがって、比例原則違反（憲法 13 条）の問題が指摘されている[58]。憲法 13 条が生命・自由・幸福追求の権利について「公共の福祉に反しない限り、立法その他の国政の上で、最大の尊重を必要とする」と定めているのは、裏返せば、自由や権利についての国の規制は公共の福祉のための必要最小限にとどまることになり、憲法 13 条は比例原則の根拠規定と解される[59]。その意味でも、国籍法 11 条 1 項は、憲法 22 条 2 項と結びついた 13 条の保障する「恣意的に国籍を剥奪されない権利」、すなわち「自発的に国籍を放棄しない限り、自由な国に国民として留まる憲法上の権利」を侵害する[60]。

　かつての国籍唯一の原則には、2 つの要素があり、無国籍防止原則は今日でも国際法上も国内法上も重要である。しかし、もう 1 つの要素である複数国籍防止原則は、すでに国際法上も国内法上も理念としての合理性が否定され、多くの国ではその事実を認めている。今や無国籍防止原則の方だけが国際法上のルールである。かつてドイツでは、1974 年の連邦憲法裁判所の判決により、複数国籍を国内法上も国際法上も「弊害」とみなした[61]。しかし、1998 年の連邦行政裁判所の判決により、複数国籍防止原則は、多くの国で侵食され、国際結婚や移住労働の増大との関係で複数国籍の容認傾向が強まっていることを認めた[62]。一方、日本では、依然として国籍唯一の原則が国際法上の理想であるかの認識の下、同年の大阪高裁判決により、「国籍

56）UNHCR, 2022, para. 94.
57）木棚、2021、557 頁。
58）国友、2022、269 頁。
59）近藤、2020、74 頁。
60）同、43 頁。
61）BVerfGE 37, 217 (1974).
62）BVerwG 107, 223 (1998).

の積極的抵触（重国籍）及び消極的抵触（無国籍）の発生を可能な限り避けることが理想とされ」、「二重国籍が望ましくないものである以上、やむを得ない」と判示した[63]。そして2021年の東京地裁の1審判決も、相変わらず、「できる限り重国籍を防止し解消させるべきであるという理念は合理性を有する」（44頁）と複数国籍が望ましくないとの立場である。

　また、1審判決は、図1にみるように（オセアニアは93%、米州は91%、ヨーロッパは80%、アフリカは70%、アジアは65%）、ヨーロッパに限らず、すべての大陸で複数国籍に肯定的である国が一般的であるにもかかわらず、「確かに欧州諸国の中には重国籍に対して寛容な態度を採る国も存在するものの、重国籍自体を容認していない国や重国籍の発生自体は容認しつつもその解消のための方策を採る国も存在していることが認められ、重国籍から生じる弊害を防止する必要性自体が低下しているとはいえない」（47頁）との誤った事実認識の下に誤った必要性の判断をしている。2020年末の時点で日本と類似の国籍自動喪失規定があり、在外邦人の複数国籍に不寛容な国は、47カ国にすぎない。アジアやアフリカ諸国にその割合が多くみられるように（図2）、人権保障において問題のある国が多い。

　複数国籍の問題をアメリカで最も精力的に研究しているスピロは、つぎのように状況を整理している。二重国籍の承認に地域的な違いがあるかというと、「アジアにおける文化的なナショナリズムが、二重国籍の承認を遅らせている。中国では、形式的な問題としては、二重国籍は違法だが、多くの中国人は2つのパスポートをもっており、禁止はせいぜい不完全にしか施行されていない。おそらく、他の主要国よりも、日本は、二重国籍の禁止を積極的に取り締まってきた。……アフリカ諸国も、二重国籍の承認が遅れた。このことは、とりわけ恣意的な植民地の領土の線引きの結果、国民的アイデンティティが弱いことの歴史的遺制である」。また、なぜ、多くの移民を送り出す国が二重国籍を受け入れてきたのかというと、かつては「他国に帰化することは、裏切りに近いものと考えられた」。しかし「貿易の自由化

63）大阪高判1998（平成10）年9月25日判タ992号103頁。

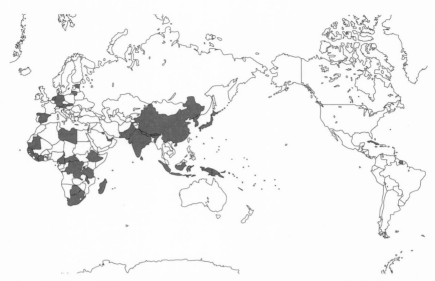

図 2　在外邦人の複数国籍に不寛容な（国籍自動喪失規定がある）国（2020 年）
出典：MACIMIDE Global Expatriate Dual Citizenship Dataset V5 [2020].

とグローバル経済に対する理解の変化が、状況を変えた」という[64]。たしかに、国民は 1 つの国家に忠誠を誓うべきであり、単一民族国家でありたいという日本の古いナショナリズムが基底にあるからこそ、複数国籍を求める国内の民族的少数者の人権侵害にも、国外居住者の人権侵害にも、日本の行政や司法は鈍感であり、具体的な問題がほとんど存在しないにもかかわらず、抽象的な弊害論に固執するのであろう。

　なお、類似の訴訟についての 2023 年 2 月 17 日の大阪地裁判決では、「できる限り重国籍の発生を回避することは合理的であるから、国籍法 11 条 1 項は、自己の志望によって外国の国籍を取得した場合について、弊害ある重国籍の解消を定めるものとして、その目的において合理性がある。このことは、現在の諸外国の国籍立法の例で重国籍に寛容な例もそれなりに多く見ら

64）Spiro, 2019, pp. 102-106.

れる一方で、重国籍を許容しつつもその解消のための方策を採用する例や重
国籍を明確に否定する例が一部の主要国を含む相当数において見られること
を踏まえると、なお現在においても妥当するものである」という（10頁）[65]。
また、2023年2月21日の東京高裁の判決（以下、2審判決）は、原審（1審
判決）を一部修正した。日本国籍の喪失を望まないために住んでいる外国の
国籍を取得できないでいる2人の原告の訴えを却下することは、「当事者訴
訟としての公法上の法律関係に関する確認の訴え（行政事件訴訟法4条）の
活用により国民の権利救済を図ろうとした平成16年行政事件訴訟法改正の
趣旨を没却することとなり、妥当でない」。ただし、請求は棄却された。1
審の判決理由を補足し、「一定の例外を容認しつつ、外国籍を取得したとき
は当該国の国籍を喪失する法制を採る国も、ドイツ連邦共和国、オーストリ
ア共和国、オランダ王国など一定数存在する」という。これらの判決の書き
ぶりからは、夫婦選択別姓制度の容認の問題のように、ほとんど最後の国に
なっても、個人の多様性を尊重し、人権保障を求める声に応じることを期待
するのは難しいのかもしれない。たしかに、ドイツの国籍法25条1項第1
文では「ドイツ人は、外国籍を取得した場合、その外国籍が本人またはその
法定代理人の申請により取得された場合には、その国籍を喪失する」と定め
ている。ただし、2007年からは付加された第3文において「第1文に基づ
く喪失は、ドイツ人がEUの他の加盟国、スイスまたはドイツ連邦共和国が
12条3項に基づく条約を締結している国の市民権を取得した場合には、効
力を生じない」と定めている。この種の条約をまだ締結していないが[66]、ド
イツではEU諸国およびスイスについては、それらの国に帰化しても複数国
籍を認めているのである。また、同25条2項により「申請により外国籍を
取得する前に、所轄官庁から国籍保持の許可を書面で受けた者は、国籍を失
うことはない。申請者が通常外国に居住している場合、在外ドイツ公館の意
見を聴く。第1文に基づく申請の決定にあたっては、公共の利益と私的な
利益が衡量される。海外に通常居住している申請者については，ドイツとの

---

65) 大阪地判 2023（令和5）年2月17日判例集未登載。
66) Hailbronner *et al.*, 2022, StAG§12, Rn. 52.

継続的な結びつきを示す信頼できる証拠を提出できるかどうかが、特別に考慮される」。同項により、複数国籍を維持する個人の私益は、複数国籍を回避する公共の利益と等しく考慮されなければならないというよりも、むしろ私的なつながりを重視するものといえる。[67]たとえば、申請者が相当な不利益を避けるために外国での帰化を希望している場合は、考慮されなければならない。[68]維持する日常生活におけるドイツ語のコミュニケーション能力、近親者のドイツ在住、ドイツでの不動産所有などは、継続的な結びつきの証明に含まれる。[69]オーストリアの国籍法 27 条の国籍自動喪失規定は、事前の「国籍保持の承認」による例外規定があり、同 28 条は、帰化する前に申請し、「国の利益」になるか、「私生活および家族生活において特に国籍を保持するに値する事由がある」と判断されれば、また、未成年者は子どもの最善の利益のために、他国に帰化しても、オーストリア国籍の保持を認めている。国籍喪失により個人が被る経済的な不利益、他国での相続権の喪失、他国での雇用機会の喪失などがこの事由と考えられている[70]（なお、2016 年 6 月 24 日に東京高裁は、日本人の父とロシア人の母から日本で子どもが生まれ、母親との里帰りのために子のロシアの旅券発給を受けたところ、自己の志望により国籍を取得したとして、国籍法 11 条 1 項に基づく日本国籍の喪失に伴う国籍確認請求を棄却している。[71]類似の事例が日本で多く問題となっているが、オーストリアのように子どもの権利条約 3 条の「子どもの最善の利益」のためにも、国籍法 11 条 1 項の弊害をなくすことが必要と思われる）。さらに、オランダの国籍法 15 条 1 項 a も、「自己の自由な意思により他の国籍を取得した成人のオランダ国籍の喪失」を定めている。ただし、複数国籍の弊害を日本の裁判所のように重視しているわけではない。むしろ、複数国籍にかなり寛容になっており、他国に帰化した者のデータはないが、データのある国内の帰化者の場合、2008 年

---

67) Hailbronner *et al.*, 2022, StAG § 25, Rn. 57-58.

68) Hofman (ed.), 2016, StAG § 25, Rn. 24 [Geyer].

69) Hailbronner *et al.*, 2022, StAG § 25, Rn. 67-68.

70) Stern and Valchars, 2013, p. 38.

71) 東京高判 2016（平成 28）年 4 月 18 日訟務月報 63 巻 10 号 2175 頁。

にオランダに帰化した者の 63% が複数国籍を維持しており[72)]、ドイツに帰化した者の 50% 以上は複数国籍を維持できるように、柔軟に例外を認めるのが実態である[73)]。さらに、ドイツは 1999 年の国籍法改正により、トルコ人をはじめ永住者の親からドイツで生まれた子どもの生地主義による複数国籍を認め、2014 年からはその子どもたちが大人になっても複数国籍を維持し続けることを認める法改正をした。したがって、複数国籍を防止する必要性の認識は、例示された国でも大きく変わっている。

また、2 審判決は、複数国籍の弊害として、「納税義務の抵触」を特別にとりあげ、「納税義務の抵触のように国家間の条約等によって解決することが可能な事項があるとしても、全ての国との間においてそのような弊害の防止等を目的とする条約等を締結することは現実的であるとはいえず、……重国籍から生ずる弊害をできる限り解消するという立法目的が不合理であるとはいえない」という。しかし、諸外国の研究者の複数国籍のメリット・デメリットを論ずる賛成論・反対論の議論の中で、「納税義務の抵触」という議論は一般に登場しない[74)]。例外的に在外国民に所得税を課すアメリカでの個人のデメリットの議論などがあるにすぎない[75)]。しかし、租税条約があろうとなかろうと、かりに日本に住むアメリカとの複数国籍者が、（2023 年なら年収 12 万ドルを超える場合に）両国から所得税を課されることのデメリットが大きいと思えば、（アメリカは国籍離脱税も課されるが）アメリカの国籍を離脱すればよく、他のメリットが大きい複数国籍を望めば維持するというだけである。複数国籍の弊害論は、個人のデメリットと国のデメリットを区別

72) Oers *et al.*, 2013, pp. 18-19.

73) Hailbronner and Farahat, 2015, p. 17.

74) 複数国籍の賛成論と反対論の根拠については、近藤、2019、236-237 頁参照。

75) Spiro, 2016, pp. 111-130. なお、両国籍国に一定期間ずつ住む場合は、租税条約上、183 日未満の短期滞在国に所得税を払わなくてよいので、その国の他の住民と比べて有利な状況にあり、不平等だという議論もある。参照、Tanasoca, 2018, pp. 138-142. しかし、このことは、納税義務の抵触の問題ではないし、複数国籍者の問題というよりも、国籍の有無にかかわらず、定期的に複数国に居住する者の問題といえる。また、所得税を払う国では、不在の間に便益を受けていない分、その国の他の住民よりも不利な状況にあるので、必ずしも不平等とはいえないように思われる。

して論じる必要がある。納税義務の衝突は、大阪地裁に提出された被告の国の意見書にもあるように、「二重課税」の弊害である。すなわち、個人の二重課税のデメリットの問題であり、国が課税できなくなる国のデメリットとしての弊害ではない。個人のデメリットの弊害は、憲法 22 条 2 項および国籍法 13 条で国籍離脱の自由が保障されている今日、メリットよりもデメリットが大きいと思えば、個人が複数国籍を維持しなければよいだけで、国籍法 11 条 1 項により国家が個人の利益のために複数国籍を防止する必要があるかのような時代錯誤的な議論からは卒業すべきである。複数国籍が認められないことで、入国・居住権、参政権、公務就任権、職業選択の自由、アイデンティティとしての人格権を含む多くの人権が制約されているという個人のデメリット、すなわち複数国籍を認めないことの弊害は、はるかに大きく、一部の国の一部の人の二重課税のデメリットという複数国籍を認めることの弊害とは、およそ比較にならない。

　日本の裁判所は、一体いつまで国籍唯一の原則の亡霊に悩まされ続けて、人権保障の番人としての任務を怠るのであろうか。憲法 98 条 2 項所定の国際協調主義に従えば、国際慣習法とみなされる恣意的な国籍剥奪禁止原則に基づく法解釈をすべきであり、すでに国際法としては否定されて久しい国籍唯一の原則を前提とした法解釈を見直すべきである。また、伝統的な国籍に関する立法裁量原則は、恣意的な国籍剥奪禁止原則、差別禁止原則、無国籍防止原則により、立法裁量の幅を大きく狭められていることを正しく認識した法解釈に努めるべきである。

6. 多様性と調和の時代の国籍制度

　以上、検討してきたように、1 審判決および 2 審判決は、日本国憲法の基本原理である基本的人権の尊重、国民主権、平和主義、国際協調主義のいずれの観点からも不適切な憲法解釈をしている。

　1 審・2 審判決は、「日本国民たる要件は、法律でこれを定める」とある憲法 10 条の「立法裁量原則」を根拠に、憲法 22 条 2 項の「国籍を離脱する自由」に反する憲法解釈をしている。国籍離脱の強制は、「個人の尊重」

を掲げ、「自由」に対し国政上「最大の尊重を必要とする」憲法13条の趣旨、「確立された国際法規は、これを誠実に遵守することを必要とする」憲法98条2項の趣旨にも反する。したがって、控訴審判決では、この点の不適切な憲法解釈を改め、国籍を離脱する自由の規範内容は、国籍を離脱しない自由を含むことを認めるべきである。

　また、1審・2審判決は、国籍法11条1項の立法趣旨の合理性について、現実的な根拠の乏しい複数国籍防止の理由を掲げている。同項の下、①複数国籍が認められないために居住国の国籍を取得することができず、多くの人権が制限されている大多数の在外国民にとっても、②居住国での人権保障のために、やむなく自己の意思に反して日本国籍の離脱を強制されている在外居住者にとっても、甘受しがたい大きな不利益を与えるばかりか、人の国際移動と国際結婚の盛んな時代の日本国にも不利益が大きいのが現状である。したがって、最高裁判決では、この点の不適切な判決内容も改めるべきである。

　元最高裁判事は、イギリスに住む孫たちが、イギリスの国籍を取得したと同時に当事者の意思とはかかわらず、国籍法11条1項により、日本国籍を自動喪失したことに驚いて、つぎのように書いている。「人々が自分又は父母が生まれた故郷を思う気持ちは大切で、それぞれが祖国のアイデンティティを大切にしながら居住する社会の一員として生活する、そういう多様性と調和が世界的な共通認識となり、市民の生活や活動領域は国境を越え、一つの国籍に拘束される考え方は急速に変わりつつある[76]」。こうした認識を多くの裁判官や立法者がもつことも期待したいが、本章で述べたように、そもそも、日本国憲法は、多様性と調和の時代に開かれた先駆的な規定と基本理念を備えていることに目を向ける必要もある。

　欧州委員会とOECDの2018年の調査では、（15歳以上の）移民（外国生まれの人）が移住先の国に10年以上滞在している場合に、その国の国籍を取得している割合は、（データを提供した26カ国の）OECD諸国の平均が63%である（図3）。たとえば、カナダは91%、スウェーデンは87%、オースト

76）山浦、2022、5頁。

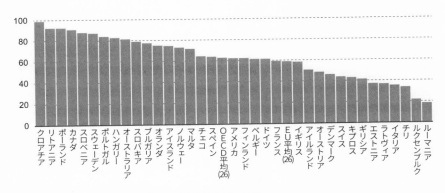

図 3　10 年以上滞在した移民の国籍取得率（％）
出典：European Commission and OECD, 2018, p. 215.

ラリアは 81%、アメリカとフィンランドは 62%、ドイツは 61%、フランス
は 60%、イギリスは 58% である。日本のデータはないが、おそらく数 %
であろう。日本に住んでいる外国人の後天的な国籍の取得率（届出を含む広
義の帰化率）は、OECD 諸国のうち、2020 年は最低の水準の 0.3% にすぎな
い。1 年間で外国人居住者の 1000 人に 3 人しか日本国籍を取得していない
ことになる（複数国籍を認めるスウェーデンでは 86 人、アメリカでは 28 人であ
り、文字通り桁が違う）[77]。この点も、いかに日本の国籍制度が閉鎖的な問題を
かかえているか、複数国籍の容認が必要とされているかがうかがえる。日本
に長く住む外国人も、海外に長く住む日本人も、複数国籍が認められないた
めに、居住国の国籍を取得せず、不十分な権利保障を余儀なくされているの
が現状である。

　憲法の基本理念（国民主権、基本的人権の尊重、平和主義、国際協調主義）、
個人の尊重、差別禁止原則、恣意的な国籍剥奪禁止原則、条約（および国際
慣習法）誠実遵守義務を踏まえ、国際法上の恣意的な国籍剥奪禁止原則、差
別禁止原則、無国籍防止原則の理念を尊重し、多様性と調和の時代にふさわ
しい国籍制度とするためには、第 1 に、2018 年に提訴された裁判で問題と

77）OECD, 2022, pp. 382-383.

なった国籍法 11 条 1 項の国籍自動喪失制度を廃止すべきである。また、第2 に、国籍法 14・15・16 条の国籍選択制度を廃止すべきである。第 3 に、国籍法 12 条の国籍留保制度を廃止すべきである。第 4 に、国籍法 5 条 1 項5 号の複数国籍防止原則を廃止すべきである。第 5 に、生地主義の要素と届出の要素を拡充し、（複数国籍も許容しながら）日本で生まれ育った人の国籍取得を容易にすべきである。また、生地主義の拡充に際しては、国籍法 2条 3 号の「父母がともに知れないとき」は、「父母のいずれの国籍も取得しないとき」などに改め、無国籍防止原則を強化すべきである。[78]

78）近藤、2020、40-45 頁。

第4章

自由権規約2条1項・26条と
社会権規約2条2項の差別禁止

1. 無差別規定の即自的効力

　外国人の社会保障に関するリーディングケースとされるものに**塩見訴訟**がある。1934年に日本で生まれた塩見さんは、2歳の時にかかったはしかにより視力を失った。1952年に両親とともに朝鮮戸籍を理由として日本国籍を喪失した。1967年に日本人の夫と結婚し、1970年に帰化により日本国籍を取得したものの、1972年に障害福祉年金の請求をしたところ、廃疾認定日（国民年金法の施行された1959年11月1日）に日本国民でなかったことを理由に請求を棄却された。この処分取消を求めた裁判は、敗訴した。最高裁によれば、憲法14条1項は「合理的理由のない差別を禁止する趣旨のもの」であり、年金の受給資格は立法府の裁量の範囲に属する事項なので、区別の「合理性を否定することができず」、同項に違反しない。また、「限られた財源」を理由に広い立法裁量を認め、社会権規約2条1項が「権利の完全な実現を漸進的に達成する」ことを求めていることから、同規約9条の社会保障の権利は「個人に対し即時に具体的権利を付与すべきことを定めたものではない」という[1]。これは社会権規約が保障する権利の中には、9条の社会保障の権利のように、その実現のためには一定の制度や財政的な裏付けをもたない国家に対しても、社会権規約への参加を奨励するために、「漸進的に達成するため、自国における利用可能な手段を最大限に用いること」とい

---

1) 塩見訴訟・最判1989（平成元）年3月2日判時1363号68頁。

う、ゆるやかな義務が採用されたことを意味する[2]。

　しかし、社会権規約委員会によれば、社会権規約2条2項の無差別は「**漸進的に達成**」するものではなく、「**即時**」的効力をもつ義務であり、「利用可能な資源の限界による制約を認めている」ものの、「利用可能な資源が不足しているために差異ある待遇を排除できないことは、最優先事項として差別に取り組みかつ撤廃するために締約国が用いうるすべての資源を用いたあらゆる努力がなされない限り、客観的かつ妥当な正当化事由とはならない」という[3]。したがって、社会権規約2条2項の無差別規定に反するかどうかを今後の日本の裁判所は判断する必要がある。また、すでに立法された社会保障に関する法律が、国籍差別にあたるかどうかは、自由権規約の無差別規定においても、司法審査可能である。

　自由権規約2条1項は、「人種、皮膚の色、性、言語、宗教、政治的意見その他の意見、国民的もしくは社会的出身、財産、出生または他の地位等によるいかなる差別もなしにこの規約において認められる権利を尊重し、確保することを約束する」と無差別規定を定めている。ここでの「尊重」する義務は、国家が個人の権利を侵害しないという消極的義務を意味し、「確保」する義務の実施は、権利の実効的実現のために様々な積極的措置を漸進的に改善する方向で取り続けることを意味する[4]。ただし、「この規約において認められる権利」の無差別という限定があり、社会保障の権利に関する法律の差別は、自由権規約2条1項の対象外になる。

　一方、**社会権規約2条2項**も、「この規約に規定する権利が人種、皮膚の色、性、言語、宗教、政治的意見その他の意見、国民的もしくは社会的出身、

2）東澤、2022、48頁。
3）Saul *et al.*, 2014, p. 213. 社会権規約委員会・一般的意見19（2007年）40段落、同・一般的意見20（2009年）7・13段落。なお、社会権規約委員会・一般的意見3（1990年）5段落は、司法による即時の適用可能な規定として3条（男女平等）、7条 (a)(i)（労働条件の男女平等）、8条（労働基本権）、10条3項（児童労働の禁止）、13条2項 (a)（義務教育の無償）、13条3項（保護者の教育の自由）、13条4項（教育機関の設置の自由）、15条3項（科学研究・創作活動の自由）をあげ、自由権規約の平等・無差別の権利や効果的な救済を受ける権利から、司法的救済を受ける即自的効力が及ぶ旨を指摘している。
4）申、2016、174、181頁。

財産、出生または他の地位によるいかなる差別もなしに行使されることを保障する」とほぼ同じ無差別規定を定めている。ここでの「保障」する義務は、「確保」する義務と同義であり、権利を実際に享受させることを意味し、差別のない権利享有・行使を保障しなければならない点で両規約上の義務は同じである[5]。そして、「この規約に規定する権利」としての社会保障の権利に関する法律の差別は、社会権規約2条2項の対象である。

　他方、自由権規約26条は、「すべての者は、法律の前に平等であり、いかなる差別もなしに法律による平等の保護を受ける権利を有する。このため、法律は、あらゆる差別を禁止し及び人種、皮膚の色、性、言語、宗教、政治的意見その他の意見、国民的もしくは社会的出身、財産、出生または他の地位等のいかなる理由による差別に対しても平等のかつ効果的な保護をすべての者に保障する」と定めている。ここでの法律には、社会保障関連の法律も含まれ、ひとたび社会権を保障する立法がなされた場合は、その平等を保障するための裁判規範性を有するのである。自由権規約委員会によれば、「ある国によって立法が行われた場合には、その立法はその内容において差別があってはならないという26条の要請に合致しなければならない。他の言葉で表現すると、26条に規定されている差別禁止の原則が適用されるのは、本規約上に定められた権利に限定されない[6]」。したがって、社会保障の権利に関する法律の差別も、自由権規約26条の審査の対象となりうる。

　社会権規約2条2項が自由権規約26条と同様に法律の差別禁止の裁判規範である点を正当に判断した下級審判例として、外国人無年金高齢者訴訟大阪地裁判決では、「すでに立法された場合には、社会保障を受ける権利において差別を禁止する同規約2条2項は、自由権規約26条と同趣旨にあるも

---

5) 申、2016、344頁。
6) 自由権規約委員会・一般的意見18（1989年）12段落。なお、自由権規約2条は、差別に対して保護すべき権利の範囲を自由権規約に規定された権利に限定する点で、同26条とは異なる。2条は、規約の権利を保障する目的に付随する付随的平等だけを定め、26条は、付随的平等にとどまらず、平等な取扱いそれ自体を権利とする自立的平等の内容も含む。東澤、2022、215頁。

のとして、裁判規範性を認めることができる[7]」とした。控訴審も、社会権規約2条2項の直接適用可能性については原審の判断を踏襲した[8]。両判決とも、国籍条項は同項および自由権規約26条に合致せず、放置されれば違法となる余地があるとした。しかし、両判決は、規約発効の約2年後に撤廃されたため違反はないとした上で、その後の法整備によっても原告らが救済されなかったことについて広範な立法裁量を認めた。この点、国籍条項の条約違反を認めつつ、国籍を理由とした不利益取扱いの継続を条約違反としない立論など、多くの問題がある[9]。

そもそも、日本の判例では、差別か否かの判断基準として、一般に合理性の基準が採用される。ただし、在外邦人選挙権訴訟[10]や在外邦人国民審査訴訟[11]においては「やむを得ないと認められる事由」がなければならないという厳格な審査基準を、国籍法違憲判決[12]では合理的な理由があるか否かについては「慎重に検討する」というやや厳格な審査基準を、最高裁が採用した判決もある。しかし、国外居住地や非嫡出子といった差別事由が平等審査の審査基準を厳格にしたというよりも、むしろ選挙権や最高裁判所裁判官国民審査の審査権、さらには国籍取得権という重要な人権の制限についての審査基準の厳格さの違いとみることもできる。

有力な学説は、アメリカの連邦最高裁の判例法理を参考にして、①人種と信条の場合には立法目的が「やむにやまれぬ」必要不可欠なものであり、目的達成に必要最小限の手段であることを要する「厳格な審査」、②性別と社会的身分の場合には立法目的が重要なものであり、目的と手段との間に実質的な関連性があることを要する「中間審査（日本の用語法では厳格な合理性）」、③年齢などの場合は立法目的が正当であり目的と手段との間に合理的な関連

7）大阪地判2005（平成17）年5月25日判時1898号75頁。
8）大阪高判2006（平成18）年11月15日判例集未搭載。
9）近藤、2019、146頁。
10）在外邦人選挙権訴訟・最大判2005（平成17）年9月14日民集59巻7号2087頁。
11）在外邦人国民審査訴訟・最大判2022（令和4）年5月25日裁判所ウェブサイト。
12）国籍法違憲判決・最大判2008（平成20）年6月4日民集62巻6号1367頁。

性があることを要するにすぎない「合理性」の審査基準に分けて説明する[13]。

　一方、ドイツの連邦憲法裁判所は、従来の恣意禁止の審査基準から今日の比例原則の審査基準に移行した[14]。法律による別異の取扱いに合理的な理由が見いだされない場合に恣意的として平等違反となるゆるやかな審査基準から、法律による別異の取扱いの立法目的の「正当性」を審査した上で、別異の取扱いの手段が、その目的を促進するための「適合性」を有し、必要最小限の不平等をもたらすだけでその目的を実現するという「必要性」を備え、追求される目的の重要性と別異の取扱いによって得られる目的実現の範囲および程度との間に相当な比例関係がある場合の「狭義の比例性」をもつかどうかを審査するようになった[15]。

　他方、自由権規約委員会が採用する審査基準は、ヨーロッパ人権裁判所がBelgian Linguistic case (No. 2) (1968) で定式化した区別の「客観的かつ合理的」正当化の基準であり、実現されるべき「目的」と採用された「手段」との「比例性」の合理的な関連性である[16]。社会権規約委員会も同様の審査基準を採用し、「合理的かつ客観的」区別は、目的と効果が正当であり、規約上の権利の性質と矛盾せず、かつ「民主主義社会における一般福祉」を促進するためだけのものかどうかに関する評価が含まれ、実現しようとする「目的」と、「手段」や不作為およびそれらの効果との「比例性」の関係が明白かつ合理的でなければならないという[17]。いわば、ドイツの比例原則による審査と似ている。おそらく、審査内容の透明性を高める比例原則が、「客観的」正当化を明白にするものと考えられているのであろう。

　自由権規約委員会における「合理的かつ客観的」基準と日本の裁判所における「合理性」の基準との違いは、Ibrahima Gueye *et al.* v. France と在日韓国人元日本兵恩給訴訟などを比較すると明らかである。フランスが旧フランス軍兵士でセネガル在住のセネガル国民の年金をフランス国民とは違い増額

13）芦部、2019、133-136 頁。

14）辛嶋、2019、459-460 頁。

15）玉蟲、2019、44-55 頁。

16）Belgian Linguistic case (No. 2) (1968) 1 EHRR 252.

17）社会権規約委員会・一般的意見 20（2009 年 7 月 2 日）13 段落。

しなかった国籍差別、すなわち 1960 年の「独立後に取得した国籍に関連する区別」は、申し立てられたような人種差別ではなく[18]、自由権規約 26 条の禁ずる「他の地位」による差別にあたると判断している。年金の付与を決めるのは国籍の問題ではなく、過去に提供された役務の問題である。事後的な国籍の違いは、「合理的かつ客観的」基準に基づく別異の取扱いの十分な正当化とはいえず、セネガル在住のセネガル国籍の退役軍人とセネガル在住のフランス国籍の退役軍人とを比べれば、フランスとセネガルとの経済的・財政的・社会的な違いも正当化事由として引き合いに出すことはできないとしている[19]。いわば、物価の違いという一見もっともらしい合理的な正当化事由を持ち出しても、客観性に欠ける（過去に提供された役務に対する年金の付与という目的にとって、現在の国籍による別異の取扱いという手段は、比例的ではない）。

　一方、在日韓国人元日本兵恩給訴訟では、平和条約国籍離脱者が恩給法の適用から除外されたのは、日韓両国政府の外交交渉による解決が予定されていたという合理的根拠に基づく以上、日本国籍の有無による差別が生じているとしても、憲法 14 条に違反するものとはいえないと判示している[20]。ここでは提供された軍人としての同じ役務ではなく、事後的な国籍の違いが重視されるので、一見もっともらしい合理的な正当化事由を持ち出していても、「合理的かつ客観的」基準による正当化が困難であるという問題がある。

　また、恩給法および戦傷病者戦没者遺族等援護法という法律が、過去に提供された軍人としての役務および軍人・軍属等の公務上の負傷・疾病・死亡という事実が同じであっても、国家承継に伴う事後的な国籍の違いにより差別的に取り扱うことを台湾人元日本兵戦死傷補償請求事件で最高裁は、合理

---

18) なお、その後の類似の国民と外国人の間（フランス国民と、フランスの旧植民地のセネガルおよびコートジボワールの元国民であった外国人元兵士とその遺族）の差別が問題となった HRC, Mrs. Mathia Doukoure v. France (2000) では、「国籍に基づく差別だけでなく、national origin に基づく差別」や「恣意的な国籍剥奪」の問題として申し立てられた。

19) HRC, Ibrahima Gueye *et al.* v. France (1989).

20) 在日韓国人元日本兵恩給訴訟・最判 2002（平成 14）年 7 月 18 日判タ 1104 号 147 頁。

的という[21]。日華平和条約により日本国政府と中華民国政府との特別取極による解決が予定されていたことがその合理的理由とされた。客観性にも比例性にも乏しい日本の裁判実務の典型といえよう。しかし、1972年の日中共同声明により日華平和条約が失効し、上記の特別取極についての協議ができなくなった時点から、「法の下の平等の原則に反する差別となっている」との園部裁判官の意見も付された。

　他方、日本に在住する旧植民地出身者とその子孫に対しては、むしろ、差別的取扱いとなった時点は1952年のサンフランシスコ平和条約の発効に伴う法務府の通達[22]により、本人の意思を問うことなく、日本国籍を喪失させた時点に遡ることができる。朝鮮戸籍および台湾戸籍といったnational originの徴表をもとに、日本国籍を喪失させ、国民とは違う不利益を課すことは、自由権規約2条1項、同26条および社会権規約2条2項の定める「国民的出身」による差別にあたる。人種差別撤廃条約1条では、national originは、「民族的出身」と訳されているように、国民を意識した民族か否かでethnic originと区別されることがあり、朝鮮戸籍や台湾戸籍がnational originの徴表として機能し、national originを理由として日本国籍を喪失させ、不利益を課してきた。national originを理由とする差別については、後述する。

　そもそも、社会権規約委員会によれば、外国人は、無拠出制の所得補助・安価な医療・家族支援にアクセスできるようにすべきである。受給期間を含め、いかなる制限も、比例的でかつ合理的なものでなければならない[23]。一部の旧植民地出身者とその子孫を老齢年金や障害年金から排除し続けている現行制度は、比例的ではない。自由権規約委員会も、年金制度を利用することを妨げている障壁を取り除くことを日本政府に勧告している[24]。

---

21) 台湾人元日本兵戦死傷補償請求事件・最判1992（平成4）年4月28日判時1422号91頁。

22) 法務府民事局長「平和条約に伴う朝鮮人、台湾人等に関する国籍及び戸籍事務の処理について（通達）」（法務府民事甲第438号1952年4月19日）。

23) 社会権規約委員会・一般的意見19（2007年）37段落。

24) 自由権規約委員会・日本政府の第7回定期報告書に関する総括所見（2022年）43段落。

2. 形式的平等と実質的平等

　平等には、大きく分けて4つの平等観がある。アリストテレスの有名な命題は、「等しいものは等しく、異なるものは異なるように扱う」とある。一般には、この命題は、合理的区別を認めず、画一的に同じに扱う絶対的平等ではなく、合理的な区別を認める相対的平等を意味するものと考えられてきた。そして「等しい」ものを「等しく」扱うこの観念は、結果よりも過程に焦点を当てるものである[25]。しかし、法律や政府はグループごとに分けて別々に扱うことが不可避である。所得に応じた所得税法を定めたり、少年法と一般の刑法とを年齢に応じて合理的な区別をしたりする。（アリストテレスの時代は、女性や奴隷への差別を正当化する形式的平等の論理として使われたが）今日、状況が著しく「異なる者」を「異なるように扱う」実質的平等をこの命題の後段から敷衍する見解もある[26]。形式的平等は、人の現実の違いを無視して、形式的に一律平等に扱うことをさすのに対して、実質的平等は、人の現実の違いに着目して、実質的にその格差の是正を行うことを意味する。従来の日本の憲法学では、憲法14条1項は、形式的平等を意味するものと解され、実質的平等は政治的義務にすぎないとしてきた[27]。しかし、憲法の人権条約適合的解釈の立場からは、日本政府が実質的平等を定める人権諸条約の条項について留保することなく締結した以上、実質的平等も日本国憲法14条1項の平等の内在的要素となる[28]。実質的平等として、積極的差別是正措置、合理的配慮、間接差別が、今日、問題となっている。人権諸条約に明文の規定もあれば、明文規定をもたないものの、解釈上取り入れられている場合もある。

　積極的差別是正措置とは、過去の社会的・構造的な差別によって不利益を

---

25) Moeckli, 2010, p. 191.

26) たとえば、参照、Thlimmenos v. Greece (2001) 31 EHRR 411, para. 44.

27) 芦部、2000、7頁。

28) 近藤、2020、113頁。

被っている集団・個人に対して、積極的に差別を是正すべく、特別の機会を提供する暫定的な措置をさす。人種差別撤廃条約2条2項が「締約国は、状況により正当とされる場合には、特定の人種の集団またはこれに属する個人に対し人権および基本的自由の十分かつ平等な享有を保障するため、社会・経済・文化その他の分野において、当該人種集団または個人の適切な発展および保護を確保するための特別かつ具体的な措置をとる」と定めている。積極的差別是正措置は、特別な機会を提供する。また、女性差別撤廃条約4条は「締約国が男女の事実上の平等を促進することを目的とする暫定的な特別措置をとることは、この条約に定義する差別と解してはならない」とある。積極的差別是正措置は、時限的な暫定措置である。

　自由権規約と社会権規約には、積極的差別是正措置についての明文規定はないが、解釈上認められている。自由権規約委員会は、自由権規約で禁止している差別を発生させ、または永続させるような状況を排除しまたは減少させるために、平等原則によって、締約各国は、しばしば積極的な行動をとらねばならないことがあるという[29]。自由権規約3条、2条1項および26条[30]が性別その他の多くの事由に基づく差別の防止を扱っている点では、保護措置のみならず、積極的な権利の享有を確保すべく積極的差別是正措置をも要求する[31]。社会権規約2条2項は、起草段階で「区別」とあった用語を社会的にも、教育的にも後進的な集団に対しさまざまな国の保護措置を確保するために「差別」という用語に修正した経緯からも、一定の積極的差別是正措置を認めていることは明らかである[32]。

　合理的配慮とは、必要な支援をする配慮が不合理な負担を課すものではないことを意味する。構造的な差別が是正されるまでの暫定的な性質の積極的差別是正措置とは違って、「合理的配慮」は、言語的少数者に対する通訳サービスや、感覚的な機能障碍のある人の医療施設へのアクセスの政策など、

---

29) 自由権規約委員会・一般的意見18（1989年）10段落。
30) HRC, Stalla Costa v. Uruguay (1987). 政治的理由などから以前の政府により公職を追われた者を優先的に公務員に採用することは2条1項や26条の差別にあたらない。
31) 自由権規約委員会・一般的意見4（1981年）2段落。
32) Saul *et al.*, 2014, pp. 208-209.

永続的な性質を備えている。[33] もちろん、言語能力の向上や機能回復により特定の個人には不要となっても、他の人には必要な政策であり続ける。障碍者権利条約2条によれば、「合理的配慮」とは、「障碍者が他の者との平等を基礎としてすべての人権および基本的自由を享有し、または行使することを確保するための必要かつ適当な変更および調整であって、特定の場合において必要とされるものであり、かつ、均衡を失した、または過度の負担を課さないものをいう」。合理的配慮は、過度な不合理な負担を課さないものをさす。そして、同条は、「障碍に基づく差別には、あらゆる形態の差別（合理的配慮の否定を含む。）を含む」とある。合理的配慮の否定を差別に含める明文規定は、他の人権条約はもたない。

　しかし、自由権規約26条の「他の地位」による差別禁止事由として、「障碍」が含まれ、自由権規約委員会は、個人通報の事例において、精神的障碍のある人に帰化の言語要件を科すことは、「合理的かつ客観的」理由に基づくものではないとして同条違反とした。[34] 同委員会は、「合理的配慮」という表現を用いていないものの、政府の合理的配慮を求める趣旨であったと評されている。[35] また、別の個人通報の事例では、障碍のある人の送還について、「合理的配慮」の原則に照らして、同26条違反とした委員もいる。[36] 社会権規約も、合理的配慮に関する明示の規定をもたない。しかし、社会権規約委員会は、2条2項の「他の地位」による差別禁止は「障碍」にも適用されるとし、「障碍に基づく差別」とは、「経済的、社会的および文化的権利の承認、享受または行使を無効にし、または害する効果を有する、障碍に基づくあらゆる区別、排除、制限、特恵または合理的配慮の否定を含む」と定義する。[37] そして「合理的配慮の否定は、障碍に基づく差別の禁止された形態として、国内法令に含められるべきである。締約国は、教育についての権利に関する

---

33) 社会権規約委員会・一般的意見20（2009年）9段落。
34) HRC, Q v. Denmark (2015), paras. 7.3 and 7.5.
35) Schabas, 2019, p. 778.
36) HRC, A.H.G. v. Canada (2015), Víctor Manuel Rodríguez-Rescia (partly dissenting), para. 2.
37) 社会権規約委員会・一般的意見5（1994年）5、15段落。

禁止、公的な保健施設および職場のような公共の場所、ならびに私的な場所での合理的配慮の否定といった差別に取り組むべきである」という[38]。

　間接差別とは、直接には差別的な取扱いを目的としていない慣行が、特に正当な理由なしに、特定の人や集団にとって実質的に不利な効果を与えていることをさす。たとえば、学校への入学に出生登録証明書を求めることは、このような証明書を所持していない、もしくは与えられてこなかった民族的少数者または無国籍者に対する差別となることがある[39]。直接差別は「目的」の差別、間接差別は「効果」の差別といわれる。人種差別撤廃条約1条と女性差別撤廃条約1条は、間接差別も差別の定義に含めるべく、「差別」とは「……効果または目的を有するものをいう」と明示している。

　自由権規約と社会権規約には、類似の規定はない。しかし、一般的意見において、類似の定義を示すことで、間接差別の禁止が含まれることを示している。たとえば、自由権規約委員会は、「差別」とは、「人種……その他の地位に基づく、あらゆる区別、排除、制限、優先であって、すべての人々が対等の立場で、すべての権利と自由とを認識し、享受し、行使することを阻止し、または妨げる『目的』を有し、またはそのような『効果』を有するものを意味する」と定義している[40]。また、自由権規約委員会は、「表面上は中立または差別の意図がないルールや措置の差別的な効果」であっても、「ルールや決定の有害な効果が、特定の人種……その他の地位を有する人々にもっぱら、または不釣り合いに及び」、「ルールや決定に客観的かつ合理的な理由」がない場合は、自由権規約26条に反する「間接差別」にあたるという[41]。社会権規約委員会は、「差別」とは、差別の禁止事由に「直接的」または「間接的」に基づいたあらゆる区別、排除、制限または優先、もしくは差異ある待遇であり、また、平等の立場で規約上の権利を認識し享有しまたは行使することを無効にしまたは害するような「意図」または「効果」を有するもの

38）同・一般的意見20（2009年）28段落。
39）同10段落。
40）自由権規約委員会・一般的意見18（1989年）7段落。
41）HRC, Althammer v. Austlia (2003), para. 10.2.

であることに注意すべきであるという[42]。「意図」した差別は直接差別を、「効果」の差別は間接差別を示している。間接差別とは、「表面上は中立であるように見えても、差別の禁止事由によって区別された規約上の権利を行使する際に偏った影響を及ぼす法律、政策または慣行」をいう。そして社会権規約 2 条 2 項に基づく差別は、直接差別だけでなく、「間接差別」も含む[43]。

　以上、みてきたように、明文規定のない自由権規約 2 条 1 項・26 条および社会権規約 2 条 2 項でも、積極的差別是正措置、合理的配慮、間接差別は、解釈上、導かれている。

3. 差別事由の例示とその他

　自由権規約 2 条 1 項・26 条、社会権規約 2 条 2 項のかかげる差別事由は、例示であって、すべてを列挙するものではない。最後にある「その他の地位」として多くの差別事由が問題とされている。

　第 1 に、「人種と皮膚の色」は、個人の民族的出身を含んで用いられる場合もある。「人種」という語の使用は、別々の人種の存在を決定しようとする理論を受容することを意味しない[44]。いわば、人類は 1 つの種であり、人種的な優劣を導くことにつながる異なった人種が存在するという過去の誤った学説を否定するものの、人種的偏見に基づく人種差別を禁止するために、人種という用語を用いている。皮膚の色などの外見をもとに警察が街頭で職務質問して身分証明書を求める「人種的プロファイリング」も、人種差別にあたる[45]。人種差別撤廃条約 1 条における人種差別の定義は広いこともあり、ここでの人種的マイノリティも多様なグループを含む。とくに、「世系」とあるのはカースト差別を含む。カースト差別は、後述するように、社会的出身や出生による差別の問題ともいえる。

42）社会権規約委員会・一般的意見 20（2009 年）7 段落。

43）同 10 段落。

44）同 19 段落。

45）HRC, Lecraft v. Spain (2009), paras. 7.2, 8.

　第 2 に、「性」という概念は、生理学上の特徴のみならず、ジェンダーの類型、偏見および期待される役割といった社会的構造をも対象とするため、大幅に進化してきた。[46] 女性差別撤廃条約 2 条(f)は、「女性に対する差別となる既存の法律、規則、慣習および慣行を修正しまたは廃止するためのすべての適当な措置（立法を含む。）をとること」を定めている。この点、皇室典範 1 条が皇位について、皇統に属する「男系の男子」の継承のみを定めていることが問題となる。類似の規定をもつリヒテンシュタイン政府の定期報告書に対して、女性差別撤廃員会は、女性の皇位継承を認めない女性差別撤廃条約 1 条への留保の撤回を勧告し、[47] 自由権規約委員会は、男女の平等な権利を定める自由権規約 3 条が同国の世襲の皇位継承ルールの障害とならないという解釈宣言の撤回の検討を勧告している。[48]

　一方、自由権規約委員会は、当初、「性的指向」が自由権規約 2 条 1 項・26 条の「性別」に含まれると判断し、[49] その後、性別または性的指向に基づく差別による同 26 条違反とした。[50] しかし、性的指向は、「性自認」と同じく、同 26 条の「その他の地位」の差別事由に類型化するのが適当と思われる。[51] 社会権規約委員会も、社会権規約 2 条 2 項の「その他の地位」に性的指向は含まれるとしている。[52] 憲法の人権条約適合的解釈の立場からすると、性的指向や性自認の差別も憲法 14 条の禁ずる差別となり、その場合は、日本でも同性婚か同性パートナーシップ制度を承認しないことや、トイレの使用などの性自認に基づく差別的取扱いが憲法 14 条違反となりうる。下級審の判例によれば、「同性愛者に対しては、婚姻によって生じる法的効果の一部ですらもこれを享受する法的手段を提供しないとしていることは、……合

46) 社会権規約委員会・一般的意見 20（2009 年）20 段落。

47) CEDAW/C/LIE/CO/5/Rev.1 (3 December 2018), paras. 9-10. 参照、CEDAW/C/LIE/CO/4 (5 April 2011), paras. 12-13. CEDAW/C/LIE/CO/3 (10 August 2007), paras. 11-12.

48) CCPR/C/LIE/CO/2 (21 August 2017), paras. 13-14. 参照、CCPR/CO/81/LIE (12 August 2004), para. 7.

49) HRC, Toonen v. Australia (1994), para. 23.31.

50) HRC, Young v. Australia (2003), para. 10.4; HRC, X v. Colombia (2007), para. 9.

51) Joseph and Castan, 2013, para. 23.31.

52) 社会権規約委員会・一般的意見 20（2009 年）32 段落。

理的根拠を欠く差別取扱いに当たる」という[53]。一方、「トイレに係る処遇については、……性自認に即した社会生活を送るといった重要な法的利益等に対する制約として正当化することができない」とあるが、平等違反の判断はしていない[54]。また、その控訴審では、1審原告の「性自認に基づく利益に加え、他の職員が有する性的羞恥心や性的不安などの性的利益も併せて考慮し」、問題のある発言以外の違法性を認定していない[55]。

　第3に、「言語」または地方訛りに基づく差別は、しばしば国民的・民族的出身に基づく不平等な扱いと密接に関連している。公共サービスと公共財に関する情報は、可能な限り、少数者が話す言語でも入手可能とすべきであり、雇用と教育に関わる言語要件も、合理的かつ客観的な基準に基づくよう確保すべきである[56]。慢性の精神疾患のため、文字が読めない人に帰化の言語要件を課すことも言語差別にあたる[57]。被選挙権に十分な言語要件を課すことも言語差別となる[58]。

　第4に、「宗教」については、たとえば、宗教的少数者に属する人が、自らの宗教のために、大学、雇用、もしくは保険サービスへの平等なアクセスを拒絶された場合に、差別が生ずる[59]。オウム真理教の後継団体のアレフの信者の転入届を区長が受理しないことは、住民基本台帳法上、違法となる[60]。また、州政府が私立のカトリック学校に公的助成をするのに対し、私立のユダヤ学校には公的助成をしないことは、平等違反となる[61]。人種や民族に基づく差別は、宗教差別と重なる場合も多い[62]。

53）札幌地判 2021（令和 3）年 3 月 17 日裁判所ウェブサイト。
54）東京地判 2019（令和元）年 12 月 12 日裁判所ウェブサイト。
55）東京高判 2021（令和 3）年 5 月 27 日労働判例 1254 号 5 頁。
56）社会権規約委員会・一般的意見 20（2009 年）21 段落。
57）HRC, Q v. Denmark (2015), para. 7.5.
58）HRC, Ignantante v. Latvia (2001), paras. 7.1-7.5. 厳密には自由権規約 2 条と結びついた 25 条違反。
59）社会権規約委員会・一般的意見 20（2009 年）22 段落。
60）最判 2003（平成 15）年 6 月 26 日裁判所ウェブサイト。
61）HRC, Waldman v. Canada (1999), para. 10.6.
62）Schabas, 2019, p. 767.

　第5に、「政治的およびその他の意見」は、意見をもつこととももたないことの双方、ならびに意見に基づく団体、労働組合または政党の内部で見解を表明すること、もしくはそこに属していることが含まれる。たとえば、食糧支援計画にアクセスすることは、特定の政党に対する忠誠の表明を条件としてはならない[63]。政権交代に伴い26年間の公務員としての地位を失ったものの、政治的動機により退職金が支給されなかったことは、平等違反となる[64]。

　第6に、「国民的出身」は、人の国家、国民、または出身地に関係する。国民的出身は、「その他の地位」とされる「国籍」とは区別される[65]。国民的出身に基づく差別も人種や皮膚の色で扱われうる[66]。日本政府は、national origin を世界人権宣言2条1項、自由権規約2条1項・26条、社会権規約2条2項、子どもの権利条約2条1項、障碍者権利条約前文(p)では「国民的出身」と訳し、人種差別撤廃条約1条1項では「民族的出身」と訳している。国を意識した民族の出身とその他の一般的な民族的出身（ethnic origin）を区別すべく、日本政府は後者に「種族的出身」の訳語を当てている。1952年に日本政府は、旧植民地出身者とその子孫に対し、本人の意思を問うことなく、朝鮮戸籍などの民族的徴表に基づいて日本国籍を剥奪した。その後の日本国民との別異の取扱いも national origin による差別の事例といえよう。人種差別撤廃委員会は、日本政府に対し、「数世代にわたり日本に在留するコリアンに対し、地方参政権および公権力の行使または公の意思の形成への参画にも携わる国家公務員として勤務することを認めること」を勧告している[67]。この前提として、同委員会の「市民でない者に対する差別」についての一般的勧告が、「national origin」に基づく「市民権の剥奪が、国籍に対する権利の差別のない享有を確保するべき締約国の義務の違反であることを認識すること」、「長期在住者または永住者に対する市民権の否認が、ある場合には、雇用および社会福祉へのアクセスに不利益を生じさせ、条約の

63）社会権規約委員会・一般的意見20（2009年）23段落。
64）HRC, Valenzuela v. Peru (1993), para. 6.4.
65）同24段落。
66）Schabas, 2019, p. 772.
67）人種差別撤廃委員会・日本の定期報告書に対する総括所見（2018年）22段落。

非差別原則に違反する結果となることを考慮すること」を指摘していた点を想起する必要がある[68]。

　第7に、「社会的出身」は、人が継承した社会的地位に関連する[69]。国際労働機関（ILO）の条約勧告適用専門委員会の定義によれば、社会的出身とは、「階級、社会職業的カテゴリーまたはカーストにおける個人の所属状況」をさす[70]。社会的地位は、ときに財産や出生と重なる[71]。社会権規約委員会は、スリランカにおいてタミル人が「経済的・社会的・文化的権利を享有しておらず」、イスラエルにおいてアラブ人が「2級の地位」にある差別に懸念を示している[72]。

　第8に、「財産」上の地位は、「社会経済的地位」と呼ぶこともできる[73]。広い概念であり、不動産や動産や知的財産などをもっていること、またはもっていないことを含む。たとえば、水のサービスへのアクセスや強制移住からの保護といった社会権規約上の権利は、インフォーマルな居住地で生活しているなど、人の土地保有上の地位によって条件付けるべきではない[74]。

　第9に、「出生」という禁止事由には、とくにカーストおよびそれに類似する相続された地位に基づいた世系も含まれる。また、婚姻外で生まれた者、無国籍の両親から生まれた者、このような人を養子にしたまたは家族をなした者に対して区別を設けてはならない[75]。法律上の婚姻関係にない日本人の父と外国人の母から生まれた婚外子の場合は、届出による日本国籍の取得に際して、父の認知だけでなく、準正（父母の婚姻）を要件とした旧国籍法3条を違憲とした最高裁判決は、自由権規約や子どもの権利条約が出生差別

68）同・一般的勧告30（2002年）14・15段落。
69）社会権規約委員会・一般的意見20（2009年）24段落。
70）International Labour Organization, 2021, pp. 440-441.
71）Schabas, 2019, pp. 772-773.
72）社会権規約委員会・スリランカの定期報告に関する総括所見・E/C.12/1/Add.24 (1998), para. 8; イスラエルの定期報告に関する総括所見・E/C.12/1/Add.90 (2003), para. 16.
73）HRC, Mellet v. Ireland (2016), Individual opinion, Cleveland (concurring), para. 3.
74）社会権規約委員会・一般的意見20（2009年）25段落。
75）同26段落。

を禁じていることも参照している。[76] 婚外子（非嫡出子）は、「その他の地位」とする場合もある。

　第10に、「その他の地位」として、たとえば、刑務所や精神科施設に強制的に収容されているために人の法的能力を否定することも含まれる。[77] 複合差別の問題として、外国人の障碍者、宗教的少数者の女性、などといった複数の差別事由が同時に重なる場合もあり、特別な考慮や救済が必要となる場合もある。差別の性質は、文脈に応じて多様であり、時間と共に変化する。「他の地位」という事由への柔軟なアプローチは、合理的かつ客観的に正当化されえない、規約が明示する事由に匹敵する性質の差別待遇のその他の形態を捉えるために必要である。これらの追加的事由は通常、脆弱でかつ周縁化された、または周縁化され続けている社会集団の経験を反映する場合に認められる。[78]

　自由権規約委員会が指摘する、その他の地位による差別禁止事例として、「年齢」「国籍」「婚姻」「小人症」「非嫡出子」「国内居住地」「養子と実子の区別」「公立校と私立校の区別」「就業者と失業者の区別」「義務的な軍役と非軍役との区別」「家計の類型の区別」「就労類型の区別」「土地所有者の類型の区別」「性的指向」「家族の責任」、「妊娠」「エイズ感染」などの健康状態、「田舎」「性自認」「インターセックス」「障碍」「ホームレス状態」がある。[79]

　社会権規約委員が、その他の地位による差別禁止事例として指摘したものに、「障碍」「年齢」「国籍」「婚姻および家族上の地位」「性的指向および性自認」「健康状態」「居住地」「経済・社会的状況」がある。[80] たとえば、国籍による差別の例として、国内にいるすべての子どもたちは、非正規滞在の地位にある子どもを含め、教育を受ける権利、十分な食料および負担可能な医

76）国籍法違憲判決・最大判 2008（平成 20）年 6 月 4 日民集 62 巻 6 号 1367 頁。

77）社会権規約委員会・一般的意見 20（2009 年）27 段落。

78）同。

79）Joseph and Castan, 2013, paras. 23.29, 23.31; Schabas, 2019, pp. 775-790.

80）社会権規約委員会・一般的意見 5（1994 年）5 段落。社会権規約委員会・一般的意見 20（2009 年）28-35 段落。Saul *et al.*, 2014, pp. 192-202.

療へのアクセスを有している。規約上の権利は、法的地位および証明書類にかかわらず、難民、庇護申請者、無国籍者、移住労働者および国際的な人身取引の被害者など、その国の国民でない人を含めたすべての者に適用される[81]。また、合理的配慮の否定は、障碍に基づく差別の禁止された形態として、国内法令に含められるべきである。たとえば、スペースが、車椅子が近づきがたいような方法で設計および建設されている限り、車椅子利用者は、事実上労働の権利が否定されていることになる。[82]

なお、その後の人権条約には、新たな差別禁止事由が明文化されている。たとえば、障碍者権利条約では「年齢」が、移住労働者権利条約では「国籍」「年齢」「経済的地位」「婚姻上の地位」が、EU基本権憲章では「遺伝的形質」「障碍」「年齢」「性的指向」が明文化されている。

---

81) 社会権規約委員会・一般的意見 20（2009 年）30 段落。
82) 同 28 段落。

98

第 5 章

自由権規約 7 条・憲法 13 条と補完的保護

1. 難民保護と類似の 4 つのタイプ

　難民を保護する歴史は、主権国家体制が成立した 1648 年のウェストファリア条約の頃までさかのぼることができるという[1]。しかし、大量の人々が居場所を失うようになったのは第 1 次世界大戦後であり、難民保護の法整備が本格的に進むのは、第 2 次世界大戦後である。たしかに、1948 年に採択された世界人権宣言 14 条 1 項が「すべて人は、迫害からの庇護（asylum）を他国に求め、享受する権利を有する」と定めている。しかし、同宣言には、法的拘束力はなく、権利に対応する国家の義務もない。

　そこで国際法上は、1951 年の難民条約と 1967 年の難民議定書の制定が重要である。難民議定書により、地理的・時間的制約が除かれた難民条約 1 条 A2 において、「難民（refugee）」の定義は、つぎの 4 つの要素を含む必要がある。①人種・宗教・国籍・特定の社会集団の構成員性・政治的意見を理由に、②迫害を受けるおそれがあるという十分に理由のある恐怖を有し、③国籍国の保護を受けることができない、またはそれを望まない、④国籍国の外にいる者という要素である。

　日本政府は、難民条約が①の要素として戦争など近年の難民が生じる理由

---

1) Barnett, 2002, p. 239.
2)「1951 年 1 月 1 日前に生じた事件の結果の結果」という限定や、国によっては「ヨーロッパ」という限定をはずした。

を明示していないことを厳格に解したり、②の迫害を受けるおそれとして政府から「個別に把握されていること」を要件としたり、難民申請者の供述のあやふやな部分を信憑性に欠けると判断することもあって、厳しい難民認定をしてきたといわれる。1982 年に日本で難民条約が発効してから 2021 年までの 40 年間で日本が認めた「条約難民」は、915 人にすぎない。ただし、その他の庇護として、人道的な配慮を理由とする「在留特別許可」が認められた者は、3289 人である（人道上の在留特別許可者数は、2018 年が 40 人、2019 年が 37 人、2020 年が 44 人であるのに対し、2021 年が 580 人と急増している。この数は、難民申請をして在留特別許可を認められた人数であるので、日本人との婚姻や日本人の実子の養育などを理由とする場合も多く、難民性を理由とする場合に限らない。そこで、内訳として、本国情勢等を踏まえた難民性を理由とする人数は、2018 年が 16 人、2019 年が 10 人、2020 年が 19 人であったのに対し、2021 年は 525 人と急増している。その大半の 498 人が同年 2 月に軍事クーデターのあったミャンマーの出身者である[3]）。日本の広い意味での難民保護のあり方が、変わりつつある。

2022 年 2 月にロシアによるウクライナ侵攻がはじまり、大量の難民が国外に避難する事態に至って、同年 3 月に日本政府も「ウクライナ避難民」の受け入れを認め、各地の自治体や企業も、積極的な受け入れを表明するようになっている。当初、短期滞在の資格で入国したウクライナからの避難民は、申請すれば、1 年間の就労可能な「特定活動」の在留資格が認められ、必要ならば更新も可能とされている。こうした広い意味での難民保護は、同年 3 月に EU がはじめて「一時的保護」の EU 指令を適用して、当面 1 年間の受け入れを認めたことにも似ており、広義の難民保護の類型としては「一時的保護」と呼びうる。

他方、日本政府は、「補完的保護」制度を含む入管法等改正案を 2021 年 2 月に国会に提案し、同年 6 月に廃案となったものの、難民に準じるウクライナ避難民などの戦争難民等の「補完的保護」の制度導入を含む入管法等改

---

3) 入管庁「令和 3 年における難民認定者数等について」（https://www.moj.go.jp/isa/content/001372236.pdf, 2023 年 2 月 10 日閲覧）。

正案を 2023 年 3 月に国会に提案している。ウクライナに限らず、アフガニスタンやミャンマーなどから日本に庇護を求めている人々に対する「難民保護」と人道上の「在留特別許可」の問題も重要課題である。

　そこで本章における「**難民保護**」とは、（難民議定書も含む）難民条約上の難民の保護に限らず、後述する人権諸条約上の「補完的保護」やノン・ルフールマン（non-refoulement, 追放・送還禁止）原則に基づく人道上の在留特別許可の「消極的な保護」、さらには近時のウクライナ避難民に対する「一時的保護」も含む「保護」を受ける人の一連の「権利や利益とともに国家の義務」をさす広義の意味で用いる。これは、庇護と呼ぶこともできる。難民条約の本文には、「庇護（asylum）」という用語は登場しない。一般に理解されている庇護の意味としては、国家がその領土（または国家機関の一定の管轄下のその他の場所）において、保護を求める人に認める保護をさす。国際慣習法上、庇護権は、個人の権利ではなく、国家の権利（権限）として認められてきた。庇護の許否は国家の主権の問題とされた。たとえば、1967 年の国連の領域内庇護宣言 1 条 1 項では「国家がその主権の行使によって付与した庇護権は、その他の国家によって尊重されなければならない」と定める。たとえ積極的な難民保護としての庇護は国家の義務ではなくても、「ノン・ルフールマン」は国家の義務である。

　難民条約 33 条 1 項が、「締約国は、難民を、いかなる方法によっても、人種、宗教、国籍もしくは特定の社会的集団の構成員であることまたは政治的意見のためのその生命または自由が脅威にさらされる恐れのある領域の国境へ追放しまたは送還してはならない」とノン・ルフールマン原則を定めている。ノン・ルフールマン原則は、消極的な概念であり、迫害のおそれのある地域への送還を禁止するが、難民の定住を義務づけることを意味するものではない。これに対し、庇護は、積極的な概念であり、新たな居住許可と他国の管轄権に対する長期の保護を含む。[4] 従来、庇護とは区別される、ノン・ルフールマン原則のうちにも、本章は、「消極的な保護」の要素をみるものである。難民としての積極的な保護から、送還禁止の消極的な保護の間に、

---

4) Chetail, 2019, p. 190.

補完的保護としてのやや積極的な保護や、ウクライナ避難民に対するような一時的保護もあることを以下に整理する。

(1) 難民保護

　積極的な保護として、難民保護がある。難民に保障する難民条約上の権利は、①絶対的権利としての無差別、裁判を受ける権利、ノン・ルフールマン原則など、②内国民待遇の権利としての信教の自由、社会保障の権利など、③最恵国待遇の権利としての結社の自由、賃金が支払われる職業に従事する権利、④一般外国人の権利としての自営業の権利、移動の自由などがある[5]。日本政府は、難民事業本部を通じて、条約難民や第三国定住難民[6]に対して、日本語教育、生活ガイダンス、就労支援などの定住支援プログラムを提供している。

(2) ノン・ルフールマン原則

　消極的な保護として、ノン・ルフールマン原則がある。1987年に発効した拷問等禁止条約3条は「拷問が行われる恐れがあると信じるに足りる実質的な根拠がある他の国へ追放し、送還しまたは引き渡してはならない」と定め、2010年に発効した強制失踪条約16条も、「強制失踪」のおそれのある場合のノン・ルフールマン原則を明文で定めている（地域的条約としては、1987年に発効した米州拷問禁止処罰条約13条4項が「拷問、残虐な、非人道的なもしくは品位を傷つける取扱い、または特別法廷にかけられることで、生命に危険が及ぶと信じるに足りる理由がある場合は、引き渡し、または送還してはな

---

5) なお、難民条約上の庇護権以外にも、国によっては憲法上の庇護権を定めている。さらに、難民条約から分かれて策定された無国籍者の地位に関する条約では、難民類似の権利が保障される。ただし、同条約上の無国籍者の権利は、ノン・ルフールマン原則と不法入国による処罰からの保護の規定を欠き、就労の権利や結社の自由についても、難民条約よりは低い水準の保障である。新垣、2014、6-8頁。
6) たとえば、タイの難民キャンプやマレーシアで一時的な庇護を受けたミャンマーからの難民を第三国である日本が、毎年、一定の人数枠を設けて受け入れるような制度であり、日本は2010年から30人、2020年からは60人の枠（ただし、新型コロナウイルス感染症拡大により受け入れが実現していない）に拡大された。

らない」と定めている。また、2009 年に発効した EU 基本権憲章 19 条 2 項が「死刑、拷問またはその他の非人道的なもしくは残虐な取扱いもしくは刑罰を受けるであろう重大な危険がある国へ、送還し、追放しまたは引き渡してはならない」と定める[7]。この規定に影響を与えた、1953 年に発効したヨーロッパ人権条約 2 条が「故意にその生命を奪われない」、同 3 条が「拷問または非人道的なもしくは品位を傷つける取扱いもしくは刑罰を受けない」と定めており、両規定から、ノン・ルフールマン原則が解釈上導かれている）。

　そしてヨーロッパ人権条約 2 条・3 条と同様の内容を、自由権規約 6 条が「生命に対する固有の権利を有する。……恣意的にその生命を奪われない」と定め、同 7 条が「拷問または残虐な、非人道的なもしくは品位を傷つける取扱いもしくは刑罰を受けない」と定めており、ここからノン・ルフールマン原則が解釈上導かれることが、とりわけ日本では重要である[8]。

(3) 補完的保護

　やや積極的な保護として、補完的保護がある。EU の 2004 年およびこれを改訂した 2011 年の資格指令[9]にみられるように、難民としての保護を補充するものとして「補充的保護（subsidiary protection）」と呼ばれ、日本では一般に「補完的保護（complementary protection）」と呼ばれる保護のあり方が問題となっている。単なるノン・ルフールマン原則を超えて、難民に準じた積極的な保護が補完的保護として認められるようになっている。難民の国際法上の根拠が（議定書も含む）難民条約だとしたら、補完的保護の国際法上の根拠は、人権諸条約のノン・ルフールマン原則などにある。EU の資格指令によれば、補完的保護は、難民としての資格はないが、自国において以下

---

7) 2008 年に発効したアラブ人権憲章 28 条も、「すべて人は、迫害から逃れるために、政治的庇護を他国に求める権利を有する。……政治難民は、引き渡されてはならない」とノン・ルフールマン原則を明文で定めている。

8) なお、1990 年に発効した子どもの権利条約 6 条が「生命に対する固有の権利を有する」と定め、同 37 条が「拷問または残虐な、非人道的なもしくは品位を傷つける取扱いもしくは刑罰を受けない」と定めている。

9) Council Directive 2004/83/EC of 29 April 2004; Directive 2011/95/EU of the European Parliament and of the Council of 13 December 2011.

のような重大な危険にさらされるため帰国できない者に与えられる。①死刑、②拷問または非人間的もしくは品位を傷つける取扱いまたは刑罰、③国際的または国内の武力紛争の状況における無差別な暴力を理由とした民間人の生命または人格に対する重大な危険にさらされていること[10]。この EU 指令は、難民の資格と補完的保護の資格を合わせて「国際的保護（international protection）」と呼び、「庇護」という用語の代わりに使っている[11]。ノン・ルフールマン原則により、退去強制が猶予されるものの、就労が禁じられる仮放免の状態などが最も「消極的な保護」であるが、多くの場合の補完的保護は、就労や社会保障の権利などの「やや積極的な保護」が認められる。

　なお、難民に認められる「積極的な保護」と補完的保護の場合の「やや積極的な保護」の違いとして、ヨーロッパ諸国の例をみてみよう（表1）。最初の在留許可の期間について、難民と補完的保護が同じ期間の場合もあるが、難民は 3 年ないし 5 年の国が多いが、補完的保護は 1 年ないし 3 年の国が多く、難民の方が補完的保護よりも期間が長い国が多い。帰化に必要な居住期間の要件については、逆に難民の方が補完的保護の場合よりも短い国が多い。家族呼び寄せの権利については、難民には一般にすぐに認めるが、補完的保護の場合には認めない、または 1 年ないし 3 年の滞在を要件とする国もある。その他、旅券の有効期間が補完的保護の方が難民よりも短い国も多い。また、就労に関して、難民には不要な労働許可を補完的保護の場合は必要とする国もある。生活保護のような社会扶助のレベルが難民と補完的保護の場合で異なる国もある[12]。

(4) 一時的保護

　一時的保護も、**やや積極的な保護**といえるが、保護する期間が一時的という限定が付されている。大量の難民の流入に際して、従来の難民認定のプロセスを経ることなく、一時的保護を即時に提供する例外的な措置である。

10）ただし、重大な犯罪、在留国の安全に対して重大な危険などを理由に認められない除外規定がある（EU 資格指令 17 条）。

11）den Heijer, 2014, p. 532.

12）ECRE, 2017, pp. 15-23.

表 1　ヨーロッパ諸国における難民と補完的保護の権利状況の違い

	最初の在留許可可年数		帰化の居住年数要件		家族呼び寄せ待機年数	
	難民	補完的保護	難民	補完的保護	難民	補完的保護
オーストリア	3	1	6	15	0	3
ベルギー	5	1	5	5	0	1
ブルガリア	5	3	3	5	0	0
キプロス	3	1	5	5	0	×
ドイツ	3	1	8	8	0	月千人の人道枠
スペイン	5	5	5	10	0	?
フランス	10	1	0	5	0	0
ギリシア	3	3	3	7	0	×
クロアチア	5	3	8	8	0	0
ハンガリー	3	3	3	8	0	0
アイルランド	1	3	3	5	0	0
イタリア	5	5	5	10	0	0
マルタ	3	3	10	10	1	×
オランダ	5	5	5	5	0	0
ポーランド	3	2	7	8	0	0
ポルトガル	5	3	5	5	0	0
スウェーデン	3	13 カ月	4	5	0	0
イギリス	5	5	6	6	0	0
スイス	1	不定	12	12	0	3

出典：ECRE, 2017, pp. 15-21. ECRE, Content of International Protection of National Report.

2001 年の EU の「一時的保護（temporary protection）指令」によれば、一時的保護の期間は 1 年間（延長しても最大 3 年間）である（4 条）。締約国は、一時的保護を受ける者に対して、在留許可（8 条）、欧州経済領域（European Economic Area: EEA）市民の優先権を付すことは可能なものの自営を含む就労許可、成人教育、職業訓練、実務研修（12 条）、住宅支援、十分な資産がない場合の社会扶助、救急ないし不可欠な医療（13 条）、国民と同じ条件での子どもの義務教育（14 条）を提供する義務がある。[13]

　（自治体や企業などの協力も得て）日本政府は、ウクライナ避難民に対し、就労可能な「特定活動」の 1 年の在留資格を認め、身元保証人がいない場

---

13) Council Directive 2001/55/EC of 20 July 2001.

合の（身元保証人がいる場合は日本財団の）生活支援、住宅支援、オンラインによる（対面が可能な自治体による）日本語講習、ハローワークでの職業相談・紹介、国民健康保険への加入、国民と同じ条件での子どもの義務教育などを提供している。

2. 憲法上の明示の庇護権の4つのタイプ

各国の憲法も、「庇護権（right to asylum）」を定めている場合がある。古くは、1789年のフランス革命後に制定された1793年憲法120条において、「フランス人民は、自由のために、その祖国から追放された外国人を庇護する」という規定がみられる。1940年には4%、1946年には11%、1950年には19%の憲法が庇護権の規定をもっていた[14]。その後の近代の憲法のおよそ32%が庇護権または無国籍者の保護の規定を定めている。とりわけ、第2次世界大戦後に制定された憲法では、その数が急激に増え、2000年の段階で有効な憲法の約40%が庇護権の規定をもっていたという[15]。

各国の憲法上、ドイツのように個人の権利としての庇護権もあれば、スペインのように国家の権利としての庇護権もある。加えて、明文上の庇護権の定めのない憲法においても、送還・追放・引渡し禁止規定や、一般的な人権規定から補完的保護が導かれている。諸外国の憲法上の明示の庇護権については、以下の4つのタイプに整理することができる[16]。

第1に、庇護の「積極的な権利」を個人の主観的権利として認めるタイプである[17]。この代表的な庇護権の規定として、1949年のドイツ基本法16条2

---

14) Kowalczyk and Versteeg, 2017, p. 1260.

15) Constitution Making.org, 2008, p. 3. なお、2017年には35%の憲法が庇護権をもっているとの指摘もある。Meili, 2017, p. 392.

16) Foster and Klaaren, 2013, pp. 416-417.

17) 同様に、1967年ポルトガル憲法33条8項、1985年グアテマラ憲法27条、1987年ニカラグア憲法42条、1992年マリ憲法12条2文、1992年パラグアイ憲法43条、1999年ベネズエラ憲法69条、2002年に改正されたインドネシア憲法28G条2項、2010年に改正されたカーボベルデ憲法71条1項、2010年ギニア憲法11条、2011年ハンガリー基本法14条3項、2019年に改正された北マケドニア共和国憲法29条。

項 2 文（1993 年改正後の 16a 条 1 項）がある。そこでは、「政治的に迫害されている者は、庇護権を有する」と定めている。一方、国家の側の義務を定めることで、権利を定めるのと同様の効果をもたせている憲法として、1949 年のコスタリカ憲法 31 条などがある[18]。そこでは「コスタリカの領土は、政治的理由で迫害されたすべての人のための避難所となる。……」と定めている。

　第 2 に、庇護の権利を個人の主観的権利として認めるものの、「法律」でその条件を定める旨を明示するタイプがある[19]。たとえば、1947 年のイタリア憲法 10 条 3 項は「イタリア憲法で保障される民主的自由を実質的に行使することが自国で阻止される外国人は、法律が定める条件に従って、共和国の領土内において庇護を求める権利を有する」とある。ここでの「法律が定める条件」とは、明治憲法下の「法律の留保」とは違う。たしかに 10 条 3 項は、当初は拘束力のない規定とされたが、1997 年の判例により、法律がなくても、個人の主観的権利として司法審査が可能な憲法上の人権としての拘束力が認められた[20]。

---

18) 同様に、1983 年エルサルバドル憲法 28 条、1990 年ナミビア憲法 97 条、1990 年に改正されたサントメ・プリンシペ憲法 40 条 4 項、1992 年スロバキア憲法 53 条、1992 年チェコ憲法 43 条、1993 年ロシア憲法 63 条 1 項、1993 年ペルー憲法 36 条、1995 年アゼルバイジャン憲法 70 条、1995 年ジョージア憲法 47 条、1998 年に改正された朝鮮民主主義人民共和国憲法 80 条、2003 年に改正されたラオス人民共和国憲法 51 条、2010 年キルギス共和国憲法 19 条 2 項。

19) 同様に、1991 年コロンビア憲法 36 条、1991 年のルーマニア憲法 18 条 2 項、1991 年スロベニア憲法 48 条、1991 年ブルガリア憲法 27 条 3 項、1994 年モルドバ憲法 19 条 3 項、1996 年チャド憲法 46 条、1998 年アルバニア憲法 40 条、2001 年東チモール憲法 10 条、2003 年ルワンダ憲法 28 条、2004 年カタール憲法 58 条、2004 年アフガニスタン憲法 4 条、2004 年モザンビーク憲法 20 条 2 項、2005 年ブルンジ憲法 50 条、2005 年コンゴ民主共和国憲法 33 条、2005 年イラク憲法 21 条 2 項、2006 年ポーランド憲法 56 条、2006 年エクアドル憲法 41 条、2006 年セルビア憲法 57 条、2010 年アンゴラ憲法 71 条、2010 年リビア憲法 10 条、2014 年チュニジア憲法 26 条、2015 年に改正されたブルキナファソ憲法 9 条、2015 年コンゴ共和国憲法 21 条、2016 年コートジボワール憲法 23 条。

20) Lambert *et al.*, 2008, p. 22; Messineo, 2010, p. 93.

第3に、**国の立法裁量としての庇護権**を認めるタイプがある[21]。たとえば、1978年のスペイン憲法13条4項は「外国の市民および無国籍者が、スペイン国内で庇護権を享受しうる条件は、法律でこれを定める」とある。第2と第3のタイプは、「法律」が具体的な条件を定める旨を明示している点は同じである。しかし、第2のタイプの庇護権は、個人の権利であるのに対し、第3のタイプの庇護権は国の権利である点で異なる。このため、1984年の庇護法では、スペインにおける庇護は、国家の裁量行為であり、個人の主観的権利ではないとした。しかし、最高裁は、他の憲法上の諸権利や、法の支配や国家の側の恣意的な行為の禁止を含む諸原理に基づいて、司法審査が可能な個人の主観的権利であることを確認し[22]、1994年の庇護法では、庇護は、難民条約その他の国際法規に認められた個人の権利と位置づけられることになった[23]。

　第4に、**ノン・ルフールマン原則**の規定により、庇護の「消極的な権利」を認めるタイプがある[24]。たとえば、1952年のヨルダン憲法21条1項は「政治的信念のため、または自由を守るために、政治難民は、送還されてはならない」と定める。1975年のギリシア憲法5条2項も「自由の闘士としての行動のために迫害される外国人の引き渡しは、これを禁止する」と定めている。また、近年では、難民条約上の難民保護だけでなく、人権諸条約上の補完的保護を含むノン・ルフールマン原則を明示するものもある。たとえば、1999年のフィンランド憲法9条は「外国人は、死刑、拷問、または人間の尊厳を侵害するその他の取扱いを受けるおそれがある場合には、国外に追放

21）同様に、1979年イラン憲法155条、1982年中華人民共和国憲法32条、1990年クロアチア憲法33条、1992年モンゴル憲法18条4項、1992年サウジアラビア憲法42条、1994年ベラルーシ憲法12条、1994年タジキスタン憲法16条、1996年ウクライナ憲法26条2文、2008年トルクメニスタン憲法8条2文、2013年に改正されたベトナム憲法49条、2014年エジプト憲法41条、2019年キューバ憲法17条。

22）Gil-Bazo, 2015, p. 22.

23）Gil-Bazo, 2010, pp. 111-113.

24）同様に、1962年クウェート憲法46条、1971年アラブ首長国連邦憲法38条、1973年バーレーン憲法21条、1996年アルジェリア憲法69条、1991年イエメン憲法46条、1996年オマーン憲法36条、2012年ソマリア憲法37条、2012年シリア憲法39条。

され、引き渡され、または送還されてはならない」と定めている。[25)]

　なお、庇護が保障する性質には 2 つのものがある。1 つは政治的理由で迫害される個人の保護であり、いま 1 つは、思想の自由・表現の自由の保障の伝統といった憲法秩序の基本的価値の保障であるという。[26)] 別のシニカルな見方をすれば、庇護の 2 つの性質のうち、1 つは広範な人権であり、もう 1 つは（社会主義国で多くみられた庇護権のように）イデオロギー的な外交政策上の道具の性質があるという。[27)]

　人権保障の観点からすれば、条文上、3 通りのタイプがある。①ハンガリー憲法のように、難民条約と同じ 5 つの理由に基づく迫害への庇護を定めている場合もあれば、一方で、②ドイツ、チェコ、スロバキアのように難民条約で定められたものよりも限定的な迫害に対応する憲法上の庇護の場合もあり、他方で、③フランスやイタリアのように難民条約で定められたものよりも広範な迫害に対応する憲法上の庇護の場合もある。[28)] ドイツの「政治的」迫害、チェコの「政治的権利および自由の表明に対する」迫害、スロバキアの「政治的権利および自由の行使のため」の迫害は、難民条約の理由の 1 つの「政治的意見」よりは広いものの、政治的権利に限定する。これに対し、フランスは「自由のための活動」を理由とした迫害に加え、「その他の理由」という包括規定をもつので、そうした限定はなく、イタリアの「民主的自由」も、後述するように広範な人権に対応している。[29)]

3. 憲法上の庇護と難民条約上の庇護

　上述の通り、憲法上の庇護と難民条約上の庇護は、異なる場合もあれば、同じ場合もある。その異同の変遷に関して、フランス、イタリア、ドイツに

---

25) 同様に、2007 年モンテネグロ憲法 44 条。
26) Gil-Bazo, 2015, p. 22.
27) Kowalczyk and Versteeg, 2017, p. 1267.
28) Meili, 2017, p. 399.
29) *Ibid.*, pp. 402-403, 407, 413.

ついて分析する研究がある。[30]しだいに、憲法上の庇護と難民条約上の庇護の差も、憲法上の庇護の意義も少なくなっている。

　第1に、**フランス**では、憲法上の庇護権として、1789年のフランス革命後に制定された1793年憲法120条において、「フランス人民は、自由のために、その祖国から追放された外国人を庇護する」という規定がみられる。しかし、この憲法は実際には施行されなかった。憲法上の庇護権は、1958年の現行フランス第5共和国憲法の前文が言及するように、はじめて1946年の第4共和国憲法に置かれた。1946年憲法前文4段では「自由のための活動を理由として迫害を受けた者はすべて、共和国の領土内で庇護を受ける権利をもつ」と定めている。しかし、1980年の憲法院判決にみられるように、[31]当初、庇護権としての憲法的価値は認めるものの、1946年憲法前文4段の直接適用性は否定されてきた。

　一方、1991年の憲法院判決により、1946年憲法前文4段の直接適用性が認められ、[32]1993年の憲法院判決により、憲法上の庇護を享受する権利を認めた。[33]理論上、憲法上の庇護と条約上の庇護は、4点で異なっていた。①憲法上の庇護は、個人の権利（外国人が利用できる主観的権利）であるとともに、国家の権利（国家が庇護を付与する権能）でもある。[34][35]1993年に改正された憲法53条の1の2項では、共和国の諸機関は、「自由のための活動を理由として迫害され、または他の理由によってフランスに庇護申請するすべての外国人に対して、庇護を付与する権利を常に有する」と規定している。②したがって、「他の理由」という広い庇護権の対象を定める一方で、憲法上の庇護は、受益者の対象が狭い点もあり、「自由のための活動を理由として迫害」される要件から、潜在的なテロリストは除かれるという。③EU指

30）Lambert *et al.*, 2008, pp. 16-32.
31）Décision n° 79-109 DC (1980).
32）Décision n° 91-294 DC (1991).
33）Décision n° 93-325 DC (1993).
34）*Ibid.*
35）Décision n° 92-307 DC (1992).

令[36)]に基づく 2003 年の法改正以前は、国家以外の機関による迫害の場合を憲法上の庇護は除いていた。④保護の内容が異なり、憲法上の庇護は、永住権を保障するが、難民条約上の庇護は、医療、教育、労働、帰化までの一連の目録を含む送還禁止の保護を内容としている。その他の違いとして、憲法上の庇護には適用除外はないが、難民条約上の庇護には、平和に対する罪その他の適用除外がある。

　結局のところ、1998 年の外国人法は、憲法上の庇護と条約上の庇護との統一を完全に含み、憲法上の庇護は条約上の庇護と同じ手続の下で同じ権利が認められたので、憲法上の庇護はもはや用いられなくなった。なお、2021 年の 1 次審査で認められた難民は 2 万 1340 人であり、補完的保護は 1 万 2535 人である[37)]。フランスでは 2017 年までは永住許可[38)]はなく、それに準ずる（更新が原則認められる）10 年間の滞在許可が難民には認められるが、補完的保護の場合は（更新が可能な）1 年間の滞在許可である。

　第 2 に、**イタリア**では、1948 年の憲法 10 条 3 項において「イタリア憲法で保障される民主的自由を実質的に行使することが自国で阻止される外国人は、法律が定める条件に従って、共和国の領土内において庇護を求める権利を有する」と定めた。立憲議会の議員の中には、大量の庇護希望者を導くことを恐れ、フランスのように「自由のための活動」を理由とする迫害に庇護権を限定する意見もあった。しかし、多数の意見は、ファシスト独裁や第 2 次世界大戦のあいだ市民を寛大に受け入れてくれた多くの国に借りがあるので、より広範な規定がふさわしいと考えた。もっとも、そうした借りは容易に忘れられ、憲法上の庇護の行使のための法律は制定されなかった。1964 年から裁判で争われるようになり、ようやく 1997 年の（最高裁にあたる）破棄院の判決により、憲法上の庇護権は、個人が直接に裁判で行使できる主観

---

36) Council Directive 2004/83/EC of 29 Apr. 2004.

37) ECRE, The Asylum Information Database, Statistcs France（https://www.asylumineurope.org/reports/country/france/statistics, 2023 年 2 月 10 日閲覧）.

38) 2017 年に創設された永住許可証は、10 年間の滞在許可証の有効期限が切れた場合に、公の秩序への脅威とならず、言語要件・統合要件を満たすことを条件に認められるようになった（入国・滞在・庇護権法典 L314-14 条）。

的権利であると認められた。

　しかし、10 条 3 項の「イタリア憲法で保障される民主的自由」とは、実際には、人身保護（13 条）、国内における移動・居住の自由（16 条）、選挙権（48 条）、政党結社の自由（49 条）、労働の権利（36 条）が対応するので、難民条約上の庇護権とは、射程が異なる。また、個人の迫害を示すことも要件とされていない[39]。形式的には権利章典で認められていても、出身国において主要な基本的自由が保障されていないことを示すことで十分である[40]。ただし、実際には、憲法上の庇護権が認められた者は、60 年間で 200 人以下にすぎないと推計されているのに対し、難民条約上の難民は、2006 年末までに 2 万 6875 人である[41]。なお、2021 年の 1 次審査で認められた難民は 8107 人、補完的保護は 8761 人、特別保護は 6329 人である[42]。イタリアでは、難民の場合も、補完的保護の場合も、当初 5 年間の滞在許可が認められ、（追放・送還ができない場合に認められる）特別保護の場合の滞在許可は 1 年間である。

　第 3 に、ドイツでも、国家の庇護以前に教会の庇護の長い伝統がある[43]。国家の庇護としては、1949 年の基本法 16 条 2 項 2 文において「政治的に迫害されている者は、庇護権を有する」と定めた。しかし、憲法制定会議は、当初、ドイツ独自の庇護権を構想しておらず、国際的な義務の範囲内での保護を考えていた。当時の国際法上の難民保護は、非常に限られたものであったので、もっぱら政治犯を外国に引き渡さないという国際慣習法に基づいた逃亡犯罪人引渡法の役割にとどまっていた。したがって、当初の憲法上の庇護権は、政治犯の送還されない主観的権利を意味した。いわば、一般的な難民の庇護権としては「プログラム規定」化が問題とされたこともあった[44]。

39）Meili, 2017, p. 405.

40）Onida *et al.* (eds.), 2019, p. 306 [Cartabia and Lamarque].

41）Lambert *et al.*, 2008, pp. 21-25.

42）ECRE, The Asylum Information Database, Statistcs Italy（https://www.asylumin europe.org/reports/country/italy/statistics, 2023 年 2 月 10 日閲覧）.

43）昔農、2014、60-61 頁。

44）本間、1985、50 頁。

　1953 年にドイツが難民条約を批准すると、庇護手続が庇護令という命令の形で整備された。難民条約が 1951 年 1 月 1 日前に生じた事件の結果および自国から逃れた者に限定しているため、最初はこうした限定を憲法上の庇護にも適用した。しかし、1959 年に連邦憲法裁判所は、当時の支配的な学説に従って、1951 年 1 月 1 日以後に国外に逃れた者に対しても憲法上の庇護の対象を拡大した。[45] ただし、この場合は、居住許可、労働許可、公的扶助といった諸権利は認められなかった。したがって、憲法上の庇護権は、条約上の庇護権よりもゆるやかに認められたが、権利保障の点では弱いものであった。

　1965 年の外国人法の制定により事情が変わる。同法は、1951 年 1 月 1 日以後に国外に逃れた者も含む難民だけでなく、その他の政治的に迫害された外国人の認定手続を定めた。1969 年にドイツが難民議定書を批准することで、憲法上の庇護権と条約上の庇護権の違いが埋められた。1982 年の庇護手続法（Asylverfahrensgesetz）は、基本法 16 条 2 項 2 文の意味での政治的に迫害された者を対象としたが、永住権や労働許可を認めた。

　一方、1986 年の連邦憲法裁判所の判決が、憲法上の庇護の方が狭いことを導いた。[46] 第 1 に、家庭やプライベートな場面での最低限度の宗教活動以外の信者に対する抑圧行為を、基本法 16 条 2 項 2 文の意味での政治的迫害から除くこの考えは、「宗教的最低限度（religiöse Existenzminimum）理論」と呼ばれる。第 2 に、同判決は、送還後、50% を超える割合での迫害の可能性を庇護希望者は必要とし、この考えは、「優越的蓋然性（überwiegende Wahrscheinlichkeit）理論」と呼ばれる。[47] 第 3 に、同裁判所の 1989 年の判決は、基本法 16 条 2 項 2 文の意味での政治的迫害は、国家の行為に関する場合だけとし、[48] 難民条約加盟国の多数の見解とは反するものであった。

　他方、1993 年の基本法改正により、「安全な第三国」からの入国者を庇護

---

45) BVerfGE 9, 174.
46) BVerfGE 76, 143.
47) Tiedemann, 2009, p. 165.
48) BVerfGE 80, 315.

の対象から除くこととなった（16a条2項）。また、2005年の滞在法と2007年の庇護手続法により、庇護権者は国際基準に従うように拡充され、憲法上の庇護権者と条約上の庇護権者の権利が同じとなった。

　なお、ドイツにおける補完的保護は、憲法上の庇護権も、難民条約上の難民資格の認定も受けられないが、EUの資格指令に基づいて、出身国において重大な危険のおそれがある場合に与えられる保護の形態である。「重大な危険」としては、①死刑の宣告または執行、②拷問、非人道的もしくは品位を傷つける取扱いまたは刑罰、③国内または国際的な武力紛争における恣意的な暴力による、民間人の生命または身体への深刻な脅威が掲げられている（庇護法4条1項）。補完的保護の認定を受けると、1年の滞在許可が認められ、延長が可能である。これに対して、憲法上の庇護権者および難民条約上の難民は、3年の滞在許可が認められ、延長が可能である（滞在法26条1項3文）いずれの場合も、5年以上の滞在後、生計維持、ドイツ語能力などの要件を充たすと定住許可が認められる（同3項）。たとえば、2016年、2017年、2018年、2019年および2020年には、憲法上の庇護権者は2120人、4359人、2841人、2192人および1693人、難民条約上の難民は25万4016人、11万9550人、3万8527人、4万2861人および3万6125人、補完的保護は15万3700人、9万8074人、2万5055人、1万9419人および1万8950人である。[49]

4. 一般的な人権規定から憲法解釈上導かれる庇護権

　上記のような明示の庇護権を定める憲法ではなくても、適正手続、生命への権利、自由、拷問を受けない権利、非人道的な取扱いを受けない権利、恣意的に退去強制されない権利などの一般的な人権規定の解釈から憲法上の庇護権を導く国も少なくない。

　たとえば、カナダの最高裁は、1985年の画期的な判例において、カナダ人権憲章7条の「何人も、生命、自由および身体の安全を享受する権利を

---

49) Bundesamt für Migration und Flüchtlinge, 2021, p. 119.

有し、基本的正義の原則によらなければ、その権利を奪われない」という
規定が、「カナダに物理的に存在するすべての人」に適用されることを導い
ている[50]。難民認定審査において、同 7 条の権利が問題になるので、最高裁
は、行政の難民認定手続が、少なくともその最低限の内容として「公正な手
続の観念」を含む「基本的正義の原則」に従う必要があり、口頭での聴聞手
続が認められなかったのは、同 7 条に反すると判示した。2001 年の判決で
も、カナダの最高裁は、死刑になるおそれのあるアメリカへの引渡しを同 7
条違反としている[51]。また、インドの最高裁は、1996 年の判例において、イ
ンド憲法 21 条が定める「何人も、法律の定める手続によらなければ、その
生命または個人の自由を奪われない」という規定を根拠に、難民の生命・健
康・福祉と退去強制の危険からの自由の憲法上の保障を導いている[52]。トル
コの憲法裁判所も、ノン・ルフールマン原則の明文規定のないトルコ憲法に
あっても、憲法 17 条の生命権、物質的・精神的存在を保護・発展させる権
利、拷問・虐待の禁止、人間の尊厳に反する刑罰・取扱い禁止を根拠にノ
ン・ルフールマン原則違反を導いている[53]。ニュージーランドの憲法の人権
規定に相当する権利章典 8 条の生命を奪われない権利、9 条の拷問・残虐な
取扱いを受けない権利が、送還禁止を導く[54]。イギリスの憲法の人権規定に
相当する人権法に編入されたヨーロッパ人権条約 3 条が、拷問・非人道的
取扱い・品位を傷つける取扱いの現実の危険が送還先にある場合の送還禁止
を導く[55]。スウェーデン憲法（統治法）2 章 5 条は、死刑と拷問の禁止を定め
ており、同 19 条が法令のヨーロッパ人権条約との適合性を定めていること
から、外国人法 12 章 1 条は死刑、拷問、非人道的・品位を傷つける取扱い・
刑罰のおそれがある国への送還禁止を定めている[56]。

50）Singh v. Minister of Employment and Immigration [1985] 1 S.C.R. 177.

51）United States v. Burns [2001] 1 S.C.R. 283.

52）National Human Rights Commission v. State of Arunachal Pradesh and Another (1996)
　　SCC (1) 742. Ahmad, 2017, pp. 49-52.

53）Yilmaz, 2019, pp. 717-718.

54）Attorney-General v. Zaoui and Ors (Zaoui No. 2), [2005] NZSC 38.

55）Liberty, 2010, p. 21.

56）Järvegren, 2011, pp. 17-20.

また、庇護希望者の恣意的に収容されない権利も、憲法規定から導かれている。たとえば、南アフリカの憲法裁判所は、憲法12条の「個人の自由と安全への権利」および同35条2項の「収容者」の権利を、港や空港において物理的に国内にいるものの、正式には入国していない人に否定することは、人間の尊厳・平等・自由といった憲法の諸価値を否定することになると判示している。南アフリカの高裁も、単身の子どもを送還するために収容することは、憲法28条の「子ども」の権利や同35条の「収容者」の権利に反するという。

　さらに、難民と庇護希望者の社会・経済的権利も、憲法規定から導かれている。たとえば、南アフリカの上訴裁判所の判決は、庇護希望者の「許可証が発行されてから最初の180日間、就労と就学を禁止するという難民問題常設委員会の一般的な決定は、南アフリカ憲法の権利章典と矛盾する」。「人間の尊厳には、国籍はなく、人間だからというだけで、すべての人に固有のものである」。「生産的な労働の自由は、生き残るために必要な場合でなくても、人間の尊厳の重要な要素であり」、「学習の自由も、人間の尊厳に固有のものであり、それなしでは人の自己実現の可能性を奪うことになる」。庇護希望者に対して国が生活支援給付をしない南アフリカで就労を認めないことは、「個人の自己実現の能力を制限するだけでなく、屈辱と堕落に陥ることなく生活する能力を制限」するものであると判示し、庇護希望者の就労・就学の権利を認めている。また、ドイツの連邦憲法裁判所は、ドイツ基本法20条1項（社会的法治国家）と結びついた同1条1項（人間の尊厳）から、庇護希望者の「人間の尊厳に値する最低生活の保障を求める基本権」を導いている。

57) Lawyers for Human Rights v. Minister of Home Affairs [2004] ZACC 12.
58) Centre for Child Law and Another v. Minister of Home Affairs and Another 2005 (6) SA 50 (T).
59) Minister of Home Affairs and Others v. Watchenuka and Others [2003] ZASCA 142.
60) BVerfGE 132,134 (2012).

5. 日本国憲法における庇護権とその実施法令

　以上、検討してきたように、各国の憲法上における明示の庇護権は、4 つのタイプに整理することができる。フランスにおける憲法上の庇護は、難民条約上の庇護と違って、2 次的なものにすぎない。一方、イタリアでは、憲法上の庇護と難民条約上の庇護とは異なっているが、憲法上の庇護は、わずかな例しかない。他方、ドイツでは、当初、憲法上の庇護は重要視されてきたが、近年、その意義は失われつつある。

　さらに、カナダ、インド、トルコ、ニュージーランド、イギリス、スウェーデン、南アフリカといった憲法上において庇護権の明文規定のない国にあっても、適正手続、生命への権利、自由、拷問を受けない権利、非人道的な取扱いを受けない権利、恣意的に退去強制されない権利などの一般的な人権規定から庇護権は憲法解釈上導かれていることが確認できる。

　そこで日本国憲法における庇護権について考察することにしよう。日本国憲法は、明文上の庇護権の規定をもたない。しかし、憲法前文や一般的な人権規定から憲法解釈上、庇護権は導かれうる。

　もともと、「憲法前文」を根拠に、「全世界の国民」が「ひとしく恐怖……から免かれ」る「権利」を有すると定めていることから、出入国管理と難民認定にあたっての法務大臣の裁量を制約する可能性を示唆する見解があった[61]。また、「憲法 98 条 2 項」の国際法の遵守規定から「政治犯罪人不引渡し原則」と「ノン・ルフールマン原則」がすでに「国際慣習法」となっていることから、憲法上の庇護権を導く見解もある[62]。とはいえ、（亡命権の名の下の）庇護権（亡命者もしくは難民が保護を与えられる権利）は、憲法の明文規定がないことから、憲法上の保障ではなく、立法政策上の問題であり、庇護権の付与を立法上規定することは違憲ではないが、憲法上の保障を消極的

61）樋口、2021、186 頁。
62）小林、1994、17 頁。

に考える消極的否定説が支配的であるといわれる[63]。

　しかし、今後は新たに、憲法13条が「生命、自由及び幸福追求」の権利と「個人の尊重」を保障していることに着目する必要がある。ノン・ルフールマン原則や補完的保護が自由権規約6条の「生命」に対する権利、同7条の「拷問または残虐な、非人道的なもしくは品位を傷つける取扱いもしくは刑罰を受けない」「自由」を恣意的に奪われないことから導かれるように、「拷問及び残虐な刑罰」を禁止する憲法「36条と結びついた13条」から非人道的なもしくは品位を傷つける取扱いの禁止が導かれる[64]。また、「居住、移転」の自由を定める憲法「22条1項と結びついた13条」から恣意的に退去強制されない権利のコロラリー（論理的帰結）としてノン・ルフールマン原則や補完的保護が導かれる[65]。退去強制後の迫害によって、「生命、自由及び幸福追求」の権利が侵害されないために、追放・送還を禁止すべく立法上最大の尊重を必要とすることを憲法13条は要請している。また、同条は「個人の尊重」を定めていることから、人道ないし人間の尊厳に反する取扱いの禁止を要請する。

　かつて、裁判所も、人道的な在留特別許可の根拠として憲法の前文と憲法13条を明示したことがある。たとえば、法務大臣の在留特別許可の「裁量も全く無制限なものではなく、それが著しく人道に反するとか、甚しく正義の観念にもとるというような例外的な場合には、日本国憲法前文および13条の趣旨に鑑み、裁量権の逸脱ないし濫用があつたものとして取消しの対象となるものといわなければならない」と判示したことがある[66]。憲法98条2項の条約誠実遵守義務などから求められる「人権条約適合的解釈」からすれば[67]、日本が締結している難民条約33条1項、拷問等禁止条約3条または強制失踪条約16条に基づいて、人種・宗教・国籍・特定の社会集団の構成員性・政治的意見を理由に「生命」または「自由」が脅威にさらされたり、拷

63）水鳥、2015、426-427頁。
64）近藤、2020、111頁。
65）同、276頁。
66）札幌地判1974（昭和49）年3月18日判時734号12頁。
67）近藤、2020、1、5-7頁。

問または強制失踪のおそれがあったりする国に退去強制されない権利が保障されるだけでなく、自由権規約 6 条または 7 条に基づいて、広く内戦・災害・死刑なども含む多様な理由により「生命」または「自由」が脅威にさらされるおそれがある場合にも、退去強制されない権利が、「居住、移転」の「自由」を定める日本国憲法「22 条 1 項と結びついた 13 条」に基づいて保障されるべきである。単に 13 条の「生命、自由及び幸福追求」の権利を明示するだけでなく、「居住」の自由と結びつく「融合的保障」により、「生命」または「自由」が脅威にさらされる者に「居住」の権利を保障する難民認定または在留特別許可による恣意的な退去強制禁止の具体像が明らかになる。庇護権の明文規定をもたない日本国憲法にあっても、憲法「22 条 1 項と結びついた 13 条」が、個人の請求権としての庇護権を保障していると解しうるのである。加えて、この庇護権の保護の内容としては、憲法 22 条 1 項所定の「職業選択の自由」も認められるべきである。

　一方、入管法は、難民条約 33 条 1 項、拷問等禁止条約 3 条 1 項および強制失踪条約 16 条 1 項に該当する者については、迫害のおそれがある国への送還を禁止する旨を規定している（53 条 3 項）。しかし、在留特別許可を認める事由としては明示されていない。入管法 50 条 4 項の「その他法務大臣が特別に在留を許可すべき事情があると認めるとき」の考慮事項として、2006 年に策定され、2009 年に改訂された法務省の「在留特別許可に係るガイドライン」では、在留特別許可の許否の判断要素として「人道的な配慮の必要性」を掲げ、「積極要素」として「その他人道的配慮を必要とするなど特別な事情があること」を挙げている。

　他方、2014 年の第 6 次出入国管理政策懇談会・難民認定制度に関する専門部会の「難民認定制度の見直しの方向性に関する検討結果（報告）」において、「新しい形態の迫害」に対応すべく「補完的保護」を含む的確な庇護の推進が提言された。また、2020 年の第 7 次出入国管理政策懇談会「収容・送還に関する専門部会」の報告書「送還忌避・長期収容問題の解決に向けた

---

68) 同、276 頁。
69) 同、9-10 頁。

提言」においても、改めて上記の的確な庇護のための在留特別許可の付与が提言されている。しかし、在留特別許可は、退去強制の禁止と一定の就労や教育の権利保障にとどまるものである。

　そこで、今後は、消極的な保護の具体化として、入管法 50 条に「拷問または残虐な、非人道的なもしくは品位を傷つける取扱い、強制失踪、その他、生命または自由が脅威にさらされるおそれがあるとき」の在留特別許可条項を明文化することが次善の策といえる。[70] 最善の策は、入管法に難民認定とも、在留特別許可とも違う、やや積極的な保護としての「補完的保護」の規定を新設して、難民に準じた定住支援プログラム（日本語教育・社会講習・就労支援）を個人のニーズに合わせた形で受けることができる体制を整備することが望まれる。新たな人生設計に不可欠なこうしたプログラムは、「幸福追求」の権利を定める憲法 13 条の保護領域であるだけでなく、「職業」を通じた自己実現の権利を保障する憲法「22 条 1 項と結びついた 13 条」が強く要請している。また、この補完的保護の対象には、送還不能な無国籍者も加えることが望ましい。[71]

70）なお、子どもの権利条約 3 条の子どもの最善の利益および自由権規約 23 条の家族結合の権利から、子どものいる長期滞在家族の在留特別許可をガイドラインではなく、入管法自体に定めるべきである。
71）近藤、2019、280-288 頁。

第6章

自由権規約9条と恣意的な収容の禁止、同7条と品位を傷つける取扱いの禁止

1. 日本が批准している人権条約と国際慣習法

　国際人権法には、人権諸条約と国際慣習法がある。日本は、主要な人権条約の多くは批准している。しかし、いずれの条約も、国連の条約機関に個人通報するための選択議定書を批准していないため、条約上の人権侵害を個人が条約機関に訴えることができないという問題がある。また、外国人の人権を念頭に置いた、移住労働者権利条約も批准していないという問題もある（ただし、同条約には、2023年2月10日現在、58カ国が締約国であるものの、一般に移民送出国が加盟しており、いわゆる先進国といわれる経済協力開発機構〔OECD〕加盟国のうち、メキシコ、チリ、コロンビアといった中南米の3カ国とトルコだけが締約国であるにすぎないというのが現状である）[1]。

　もっとも、移住労働者権利条約を持ち出さなくても、（法的拘束力をもたない）世界人権宣言のかなりの規定や、（法的拘束力のある）人権諸条約が定めている多くの規定が、国際慣習法を形成しているといわれることも多い。そこで、日本が批准している条約と国際慣習法をもとに議論することが有益と思われる。なぜならば、日本国憲法98条2項は「日本国が締結した条約及び確立された国際法規は、これを誠実に遵守することを必要とする」と定めているので、日本が締結した人権条約と確立された国際法規、すなわち国際

---

1) UN Human Rights Office of the High Commissioner, Ratification of 18 International Human Rights Treaties（https://indicators.ohchr.org/, 2023年2月10日閲覧）.

慣習法を誠実に遵守する義務が憲法上あるからである。確立された国際法規とは、国際慣習法をさす[2]。

国際慣習法（ないし慣習国際法）とは、国際司法裁判所規程 38 条 1 項 b にて「法として認められた一般慣行の証拠としての国際慣習」と表現されている。したがって、国際慣習法の成立には、「一般慣行」（客観的要件）と、その慣行が義務となっているとの「法的信念」（主観的要件）の 2 つの要件を必要とする[3]。もっとも、今日、国家数の増加とともに客観的要件の緩和がみられるとともに、より認定が容易な国連総会の宣言決議などで主観的要件を認定する傾向にあるという[4]。

日本は、個人通報制度のための選択議定書を批准していないので、日本で起きた条約違反を個人が自由権規約委員会などの国連の条約機関に通報することはできない。定期的に行われる政府の報告書に対する総括所見において懸念や勧告が示され、中には、勧告に従って、法改正や実務を見直すこともあるが、自由権規約委員会の勧告などは、法的拘束力をもつものではないと考えられている。個人通報の場合は、委員会の「見解」において条約違反が示された場合には、救済措置をとったかどうかについて 6 カ月以内に書面で提出する義務が締約国に課されている。

一方、恣意的収容（拘禁）の事例に関する調査を任務とする専門家の作業部会（ワーキング・グループ）である「恣意的収容（拘禁）作業部会（Working Group on Arbitrary Detention）」は、各種の作業部会の 1 つとして、すでに 1991 年に人権委員会の中に設置され、人権委員会が 2006 年に人権理事会に改組されてからは、人権理事会の決議に基づき設置されている。恣意的拘禁作業部会は、その調査の一環として個人通報を受理してきた。自由権規約委員会などへの個人通報と異なり、条約に基づく個人通報ではないため、個人通報を定める当該条約の締約国であることも、国内的救済手段を尽くすことも、要件とされていない[5]。

2）佐藤、1984、1287 頁。
3）岩沢、2020、55-56 頁。
4）森川・佐藤、2014、31 頁。
5）村上、1994、48 頁、髙尾、2021、90 頁。

　この恣意的拘禁作業部会に対して、東日本入国管理センターで長期収容され、ハンガーストライキを行っていた外国籍の難民申請中の男性2名が、2020年4月9日に個人通報を行った。日本の入管収容について作業部会が意見を採択するのは、これがはじめてである。恣意的拘禁作業部会は、2名の収容が恣意的拘禁に該当し、自由権規約9条等に違反するという「意見」を採択した[6]。2018年2月28日に入国管理局長の「被退去強制令書発付者に対する仮放免措置に係る適切な運用と動静監視強化の更なる徹底について」[7]という指示において「仮放免を許可することが適当とは認められない者は、送還の見込みが立たない者であっても収容に耐え難い傷病者でない限り、原則、送還が可能となるまで収容を継続し送還に努める」方針が示され、仮放免が認められにくくなり、収容が長期化した。このため、2019年5月から先の見えない無期限収容の中で、ハンガーストライキを行う被収容者が増えた。そして同年6月には、長期収容に抗議してハンガーストライキを行っていたナイジェリア人男性が入管収容施設において餓死するという痛ましい事件が起きたことも、2人の個人通報の背景としている[8]。

　そこで、本章では、第1に、恣意的な収容禁止原則が、国際慣習法であることを確認し、恣意的な収容禁止の内容を整理しておこう。第2に、恣意的作業部会の「意見」をみながら、国際人権法上の日本の入管収容の問題を検討しよう。第3に、収容代替措置としての「仮放免」の問題点、および2021年5月に廃案となった入管法等改正案における「収容に代わる監理措置」の問題点もみることにしよう。その際、国際人権法上の問題点を憲法上、どのようにみることができるかという問題についても検討したい。また、仮放免者の権利についても考察する。

6）Working Group on Arbitrary Detention, 2020.
7）法務省管警第43号（2018〔平成30〕年2月28日）。
8）駒井、2020、40-41頁。

2. 恣意的な収容禁止原則

　恣意的な収容の禁止は、国際慣習法といわれる[9]。恣意的な収容の禁止は、多くの条約に法典化されている十分な根拠のある国際慣習法である[10]。

　自由権規約9条1項は「何人も、恣意的に逮捕され、または収容されない」と定めている[11]。また、子どもの権利条約37条(b)は「いかなる子どもも、不法にまたは恣意的にその自由を奪われない」と定める。さらに、移住労働者権利条約16条4項は「移住労働者とその家族は、単独にも集団的にも、恣意的に逮捕または収容されることはなく、また、法律で定める理由および手続によらない限り、その自由を奪われない」と定める。

　国連総会は、当該条約の締約国であるか否かにかかわらず、すべての国に「非正規移民の過度の収容を避けるために、必要な収容期間を審査し、代替収容を採用すること」を繰り返し表明している[12]。2018年の日本も賛成した国連移住グローバルコンパクトの目標13でも確認されているように、「移民の収容については最後の手段としてのみ利用し」、国家の収容に関する裁量は、主に3つの制約が課されている。

　第1に、収容は法律に従ってなされなければならない。このことは、法の支配に内在する法的安定性の一般原理を反映し、すべての人権条約に定められている。非正規移民の収容が国内法の手続に従うだけでなく、すべての

---

9) Human Rights Council, Report of the Working Group on Arbitrary Detention, U.N. Doc. A/HRC/22/44 (2012), para. 43; Martin, *et al.*, 2006, pp. 265-266; de Londras, 2011, p. 51; Wong, 2015, No. 963-996; Gwangndi, 2015, p. 213; Hannum, 1996, pp. 305-306; Burton and Goldstein, 1993, pp. 71, 86.

10) Chetail, 2019, p. 133; American Law Institute, 1987, §702.

11) 入管収容に対しても、9条2項が理由を告げられる権利、同4項が裁判所の審査を受ける権利、同5項が賠償を受ける権利を定めている。

12) UNGA Res 63/184 (17 March 2009) UN Doc GA/RES/63/184, para. 9; UNGA Res 70/147 (25 February 2016) UN Doc GA/RES/70/147, para. 4(a). 国連移住グローバルコンパクトについては、参照、https://japan.iom.int/sites/g/files/tmzbdl2136/files/2021-07/GCM_180711_final_Japanese_kariyaku.pdf（2023年3月10日閲覧）。

恣意の危険を避けるために国内法が十分にアクセス可能であり、明確でなければならない。

　第 2 に、恣意的な収容の禁止は、自由の剥奪には合理性、必要性、比例性が必要であると一般に理解されている[13]。たとえば、収容の必要性は、逃亡のおそれや（パスポートを廃棄するなど）協力を欠くような場合をさし[14]、こうした理由なしに収容することは恣意的となる[15]。無期限収容は、恣意的であり[16]、長期の収容も比例性を欠き、恣意的である[17]。比例性の一般原理として、自由と安全の権利を侵害することなしに、入管政策の遵守という同じ目的を達成する上で、報告義務を課したり、保証人やその他の条件を付したりする、より制限的でない収容に代替する手段がとれないかを検討することが必要である[18]。

　第 3 に、収容の適法性に関する裁判を受ける権利は、確立した国際慣習法である[19]。裁判所の審査は、国内法上の適法性だけでなく、国際法に従って、収容の合理性、必要性、比例性を審査すべきである[20]。

　なお、自由権規約委員会は、一般的意見 24 において、恣意的な収容の禁止など国際慣習法に相当する規定は、留保の対象とはならないという[21]。その他、被収容者が領事にアクセスする権利も、国際慣習法である。また、収容に際しては、国際慣習法である拷問・非人道的な・品位を傷つける取扱いの禁止を守って、人間の尊厳を尊重する必要がある[22]。したがって、日本でも、退去強制令書による無期限収容や、在留資格のない者の在留活動禁止を収容

---

13) HRC, MMM *et al.* v. Australia (2013), para. 10.3; HRC, X v. Republic of Korea (2014), para. 10.3.

14) HRC, MGC v. Australia (2015), para. 11.6 では、逃亡のほか、他者への犯罪の危険、国家の安全へのリスクがある場合も挙げている。

15) HRC, A v. Australia (1997), para. 9.4.

16) Human Rights Council, A/HRC/7/4, para. 52.

17) Chetail, 2019, p. 135.

18) HRC, C v. Australia (2002), para. 8.2.

19) Human Rights Council, A/HRC/7/4, para. 67.

20) Chetail, 2019, p. 137.

21) 自由権規約委員会・一般的意見 24（1994 年）8 段落。

22) Chetail, 2019, p. 137.

目的とする「全件収容主義ないし原則収容主義」を改め、仮放免において就労も生活支援も認めない、品位を傷つける取扱いをやめるべきである。

3. 恣意的拘禁作業部会の「意見」

恣意的拘禁作業部会（以下、作業部会）は、作業方法（A/HRC/36/38）に従い、2020年4月9日、Deniz Yengin および Heydar Safari Diman に関する通報を日本政府に送付した。政府は、同年7月8日、この通報に対して回答し、作業部会は、同年9月28日に意見を公表した。

作業部会は、5つの場合に、身体の自由の剥奪を恣意的なものとみなすが、日本の個人通報者の場合、第1類型と第4類型にあたると申し立てられた。しかし、作業部会は、第1類型と第4類型だけでなく、独自の判断により第2類型と第5類型にも該当する旨の判断を行っている。

第1類型とは、身体の自由の剥奪を正当化する法的根拠を見い出すことが明らかに不可能な場合である。入管収容は、合理性、必要性および比例性がある場合に認められる。しかし、両名に対し、収容の理由も収容の期間も告知せず、2週間ないしそれ以上の一時的な仮放免を許可した後に再収容を繰り返したことは収容の必要性と合理性を欠き、入管法が事実上の無期限収容を認めていることは、「恣意的な収容」を禁止する自由権規約9条1項に反する。また、両名は、裁判所において収容の合法性を争う機会を認められていないので、「収容の合法性の裁判所による審査」を定めた同条4項に反する。したがって、法的根拠を欠く恣意的な収容であるので、第1類型に該当すると判断された。[23]

第2類型とは、身体の自由の剥奪が、世界人権宣言7条、13条、14条、18条、19条、20条および21条、ならびに締約国が関係する限りにおいては、自由権規約12条、18条、19条、21条、22条、25条、26条および27条によって保障されている権利または自由の行使に起因する場合である。両名は、世界人権宣言14条の定めている庇護を求める権利を行使しており、

23）Working Group on Arbitrary Detention, 2020, paras. 3, 76-82.

「逃亡の個別的な蓋然性、他者に対する犯罪の危険、国家の安全に反する行為の危険といった個人特有の特別な理由のない[24]」両名の収容は、恣意的であり、第 2 類型に該当する。[25]

　第 4 類型とは、庇護希望者、移民または難民が、行政上または司法上の審査、または救済を受ける可能性のないまま、長期間の行政収容を受けている場合である。両名は、5 年または 4 年半も収容されていたにもかかわらず、裁判所に収容の適法性を争う機会が与えられず、収容に対する定期的な司法審査も行われていない。したがって、「裁判所による効果的な救済を受ける権利」を定める世界人権宣言 8 条、「恣意的な収容」禁止を定める同 9 条、「効果的な救済措置を受ける」権利を定める自由権規約 2 条 3 項、および「恣意的な収容」禁止を定める自由権規約 9 条に反し、両名の収容は、第 4 類型に該当する。[26]

　第 5 類型とは、身体の自由の剥奪が、出生、国籍、民族もしくは社会的出身、言語、宗教、経済状況、政治的もしくはその他の意見、性別、性的指向、障害、その他の地位に基づく差別を理由とする国際法違反を構成するものであって、その目的または結果において人の平等を無視することになる場合である。日本政府が庇護希望者である両名の非正規滞在という入管法上の地位だけを理由として収容したことは、「平等」を定める自由権規約 26 条に反し、第 5 類型に該当する。[27]作業部会は、2018 年に「移住者の自由の剥奪に関する改訂審議結果第 5 号」を公表しており、そこでは、「身体の自由は基本的人権であり、市民権、国籍または在留資格にかかわらず、移民および庇護希望者を含むすべての人に対し、時と状況を選ばず常に保障されなければならない」という。[28]非正規滞在者を原則として収容することが、外国人の在留についての公平な管理であるとする日本政府の平等観と、在留資格

24）自由権規約委員会・一般的意見 35（2014 年）18 段落。

25）Working Group on Arbitrary Detention, 2020, paras. 3, 84-86.

26）*Ibid.*, paras. 3, 89-92.

27）*Ibid.*, paras. 3, 94-97.

28）Working Group on Arbitrary Detention, 2018, Revised Deliberation No. 5 on deprivation of liberty of migrants, para. 7.

の有無にかかわらず、身体の自由を平等に保護する国際人権法上の平等観の違いがみてとれる。[29]

4. 裁判所による収容の適法性の審査

　自由権規約9条4項は「逮捕または収容によって自由を奪われた者は、裁判所がその収容が合法的であるかどうかを遅滞なく決定すること、およびその収容が適法的でない場合にはその釈放を命ずることができるように、裁判所において手続をとる権利を有する」と定めている。本項の理解が、日本政府と作業部会では異なっている。日本政府（外務省）により、本項の「収容（detention）」は、「抑留」と訳されており、日本国憲法34条の「何人も、理由を直ちに告げられ、且つ、直ちに弁護人に依頼する権利を与えられなければ、抑留又は拘禁されない。又、何人も、正当な理由がなければ、拘禁されず、要求があれば、その理由は、直ちに本人及びその弁護人の出席する公開の法廷で示されなければならない」という規定が想起されたものと思われる。憲法の「拘禁されず」という部分の公定英訳は、nor shall he be detained であり、「収容（detention）」は、「拘禁」と同義に用いられている。ただし、憲法34条は、直接には、刑事収容に関する刑事手続の規定と考えられ、入管収容などの場合に理由開示の制度が保障されていないことが直ちに本条に違反するものではないと解されてきた。[30] そして「抑留」は一時的な身体の拘束、「拘禁」は継続的な身体の拘束をいうと解される。[31] おそらくは、「裁判所がその収容が合法的であるかどうかを遅滞なく決定すること」から、「抑留」段階の権利を保障する規定と判断して、「抑留」という訳語が自由権規約9条に選ばれたのであろう。刑事手続の場合は、憲法34条の「正当な理由」の告知が、たとえば、刑事訴訟法60条の定める勾留事由のように、「被告人が罪証を隠滅すると疑うに足りる相当な理由があるとき」

29）髙尾、2021、105頁。
30）佐藤、1983、551頁。
31）同、546頁。

および「被告人が逃亡し又は逃亡すると疑うに足りる相当な理由があるとき」などの実質的・合理的な理由を示すべきものと解されている[32]。

　しかし、日本政府は、憲法 34 条においても、自由権規約 9 条 4 項においても、入管収容に際して、裁判所による収容の合法性審査について無頓着である。そもそも、両規定は、沿革的にはイギリスの人身保護令状（ヘイビアス・コーパス，habeas corpus）にさかのぼることができ[33]、刑事手続のおける人身保護に限らず、行政収容を含む、不法拘禁一般の救済手段として発達したものである。そして人身保護法 2 条は、刑事手続に限らず、広く「法律上正当な手続によらないで、身体の自由を拘束されている者は、この法律の定めるところにより、その救済を請求することができる」と定めている。この規定がそのまま適用されれば、自由権規約 9 条 4 項に適合的な運用がなされうる。しかし、人身保護規則 4 条は、人身保護法の適用を「拘束又は拘束に関する裁判若しくは処分がその権限なしにされ又は法令の定める方式若しくは手続に著しく違反していることが顕著である場合」に限定しており、退去強制手続における収容に適用されることはほとんどないと指摘されている[34]。したがって、自由権規約委員会も、日本の「人身保護規則 4 条は……自由権規約 9 条に適合しない」という[35]。

　自由権規約委員会によれば、自由権規約 9 条 4 項の権利は、入管収容を含む公的な行為によるまたは公的な授権に従ったすべての収容に適用されるという[36]。そして被収容者は、その者が理解する言語で、自身の収容の適法性に関する決定を受けるための手続をとる権利があることを告げられるべきである[37]。同委員会は、日本政府の定期報告書審査に際して、「移住者が裁判所に対して訴えを提起し、自らの収容の合法性について審査を求めることが

32）同、547-548 頁。

33）同、548 頁、自由権規約委員会・一般的意見 35（2014 年）39 段落。

34）村上、1994、73 頁。

35）自由権規約委員会・日本の第 4 回定期報告書に関する総括所見（1998 年）24 段落。

36）自由権規約委員会・一般的意見 35（2014 年）40 段落。

37）同、46 段落。

できることを確保するための手段を講ずること」を勧告している。[38] 国連の恣意的拘禁作業部会によれば、遅滞なく収容の適法性に関する裁判を受ける権利は、確立した国際慣習法である。[39] 憲法98条2項は「日本国が締結した条約及び確立された国際法規は、これを誠実に遵守することを必要とする」と定めており、確立された国際法規とは、国際慣習法をさすので、遅滞なく収容の適法性に関する裁判を受ける権利は、憲法上の要請といえる。そもそも、憲法13条に基づく適正な行政手続の具体化として憲法34条の趣旨が及ぶ、ないしは類推適用を考えるのが今日の有力な見解である。[40] そこで、憲法「34条と結びついた13条」が、「恣意的な収容からの自由」を保障していることを認識し、「何人も、正当な理由がなければ、拘禁されず、要求があれば、その理由は、直ちに本人及びその弁護人の出席する公開の法廷で示されなければならない」という規定は、刑事収容だけでなく、入管収容の適法性審査を要請していることに今後は目を向けるべきである。

5. 入管法等改正案における収容に代わる監理措置の問題点

収容に代わる監理措置についても、2023年の入管法等改正案（以下、2023年改正案）52条の2は、「主任審査官」という行政機関が収容か監理措置かを決定するままである。裁判所による収容の合理性・必要性・比例性の審査は不要とされ、収容の上限期間の定めがなく、無期限収容を可能としている。このことは、国連の自由権規約委員会や恣意的拘禁作業部会の指摘にあるように、[41] 自由権規約9条1項の禁ずる恣意的な収容にあたる。無期限収容による深刻な心理的害悪は、自由権規約7条にも反する。[42] 2023年改正案52条の2では「逃亡」または「不法就労活動」をするおそれの程度その

38）自由権規約委員会・日本の第6回定期報告書に関する総括所見（2014年）19段落。
39）Human Rights Council, A/HRC/7/4, para. 67.
40）佐藤、2020、217-219、375-376頁、高橋、2020、306頁。
41）自由権規約委員会・一般的意見35（2014年）12・18段落、国連恣意的作業部会報告書（2020年）76・79・91・92・100段落。
42）HRC, F.J. *et al.* v. Australia (2013), para. 10.6.

他の事情を考慮して収容に代わる監理措置の相当性を判断する旨を定めている。この点、「国連の恣意的拘禁作業部会による意見書に対する日本政府の対応」でも、収容の必要性について、「逃亡」「証拠隠滅」だけでなく、「不法就労活動」をするおそれを考慮要素としていた[43]。しかし、自由権規約によれば「逃亡の個別的蓋然性、他者に対する犯罪の危険、または国家安全保障に反する行為の危険」といった個人特有の特別な理由がない場合は、恣意的な収容となる[44]。「不法就労活動」のおそれを考慮要素にすることは、不必要な収容を長期化させるだけである。収容の長期化を防止するためには、収容期間の上限を定め、収容の可否を裁判所が審査する制度を創設するべきである。また、監理措置の場合も、退去強制令書発付後は「報酬を受ける活動」が許可されず、生活支援も認められないのであれば、自由権規約 7 条および「拷問及び残虐な刑罰」を禁ずる憲法「36 条と結びついた 13 条」が禁止する品位を傷つける取扱いにあたる[45]。

　2023 年改正案は、収容の必要性を 3 カ月ごとに見直す制度を導入するものの、裁判所による審査ではない。また、保証金の納付の要否を事例ごとに判断する点の見直しはある。しかし、多くの課題は未解決のままである（第 13 章参照）。

6. 仮放免者の権利

　収容されなくても、正規の在留資格を認められず、仮放免の状況に置かれることは、その権利状況において大きな問題がある。就労も認めず、生活支援もせず、人をホームレスの状態に置くことが自由権規約 7 条の「品位を傷つける取扱い」違反にあたることを自由権規約委員会は、O.Y.K.A. v. Denmark (2017) で明らかにした。これは、2015 年に内戦を逃れ、ギリシア

43）出入国在留管理庁「令和 2 年 9 月 28 日付け送付の国連の恣意的拘禁作業部会による意見書に対する日本政府の対応」（2021〔令和 3〕年 3 月 30 日、https://www.moj.go.jp/isa/publications/press/05_00008.html, 2023 年 2 月 10 日閲覧）3(1)。

44）自由権規約委員会・一般的意見 35（2014 年）18 段落。

45）近藤、2020、109-111 頁。

に渡り、不法入国で逮捕され、庇護申請をしたシリア国民が、数日間の抑留後、仮放免された事例である。彼は、4カ月間自費でホステル暮らしをした後に、ホームレスとなり、（経済状況が危機的な状況にあった）ギリシア当局の支援を得ることができずに、2カ月間も路上と公園で生活をしていた。そこで、デンマークに移り、庇護申請したが、ギリシアが最初の庇護国だという理由で拒否された（この決定に異議を申し立てる中で、彼は保護者のいない未成年者がギリシアでは収容されるとの間違った情報の下、ギリシア当局に成人であると嘘の生年月日を伝えたが、出生証明書などで実際は保護者のいない未成年者であることがわかった）。ギリシアに送還されると、ホームレスの状態になる危険があるため、彼はヨーロッパ人権裁判所の判決 M.S.S. v. Belgium and Greece (2011) を援用して自由権規約 7 条違反を訴え、子どもの権利委員会の一般的意見 14「自己の最善の利益を第一次的に考慮される子どもの権利」を援用して同 24 条違反も訴えた。自由権規約委員会は、デンマーク当局が（未成年者の）彼をギリシアに送還すると、ホームレスの状態に置く「品位を傷つける取扱い」、路上で排外主義的な暴力にあう「非人道的な取扱い」の危険があるとして、自由権規約 7 条（と未成年者の保護を定める同 24 条）に反するとした。

　要するに、自由権規約委員会によれば、就労も認めず、生活支援もせず、人をホームレスの状態に置く仮放免は、「品位を傷つける取扱い」として自由権規約 7 条違反となる。同条前段は「何人も、拷問または残虐な、非人

46）アフガニスタンからギリシアを経てベルギーで難民申請をしたアフガニスタン国民がギリシアに移送された事例について、ヨーロッパ人権裁判所は、ギリシアが本気で審査せず、効果的な救済措置へのアクセスなしに、申立人にとって危険のおそれのあるアフガニスタンに送還するおそれがあるとしてヨーロッパ人権条約 3 条と結びついた 13 条に反するとし、そのようなギリシアに移送したベルギーも「非人道的な取扱い」を禁ずる同条約 3 条違反にあたる。加えて、不衛生な収容施設への収容も、ギリシア政府の不作為ゆえに仮放免後数カ月間生活必需品もない状態で路上生活の継続を余儀なくされたことも、ヨーロッパ人権条約 3 条違反とする。また、ギリシアへ移送したことで、ベルギー政府も、「品位を傷つける取扱い」に値する収容状態と生活状況に、申立人を故意に晒したので、同条約 3 条違反としている。M.S.S. v. Belgium and Greece [2011] ECHR 108.

道的なもしくは品位を傷つける取扱いもしくは刑罰を受けない」と定めている。「拷問及び残虐な刑罰」の禁止は、憲法36条が禁止をしているが、「残虐な、非人道的なもしくは品位を傷つける取扱い」の禁止に関する明文規定を憲法はもたない。しかし、刑務所に勾留中の被告人に対する両手後ろの状態で革手錠を使用したことへの国家賠償を認めた東京高裁の確定判決によれば、「憲法上も右のような取扱いが許されないことは、13条前段が『すべて国民は、個人として尊重される。』と規定し、個人の尊厳や人格の尊重を宣言していることからも明らかである」と判示している[47]。したがって、憲法13条がカバーしうる内容といえるものの、拷問に準ずる禁止規範としての具体的な内容をより明確にすべく、人権条約適合的解釈の立場からは、憲法「36条と結びついた13条」が「品位を傷つける取扱い」を禁止しており、就労も生活支援も認めず、人をホームレスの状態に置く仮放免を禁止するものと解される。

　憲法27条の「勤労の権利」については、通説・判例ともに、司法手続を通じて具体的な勤労の場の提供を国に請求できるような具体的権利性を否定しており[48]、抽象的権利説が有力である[49]。具体的権利としての憲法22条1項の職業選択の自由は、「公共の福祉に反しない限り」において保障されていることもあり、それ単独では、仮放免者の就労権を保障するものとは解されていない。ただ、憲法は、前文において、「全世界の国民」が「ひとしく恐怖と欠乏から免かれ」る「権利」を有すると定めているので、（職業選択の自由の）「22条1項と結びついた13条」（の「個人」の「尊重」と「生命、自由及び幸福追求」の権利についての国政上「最大の尊重」の必要）が、仮放免者の就労権を保障するものと解しうる。

　また、「すべての者が到達可能な最高水準の身体および精神の健康を享受する権利を有する」と社会権規約12条1項は、定めている。社会権規約委員会によれば、健康への権利を尊重する義務として、国は受刑者、収容者、

47）東京高判1998（平成10）年1月21日判時1645号67頁。
48）佐藤、1983、462頁、佐藤、2000、410頁、東京地判1952（昭和27）年7月24日。
49）野中ほか、2012、523-524頁〔野中〕。

マイノリティ、庇護希望者および非正規移民を含むすべての人に、予防的・治療的健康サービスへの平等なアクセスを拒否または制限することを控える義務がある[50]。さらに、「この規約の締約国は、社会保険その他の社会保障についてのすべての者の権利を認める」と社会権規約9条は、規定する。社会権規約委員会によれば、外国人は、所得補助、医療および家族支援への負担可能なアクセスのための無拠出の制度にアクセスが可能であるべきである。受給期間を含め、いかなる制限も比例的かつ合理的なものでなければならない。あらゆる人は、自らの国籍、在留資格にかかわらず、一次医療および緊急医療（emergency medical care）を受ける権利がある[51]。そして、日本は批准していないものの、移住労働者権利条約28条では、「移住労働者とその家族は、その国の国民と平等に処遇されることを基本にして、生命の維持と回復しがたい健康被害の防止のために緊急に必要とされる医療を受ける権利を有する。救急医療は、その者の在留または就労が非正規であるという理由で拒絶されてはならない」と定めている。

　日本国憲法は、健康を享受する権利も、緊急医療を受ける権利についても、明文規定をもたない。ただし、憲法25条1項が「健康で文化的な最低限度の生活を営む権利」を保障しており、健康を享受する権利のかなりの部分は、同項が保障するものと解しうる[52]。一方、非正規滞在者の緊急医療を受ける権利については、2001年の宋訴訟最高裁判決が、交通事故で頭蓋骨骨折等の重傷を負ったオーバーステイの中国国籍者に対する治療費等を生活保護法の医療扶助の対象とすることをしりぞける判決の中でつぎのようにいっている。憲法25「条の趣旨にこたえて具体的にどのような立法措置を講ずるかの選択決定は立法府の広い裁量にゆだねられていると解すべきところ、不法

50）社会権規約委員会・一般的意見14（2000年）34段落。

51）同・一般的意見19（2007年）37段落。

52）社会権規約12条が明示的に保障する権利は、日本国憲法25条、13条よりも広いが、憲法98条2項および「当事国は、条約の不履行を正当化する根拠として自国の国内法を援用することができない」と定める条約法条約27条に照らし、社会権規約12条の権利も日本国内において保障されなければならないとある。宮崎編、1996、82頁〔上柳〕。憲法の人権条約適合的解釈は、憲法「25条と結びついた13条」との融合的保障のうちに、そうした保障を行うものである。

残留者を保護の対象に含めるかどうかが立法府の裁量の範囲に属することは明らかというべきである。不法残留者が緊急に治療を要する場合についても、この理が当てはまるのであって、立法府は、医師法 19 条 1 項の規定[53]があること等を考慮して生活保護法上の保護の対象とするかどうかの判断をすることができるものというべきである。したがって、同法が不法残留者を保護の対象としていないことは、憲法 25 条に違反しないと解するのが相当である」という[54]。ここでは、憲法 25 条は、外国人の人権享有主体性を否定しないものの、広い立法裁量の下、非正規滞在者に緊急医療の権利を認めないことも合憲とされた。その根拠として、広い立法裁量を認めた**堀木訴訟最高裁判決**[55]や、外国人に対する憲法の基本的人権の保障は権利の性質で判断するものの在留制度のわく内で与えられているにすぎないとした**マクリーン事件最高裁判決**[56]などが援用されている。

　しかし、社会権規約 12 条の健康を享受する権利はすべての者が有しており、およそ生命にかかわる負傷や疾病に関しては自由権規約 6 条の生命権の観点からも、必要に応じて医療サービスを非正規滞在者も受けられる仕組みを整備すべきであろう[57]。自由権規約委員会は、Toussaint v. Canada (2018) において、画期的な意見を示している。生命への権利は「尊厳ある生活を享受する権利と同様に、不自然な死または早すぎる死をもたらすことを意図し、または期待しうる行為および不作為から解放される個人の権利」にかかわる。「医療を受けないことが、生命の喪失をもたらしうると合理的に予見できるリスクに人をさらす場合に、既存の医療へのアクセスを提供すること」は、

---

53) 医師法 19 条 1 項の「診療に従事する医師は、診察治療の求があつた場合には、正当な事由がなければ、これを拒んではならない」とある医師の応召義務を引き合いに立法政策に委ねるが、応召義務は医師の責任を明確にする趣旨のものであり、国家による人権保障とは異なるレベルの問題である。国京、2016、13 頁。また、患者が非正規滞在者であり、治療費を受け取れないおそれがあるというだけでは、拒む正当事由とはなりえない。

54) **宋訴訟**・最判 2001（平成 13）年 9 月 25 日判時 1768 号 47 頁。

55) **堀木訴訟**・最大判 1982（昭和 57）年 7 月 7 日民集 36 巻 7 号 1235 頁。

56) **マクリーン事件**・最大判 1978（昭和 53）年 10 月 4 日民集 32 巻 7 号 1223 頁。

57) 申、2016、75-76 頁。

締約国の最低限の義務である。難民・難民申請者・被収容者・人身取引被害者を対象とする「暫定連邦医療給付プログラム」の医療から非正規滞在者を排除することは、その「生命の喪失または健康に不可逆的な悪影響を及ぼす可能性」があり、同医療給付プログラムの加入にとって、在留資格の有無が合理的かつ客観的な基準に基づくものではない。したがって、同6条および同26条に反するとした。[58]

　一方、日本では、社会福祉法2条3項9号・法人税法施行規則6条4号に基づく無料低額医療制度は、国籍や在留資格の有無にかかわらず、生計困難者が経済的な理由により必要な医療を受ける機会を制限されることのないよう無料または低額な料金で診療を受けられる制度である。もっとも、事前の申請・面談・決定の手続を必要とするので、救急医療などには適用できない。救急医療の場合は、生活保護法類似の医療扶助制度が必要である。

　憲法13条は「生命」の権利について、「最大の尊重」の必要を定めており、憲法「25条と結びついた13条」が、非正規滞在者も含むすべての人の「緊急医療を受ける権利」ないし「緊急の医療扶助を受ける権利」を保障していることに、今後は目を向ける必要がある。憲法25条の生存権については裁判規範性を否定するプログラム規定説も当初みられたが[59]、最近の通説的見解は、憲法25条の生存権が生活保護法などにより具体化され、保護基準が最低限度の生活水準を下回る場合は違憲となり[60]、具体化された給付とその水準を正当な理由なく廃止・後退させる場合は違憲となるといった、抽象的権利説である。これに対して、国の不作為の違憲確認[62]や具体的な金銭給付を裁判上求めることも可能とする具体的権利説もあり[63]、後者は特に給付請求権説とも呼ばれる。一方、憲法13条を幸福追求権として説明するのではなく、「生命」という権利内容の独自性に注目する学説も、有力となりつ

58）HRC, Toussaint v. Canada (2018), paras. 11.3, 11.8, 12.
59）法学協会編、1953、488-489頁。
60）芦部、2019、279-280頁。
61）佐藤、2020、402頁。
62）大須賀、1984、71頁。
63）棟居、1995、167頁。

つある。そこで、生存権の憲法「25 条と 13 条」の生命権を結びつけることによって、生命維持に必要な緊急の医療扶助の給付請求権が保障されることが明確になる。

　なお、くも膜下出血で緊急入院した留学生の手術費のため生活保護の医療扶助の支給を認めなかった 1995 年のゴドウィン訴訟神戸地裁判決では、「憲法並びに経済的、社会的及び文化的権利に関する国際規約、市民的及び政治的権利に関する国際規約等の趣旨に鑑み、さらに、健康で文化的な最低限度の生活を営む権利が人の生存に直接関係することをも併せ考えると、法律をもって、外国人の生存権に関する何らかの措置を講ずることが望ましい。特に、重大な傷病への緊急治療は、生命そのものに対する救済措置であるから、国籍や在留資格にかかわらず、このことが強く妥当する」との判断を示している。緊急の医療扶助について、外国人であるからという理由で扶助の対象とならないとするのは困難だろうとの有力な見解もある。このゴドウィン訴訟でも、宋訴訟でも、原告側は、憲法 13 条の生命権に基づく訴えをしていなかった。今後、緊急の医療扶助を受ける権利については、憲法 25 条の生存権とともに憲法 13 条の生命権を結びつけた理論構成が望まれる。

　同様に、憲法「25 条と結びついた 13 条」が、仮放免者が就労できない場合の社会扶助を受ける権利を保障する。「個人」として尊重され、「生命」維持に必要な「健康で文化的な最低限度の生活を営む権利」が保障されるべきである。また、同様の内容は、憲法「36 条と結びついた 13 条」が「品位を傷つける取扱い」を禁止しており、就労も生活支援も認めず、人をホームレスの状態に置く仮放免を禁止していることからも保障される。

　日本における長期の仮放免者には、2 つのタイプがある。1 つは、難民申請が認められず、在留特別許可も認められないものの、本国での非人道的な取扱いをおそれて帰国しない人である。もう 1 つは、家族結合等の理由で日本を離れることを望まない人である。日本では、正規の在留資格をもたない人は、一般に就労が認められず、医療は実費で受けることができるとして

64）山内、2003、13-15 頁。
65）佐藤、2020、167 頁。

も、国民健康保険などの医療保険には加入できない（ただし、無料低額診療
事業を受ける可能性はある）。生活保護などの社会扶助の受給も認められない。

　このような正規の在留資格をもたない人々の就労、医療、社会扶助などの
人権保障について、ドイツやスウェーデンでは、どのようになっているのか
をみてみよう。

　ドイツでは、外国人の滞在・就労・統合法（以下、滞在法）が、退去強制
の一時的停止としての「Dulding（猶予ないし滞在許容）」を定めており、日本
の仮放免との対比が興味深い。猶予には、権利的な猶予と裁量的な猶予の2
種類ある。まず、権利的猶予として、退去強制は、（パスポートの紛失、輸送
手段の利用不可、出身国での入国拒否、病気で旅行不能、心的外傷後ストレス障
害〔PTSD〕など）事実上の理由、または（家族生活の権利、日取りが差し迫っ
た結婚、妊婦、両親から引き離されない子どもの権利、ドイツで生まれ形式的な
母国と関係がない者、親族の介護、裁判や行政手続中の者など）法律上の理由に
より不可能であり、かつ、在留許可が付与されていない間は停止しなければ
ならない。また、刑事裁判に必要な情報をもっている場合も退去強制は停止
される。ついで、裁量的猶予として、（治療継続、出身国でできない手術、ド
イツ人や正規滞在者との差し迫ってはいない結婚、重病の家族の介護、わずかに
残った学年の修了など）人道的または個人的な緊急の理由、あるいは実質的
な公共の利益のために猶予されることがある（60a条2項）。[66]

　就労について、就労手続令32条により、3カ月の猶予または滞在後、就
労が認められうる。ただし、滞在法により、庇護申請者給付法の給付目的
の入国、自己の責めに帰す理由での不退去、安全な出身国、身元不明の場
合は、就労が認められない（60a条6項・60b条）。一方、いわゆる「訓練猶
予（Ausbildungsduldung）」では、難民不認定者や猶予された者は、3年間
の職業訓練中は就労可能であり、学んだ職に就けば、さらに2年間の就労
が可能となる（60c条）。そして「就労猶予（Beschäftigungsduldung）」によ
り、2018年8月1日までに入国し、すでに就労している者とそのパート

---

66) Hofmann (ed.), 2016, pp. 945-952 [Bruns], Bergmann and Dienelt (eds.), 2022, §60a
　　Rn. 22-44 [Dollinger].

ナーは、1年以上猶予され、社会保険対象の雇用に1年半以上従事し、生計要件、十分なドイツ語の会話能力、公安要件、学齢期の子の就学証明、統合講習[67]に自己の責任で脱落していないことなどを要件に、2年半の猶予が認められ、迅速に在留が許可される（60d条）。また、猶予の状態が長く続く者は、25a条が「統合された青少年の在留特別許可（Aufenthaltsgewährung bei gut integrierten Jugendlichen und Heranwachsenden）」を定めており、4歳以後継続的に退去強制が猶予され、ドイツの学校に4年以上就学または修学した、21歳未満の生計要件と公安要件を満たす外国人には、在留を許可する。さらに、25b条が「持続可能な統合の場合の在留特別許可（Aufenthaltsgewährung bei nachhaltiger Integration）」を定めており、8年（未成年の子と同居する場合は6年）以上居住し、生計要件と公安要件を満たし、ドイツの法制度の知識とA2[68]以上のドイツ語の会話能力をもち、学齢期の子どもの就学証明ができる外国人には、在留を許可する。

　医療について、歯科治療も含め、病気や痛みの改善、軽減のために必要な給付が行われる。病気の予防と早期発見のために、予防接種と予防検診も行われる。インプラントは、医療上の理由から延期できない場合にのみ提供される（4条1項）。

　社会扶助について、猶予された者も、庇護申請者給付法に基づく給付を受ける（1条1項4号）。食事、住居、暖房、衣服、健康維持、日用品、消耗品を賄うための給付を受ける（3条1項）。受入施設[69]に宿泊する場合は、主として現物給付を受けるが（3条2項）、個人的なニーズを賄うための金銭給付の月額は、6歳未満が143ユーロ、14歳未満が162ユーロ、18歳未満が213ユーロ、親と同居する25歳未満が162ユーロ、その他の成人が182ユーロ、親と住んでいない未成年者が202ユーロである（3a条）自己の責に

---

67) 2015年11月から、在留許可の見込みがあれば、統合講習を利用できるようになった。

68) ヨーロッパ言語共通参照枠におけるA2のレベルでは、ごく基本的な個人情報や家族情報、買い物、地元の地理、仕事など、直接に関係がある文やよく使われる表現が理解でき、身近で日常の簡単な事柄について単純で直接的な情報交換に応じることができる。

69) 外出は自由。

帰すべき事由により国外退去ができない場合は、食事、暖房を含む住居、身体・健康管理の必要性に応じてのみ支給される（1a 条 1 項）。18 カ月後、（日本の生活保護に相当する）社会法典の社会扶助に準じた給付を受ける（2 条 1 項）。2012 年に連邦憲法裁判所が、庇護申請者給付法の給付水準は、社会的法治国家を定めるドイツ基本法 20 条 1 項と結びついた同 1 条 1 項の人間の尊厳に基づく「人間の尊厳に値する最低生活の保障を求める基本権」に反するとしたので、金銭給付額は、社会扶助の場合の約 40% の水準から約 90% の水準に引き上げられた。[70][71]

スウェーデンでは、庇護申請が不許可となった人でも、職に就いていれば就労が認められ、医療を受けることができ、社会扶助を受けることもできる。

就労について、まず、庇護希望者等受入法により、出入国庁は、庇護希望者等に、スウェーデン語講習、宿泊施設の経営その他の滞在を有意義にするために寄与する活動に参加する機会を与えることにより、適切な雇用を提供する（4 条）。[72] 4 条の活動に参加する外国人は、労働者とみなし、外国人が参加する活動の責任者には労働環境法の規定が適用される（5 条）。住宅手当、日当、特別手当は、外国人が導入手当を受けることができる労働市場政策プログラムに参加している期間には支給されない場合がある（8 条）。庇護希望者等受入法（Lag om mottagande av asylsökande m.fl.）の頭文字をとった LMA カードが難民申請者には交付され、身元が明らかであり、申請が適法で、退去強制令が出ていなければ、就労が認められる。そこで難民申請が不許可であっても、過去 4 カ月同じ職に就き、協定が締結されている職に通算で 12 カ月以上就いており、健康保険、災害保険、年金にも加入していることを条件に労働許可が認められる。パートタイムで働いている場合は、月収が 1 万 3000 クローナ以上であることが条件である。[73]

---

70) BVerfGE 132,134.

71) 渡辺、2015、71-72 頁。

72) SFS 1994:137. 庇護希望者等とあるのは、難民、補完的保護、一時保護その他の一時的な滞在許可の申請者を含むからである（1 条）。

73) 出入国庁の HP（https://www.migrationsverket.se/English/Private-individuals/Working-in-Sweden/Employed/If-you-are-in-Sweden/Asylum-seekers-who-have-a-job.html,

　医療については、「許可なくスウェーデンに居住している人の医療に関する法」により[74]、18 歳以上の非正規滞在者の医療は、（難民申請者と同程度の医療と歯科治療の）先延ばしにできない治療、周産期医療、人工妊娠中絶の治療、避妊カウンセリング（7 条）、介護（8 条）および健康診断（10 条）を提供する。18 歳未満の子どもの医療は、地域の住民と同程度の医療を提供する（6 条）。緊急医療を受ける権利とは、「先延ばしにできない治療（vård som inte kan anstå）」を意味する点には注意を要する。そこには、救急治療、救急治療以上の治療、治療の遅れが重大な影響を及ぼす可能性のある病気や怪我の治療、対症療法、より手厚い治療を避けるための治療、精神医療を含む治療のフォローアップ、トラウマなどの特別なニーズをもつ人への治療を含むと保健福祉庁の HP では解説されている[75]。医者の診療と薬の処方には 50 クローナ、看護師やセラピストの診療には 25 クローナを払う、交通費や薬代を含め半年で 400 クローナを超えた分は出入国庁で返金される[76]。労働許可を認められた人は、通常、職場の医療保険を国民と同等の水準で認められる。

　社会扶助については、難民申請者は、生計を自弁できない場合は、財政支援を受けることができる。日当は、食事付きの宿舎の場合、成人が 24 クローナ、同居の成人が 19 クローナ、子どもが 12 クローナ、食事なしの宿舎の場合、成人が 71 クローナ、同居の成人が 61 クローナ、3 歳以下が 37 クローナ、10 歳以下が 43 クローナ、17 歳以下が 50 クローナである。住宅手当は、月額で、家族用が 950 クローナ、単身用は 350 クローナである。冬服、眼鏡、サプリメント、障碍者用機器、子ども用品など特別なニーズに応じた特別手当もある。難民申請者の社会扶助は、スウェーデン国民に対す

　2023 年 2 月 10 日閲覧）

74）SFS 2013: 407.

75）保健福祉庁の HP（https://vardgivarguiden.se/administration/patientadministration/patientavgifter/asyl_utan_tillstand/asylsokande/artiklar/vard-som-inte-kan-ansta/, 2023 年 2 月 10 日閲覧）

76）ECRE, 2020, p. 77.

る社会扶助よりかなり少なく、半分近い額となっている[77]。難民申請が最終的に不許可となった時には、社会扶助を受ける権利は消滅するが、新たな審査を出入国庁や裁判所が受理し、退去強制が執行できないときは、社会扶助を受ける権利は消滅せず（11条）、たとえば、成人の場合の61クローナが42クローナに減額される[78]。非正規滞在者にあっても、社会サービス法4章1条に基づく「他の手段を利用しても自力で適切な生活をおくることができない場合」の援助を受ける権利は否定されず、申請があれば市町村が調査・決定する。たとえば犯罪行為のため精神療法が必要で退去強制ができないという緊急状況を回避する範囲に限って、緊急援助を受ける権利があると最高行政裁判所は判示している[79]。

　なお、庇護申請が認められなくても、事情によって退去強制が「猶予」される資格により就労を認める国としてドイツの他に、チェコ、ギリシア、ポーランド、ルーマニア、スロバキアがあるという[80]。一方、医療については、EUの帰還指令[81]14条1項(c)において、自主出国期間中または送還停止中の者には、緊急医療と病気の不可欠な治療を提供する締約国の義務が定められている。フランスでは、3カ月以上の居住を条件に国家医療扶助が非正規滞在者の緊急医療だけでなく通常の医療サービスにも適用される[82]。イタリアでは、「人の生命を脅かすことなく先延ばしできないケア」としての緊急医療を非正規滞在者にも保障している[83]。アメリカでは、非正規滞在者には、緊急時の医療の公的扶助は認められる[84]。他方、医療扶助を除く社会扶助は、フランス、イタリアでは非正規滞在者には認められておらず、アメリカは州

77）ECRE, 2020, pp. 69-70. 出入国庁のHP（https://www.migrationsverket.se/English/Private-individuals/Protection-and-asylum-in-Sweden/While-you-are-waiting-for-a-decision/Financial-support.html, 2023年2月10日閲覧）
78）ECRE, 2020, p. 70.
79）生活保護問題対策全国会議編、2022、102-103頁〔高田〕。HFD 2018 ref. 39.
80）Schoukens and Buttiens, 2017, p. 323.
81）Directive 2008/115/EC.
82）生活保護問題対策全国会議編、2022、90-91頁〔稲葉〕。
83）同、96-97頁〔奥貫〕
84）同、112頁〔木下〕。

により補足的栄養支援や女性乳幼児特別栄養補助事業が認められるにすぎない[85]。

　日本の仮放免者は、退去強制令書に基づく収容の仮放免であれば就労は禁止され、生活保護も、健康保険の適用もない。また、入管庁によれば、禁止が図られる在留活動とは、入管法別表第1の下欄に掲げる活動および第2の下欄に掲げる身分または地位を有する者としての活動をさすようである。しかし、たとえば、日本人の配偶者等や永住者の配偶者等の場合、配偶者や子としての活動は、自由権規約17条の「家族」生活の権利、同23条の「家族」の「保護を受ける権利」「配偶者の権利」「子どもに対する必要な保護」によって保障されていることに留意する必要がある。また、家族生活の尊重と子どもの最善の利益の尊重は、「家族」の権利を保障する憲法24条と結びついた憲法13条が「個人」の「権利」の「最大の尊重」を定めていることからも導かれるものである。したがって、こうした憲法の保障に反しない限りでの制約が配偶者や子としての活動に課せられるにすぎないことを踏まえた対応が必要である。

---

85) 同、90-91〔稲葉〕、93-95〔奥貫〕、109-112頁〔木下〕。

第 7 章

自由権規約 12 条 4 項と
自国に入国する権利・在留権

1. 入国の自由・在留権の根拠規定

　憲法上（実際には、憲法が規定していないので、国際慣習法上）、外国人には入国する自由や在留権（在留し続ける権利）は保障されておらず、日本人の配偶者や特別永住者（当時の協定永住者）の再入国の自由も保障されていないとするのが判例の立場である（マクリーン事件、森川キャサリーン事件、崔善愛事件）。

　一方、人権条約上、入国の自由は、自由権規約 12 条 4 項において、「何人も、自国に入国する権利を恣意的に奪われない」と定められている。ただし、「自国に戻る権利」と訳している政府訳は、新規に入国する権利や自国に在留する権利など多様な側面を含んでいることを見落としがちである。近年、国連の自由権規約委員会は、「『自国』という言葉は、長期の在留期間、密接な個人的・家族的つながり、在留目的、その種のつながりが他のどこにもないことなどの考慮を促す」との新しい判断を示し、同項の自国に入国する権利から「一定の外国人」の在留権を導き、退去強制を違法としている。

　同様の「自国に入国する権利」や「在留権」を憲法解釈上導くこともできるものと思われる。本章では、出入国の自由、居住移転の自由をめぐる事例をもとに、憲法と人権条約の整合的な解釈や入管法制のあり方を検討する。

2. （日本国民の場合の）外国旅行の自由の根拠規定と制限

(1) 外国旅行の自由の憲法上の根拠規定

　まず、外国旅行（海外渡航）の自由についての根拠は、居住・移転の自由を定めた憲法 22 条 1 項に求めるか、「外国に移住」する自由を定めた同 22 条 2 項に求めるか、人格の自由な発展を含む同 13 条の幸福追求権に求めるのかは、学説が分かれている。

　第 1 に、短期的な外国旅行は、「移転」に含めるのが適当とするのが憲法 22 条 1 項説の立場である。しかし、同 22 条 2 項が外国移住の自由として国外への移動を定めていることからすれば、同 1 項の居住・移転の自由は、日本国内での居住・移転を保障する権利と解すべきであり、国外移動を含まないとする批判がある。この批判は、自由権規約 12 条 1 項・2 項と照らし合わせると、一見、整合的に見えなくもない。同 1 項が「合法的にいずれかの国の領域内にいるすべての者は、当該領域内において、移動の自由および居住の自由についての権利を有する」と定め、同 2 項が「すべての者は、いずれの国（自国を含む。）からも自由に離れることができる」と定めている。同様に、憲法 22 条 1 項が国内移動、同 2 項が国外移動を定めるものと解することもできなくはない。ただし、憲法 22 条 1 項には、自由権規約 12 条 1 項のような「領域内」といった国内移動を明示する明文規定がない点からは、批判の無理を指摘できよう。

　第 2 に、上記の批判をもとに、通説[1]、判例[2]は、憲法 22 条 2 項説の立場

---

1) 芦部、2019、240 頁。

2) **帆足計事件**・最大判 1958（昭和 33）年 9 月 10 日民集 12 巻 13 号 1969 頁。1952 年に、元参議院議員の帆足計がモスクワで開催される国際経済会議に出席するための旅券を請求したところ、外務大臣により旅券の発給が拒否された事件。「憲法 22 条 2 項の『外国に移住する自由』には外国へ一時旅行する自由を含むものと解すべきであるが、外国旅行の自由といえども無制限のままに許されるものではなく、公共の福祉のために合理的な制限に服するものと解すべきである。……旅券法 13 条 1 項 5 号が、……公共の福祉のために合理的な制限を定めたもの」として合憲とした。初期の公共の福祉による紋切型の先例であり、今後は、比例原則に照らして、制約の適合性、必要性、狭

である。これは、「外国」への移動の共通性に着目している。たしかに、自由権規約 12 条 2 項のような国から離れる、出国という用語ならば、短期的な外国旅行も含めることに難はない。しかし、「移住」というのは、長期的な移動を意味する用語であり、短期的な外国旅行を含めるのは無理があると批判されている。

　第 3 に、憲法の明文の規定のない権利は、憲法 13 条の幸福追求権がカバーするという憲法 13 条説がある。この点、参考になるのは、国内での移動の自由を定めるドイツ基本法 11 条が外国旅行の自由を含まず、「人格の自由な発展」を定める同 2 条 1 項が外国旅行の自由の根拠規定としたドイツ連邦憲法裁判所の判決である[3]。しかし、憲法 22 条が、本来は、人の移動の自由をカバーする規定であり、海外旅行の自由が人格の自由な発展の要素を備えていることを理由に、憲法 13 条だけを根拠規定とすることは憲法全体の整合的な解釈において十分ではないように思われる。

　第 4 に、そこでむしろ、自由権規約との整合的な憲法解釈をするのであれば、憲法「22 条と結びついた 13 条」が外国旅行の自由を保障すると解釈するのが適当であろう。本来、外国旅行（海外渡航）の自由は、後述する出国の自由と再入国の自由をともに含む性質のものである。実は、憲法 22 条の規定が、外国旅行の自由を定めているかどうかが不明確なことの主要な原因は、出国の自由と再入国の自由の明文規定を欠く点にある。「すべての者は、いずれの国（自国を含む。）からも自由に離れることができる」と定める自由権規約 12 条 2 項の出国の権利は、短期の国外滞在とやや長く延長された国外滞在（たとえば、旅行、訪問、仕事や会議への参加、短期留学・研究・就労などの目的のための外国旅行の自由）と国籍の離脱の有無にかかわらない長期の出国（移住の自由）の両方をカバーする[4]。自由権規約委員会によれば、「本項は外国旅行のみならず、永久的移住のために国を離れる場合をも規定するものである」といい、「何人も、自国に入国する権利を恣意的に奪われ

　義の比例性が判断されるべきである。
3) BVerfGE 6, 32 (1957). 参照、田口、2003、42-46 頁。
4) Schabas, 2019, p. 309.

ない」と定める自由権規約 12 条 4 項は、「自国を離れた後に帰国する権利を含む」という[5]。したがって、出国の自由と再入国の自由の根拠規定を検討することで、おのずと海外旅行の自由の根拠も明らかとなる。

　出国の自由は、憲法 22 条 2 項の「外国に移住」する自由と結びついた 13 条が保障し、再入国の自由は、憲法 22 条 1 項の「居住、移転」の自由と結びついた 13 条が保障するものと考えられる。より詳しくは、憲法 22 条 2 項の「移住」という長期的な出国にとどまらず、短期的な出国も含む、「出国の自由」は、憲法「22 条 2 項と結びついた 13 条」が保障する。また、憲法 22 条 1 項の「居住、移転」の自由という、国内での住所の選定・移動にとどまらず、自国を離れた後に帰国して居住する自由も含む、再入国の自由は、憲法「22 条 1 項と結びついた 13 条」が保障する。そこで、出国し、再入国する、海外旅行の自由は、憲法「22 条と結びついた 13 条」が保障すると考えるのが適当であろう。

(2) 旅券法による制限の合憲性

　つぎに、日本の判例上の重要な問題は、外国旅行の自由を制限する、旅券法 13 条 1 項 5 号（現行 7 号）の合憲性である。そこでは、一定の犯罪行為などのほかに「著しく、かつ、直接に日本国の利益又は公安を害する行為を行うおそれがあると認めるに足りる相当の理由がある者」は、外務大臣が旅券の発給を拒否することができると定めている。

　第 1 に、多数説である違憲説によれば、このような「漠然かつ不明確な基準」による規制は、外務大臣の自由裁量により、外国旅行の自由といった憲法上の権利を奪うものであり、文面上違憲となる[6]。しかし、海外渡航の自由は精神的自由そのものではなく、合理的範囲で政策的制約を受けることもあるので、文面上違憲とするよりも、むしろ、害悪発生の相当の蓋然性がないのに、旅券発給を拒否するときは、適用違憲となりうるとする方が適当

---

5) 自由権規約委員会・一般的意見 27 (1999 年) 14、19 段落。
6) 宮沢、1974、389-340 頁。

とする有力な見解もある。[7]

　第2に、合憲限定説によれば、外国旅行の性質上、国際関係の見地から特別の制限が可能であるとするものの、一定の犯罪行為に限定して、合憲限定解釈を施す[8]。しかし、犯罪行為とは別に、たとえば、エボラ出血熱のようにワクチンがまだつくられていない特定の感染症が流行している地域への渡航制限など、公共の安全を理由とした制約は認められる余地があるものと思われる。

　第3に、合憲説によれば、犯罪行為に限らず、「国家の安全保障」という立法目的と合理的に関連する行為を政策的に判断して旅券の発給を外務大臣が拒否することは合憲となり、裁判所の審査は目的と手段との合理的関連性の有無で足りるとする[9]。しかし、「日本国の利益」という表現は、外務大臣の恣意的な運用を許す、非常に広範な概念であり、「国家の安全保障」という特定の国益の目的との合理的関連性を審査するのであれば、合憲限定解釈を施す必要があろう。また、目的と手段との合理的関連性の審査では十分ではない。自由権規約委員会のいうように、外国旅行の自由を含む出国の自由の制限は、「比例原則に適合するものでなければならない。すなわち、制限は目的達成のために適切なものでなければならず、目的を達成する手段のうち最も非侵害的な手段でなければならず、さらに達成される利益と比例するものでなければならない」[10]。なお、自由権規約12条3項は、移動の自由・居住の自由、および出国の自由は「法律で定められ、国家の安全、公の秩序、公衆の健康もしくは道徳または他の者の権利および自由を保護するために必要であり、かつ、この規約において認められる他の権利と両立するものである場合を除いて、制限できない」と定めている。自由権規約が用いる「必要」という要件は、客観的な最低基準に従うものであり、この基準が守られているかどうかの判定基準は、比例原則により審査される[11]。

---

7) 伊藤、1995、366頁。
8) 佐藤、1983、399頁。
9) 河原、1957、37頁。
10) 自由権規約委員会・一般的意見27（1999年）14段落。
11) Schabas, 2019, p. 317.

　第 4 に、そこでむしろ、「日本国の利益」を「国の安全」の意味に限定する合憲限定解釈を施した上で、国および公共の安全の目的に照らし、旅券の発給拒否という手段の適合性、必要性、狭義の比例性を審査する比例原則により、合憲・違憲を判断することが適当と思われる。この場合の限定合憲説は、従来の第 2 説と区別すべく、「比例原則説」と呼ぶことにする。より制限的でない他の手段が存在したり、侵害の不利益の方が大きいと思われる旅券発給拒否は、適用違憲となる。

3. （外国人の場合の）入国の権利・在留する権利・恣意的に退去強制されない権利・再入国の権利

⑴ 入国の自由

　外国人の入国の自由は、通説・判例によれば、憲法 22 条 1 項の居住・移転の自由には含まれないのであって、国際慣習法上と同様、憲法上も保障されておらず、国家の自由裁量による[12]。最高裁は、中国人の密入国者に関する林栄開事件において、「憲法 22 条 1 項には、何人も公共の福祉に反しない限り居住・移転の自由を有する旨規定し、同条 2 項には、何人も外国に移住する自由を侵されない旨の規定を設けていることに徴すれば、憲法 22 条の右の規定の保障するところは、居住・移転及び外国移住の自由のみに関するものであって、それ以外に及ばず、しかもその居住・移転とは、外国移住と区別して規定されているところから見れば、日本国内におけるものを指す趣旨であることも明らかである。そしてこれらの憲法上の自由を享ける者は法文上日本国民に局限されていないのであるから、外国人であっても日本国に在ってその主権に服している者に限り及ぶものであることも、また論をまたない。されば、憲法 22 条は外国人の日本国に入国することについてはなにら規定していないものというべきであって、このことは、国際慣習法上、外国人の入国の許否は当該国家の自由裁量により決定し得るものであって、特別の条約が存しない限り、国家は外国人の入国を許可する義務を負わ

12）芦部、2019、95 頁。

ない」と判示した。[13]

　今日、この特別の条約として、域内の自由移動を定めた EU 条約などの他にも、難民条約、拷問等禁止条約、強制失踪条約および自由権規約などに基づくノン・ルフールマン原則がある。難民条約 33 条 1 項、拷問等禁止条約 3 条、強制失踪条約 16 条および自由権規約 6 条・7 条によれば、生命または自由が脅威にさらされたり、拷問、強制失踪および非人道的取扱いが行われるおそれのある国に、追放することができない。したがって、条約締結国である日本は、事実上、入国を許可する義務を負う。ドイツ基本法 16a 条のように「政治的に迫害されている者は、庇護権を有する」といった庇護権の明文規定をもたない日本国憲法にあっては、後述するように、「恣意的に退去強制されない権利」として、「憲法 21 条 1 項と結びついた 13 条」が保障する。

　また、入国の自由は、「何人も、自国に入国する権利を恣意的に奪われない」と定める自由権規約 12 条 4 項に定められている。「自国に入国する権利（the right to enter his own country）」を「自国に戻る権利」として訳している政府訳は、[14] 再入国の自由の側面を想起させるのには適当であるが、この権利には、新規に入国する権利や後述する自国に在留する権利など多様な側面を含んでいることに注意する必要がある（たとえば、子どもの権利条約 10 条 2 項の政府訳は、「……締約国は、児童及びその父母がいずれの国（自国を含む。）からも出国し、かつ、自国に入国する（enter their own country）権利を尊重する……」とある。おそらくは、ここでは国外で生まれた日本国籍の子どもが日本に新規に入国することも想定して訳したのであろう）。[15] また、「自国に入国する権利」について、自由権規約委員会は、つぎのようにいう。

---

13) **林栄開事件**・最大判 1957（昭和 32）年 6 月 19 日刑集 11 巻 6 号 1663 頁。

14) たしかに、世界人権宣言 13 条 2 項は「すべて人は、いずれの国（自国を含む。）からも出国し、かつ、自国に戻る（return to his country）権利を有する」として、出国の自由と帰国の自由を定めている。また、人種差別撤廃条約 5 条(d)項 (ii) も、平等な市民的権利として同じ規定を置いている。

15) 障害者権利条約 18 条(d)の政府訳は、「自国に戻る権利（right to enter their own country）」と訳している。

「人が自国に入国する権利を有するということは、人とその国との間に特別の関係が認められるということである。この権利には多くの側面がある。これは自国に在留する権利（the right to remain）があることを含意する」。したがって、つぎの在留する権利との相関関係がある。

(2) 在留する権利

　日本の判例上、在留する権利が問題となったのは、**マクリーン事件**最高裁判決である。すなわち、「憲法 22 条 1 項は、日本国内における居住・移転の自由を保障する旨を規定するにとどまり、外国人がわが国に入国することについてはなんら規定していないものであり、このことは、国際慣習法上、国家は外国人を受け入れる義務を負うものではなく、特別の条約がない限り、外国人を自国内に受け入れるかどうか、また、これを受け入れる場合にいかなる条件を付するかを、当該国家が自由に決定することができるものとされていることと、その考えを同じくするものと解される（中略）。したがって、憲法上、外国人は、わが国に入国する自由を保障されているものでないことはもちろん、所論のように在留の権利ないし引き続き在留することを要求しうる権利を保障されているものでもないと解すべきである」という[17]。

　この点、「特別の条約がない限り、外国人を自国内に受け入れるかどうか、……当該国家が自由に決定することができる」と明記しているが、この特別な条約の 1 つとして、「何人も、自国に入国する権利を恣意的に奪われない」と定める自由権規約 12 条 4 項があることにも留意する必要がある。

　もっとも、マクリーン事件は、アメリカ国民が英語教師として 1 年間日本に在留し、在留期間の更新を申請したところ、別の英語学校への転職とベトナム反戦等の政治活動にかかわったことを理由として、法務大臣が在留期間の更新を不許可とした事例である。こうした短期の在留者が、日本を「自国」とみなし、自由権規約 12 条 4 項を根拠に「在留する権利」を主張できるわけではない。

16）前述の林栄圓事件最高裁判決。
17）**マクリーン事件**・最大判 1978（昭和 53）年 10 月 4 日民集 32 巻 7 号 1223 頁。

むしろ、同事件 1 審判決が指摘したように、「転職およびいわゆる政治活動の実体が、なんら在留期間の更新を拒否すべき事由に当たらないのに、著しくこの点の評価を誤つたもので、……裁量の範囲を逸脱する違法の処分である」点が問題となる[18]。本質的には、政治的意見・信条を理由とする差別の有無が、出入国の公正な管理の目的と在留期間更新拒否の手段との比例性の審査の下に判断されるべき事例といえよう。

　マクリーン事件最高裁判決の最大の問題点は、以下の部分にある。すなわち、「外国人の在留の許否は国の裁量にゆだねられ、わが国に在留する外国人は、憲法上わが国に在留する権利ないし引き続き在留することを要求することができる権利を保障されているものではなく、ただ、出入国管理令上法務大臣がその裁量により更新を適当と認めるに足りる相当の理由があると判断する場合に限り在留期間の更新を受けることができる地位を与えられているにすぎないものであり、したがつて、外国人に対する憲法の基本的人権の保障は、右のような外国人在留制度のわく内で与えられているにすぎないものと解するのが相当」という[19]。しかし、この判決の論理は、入管法を憲法よりも上位の規範とするものであり、入管法に基づく法務大臣の裁量は、憲法に定める人種・性・信条などの差別を許してもよいことになる。法務大臣の政治信条に反する「外国人の行為が合憲合法な場合でも、法務大臣がその行為を当不当の面から日本国にとって好ましいものとはいえないと評価」する信条差別を許す論理となっていることに留意すべきである。

(3) 恣意的に退去強制されない権利

　入国の自由が認められないことと、他の基本的人権の保障のために、在留の許否の裁量が制約されることとは、別問題である。この点、自由権規約委員会によれば、「規約は、締約国の領域に入りまたは居住する外国人の権利を認めていない。何人に自国への入国を認めるかを決定することは、原則としてその国の管轄事項である。しかしながら、差別禁止、非人道的な取扱

18）マクリーン事件・東京地判 1973（昭和 48）年 3 月 27 日判時 702 号 46 頁。
19）同・最大判 1978（昭和 53）年 10 月 4 日民集 32 巻 7 号 1223 頁。

いの禁止、または家族生活の尊重の考慮などの一定の状況において外国人は、入国または居住に関連する場合においてさえ規約の保護を享受することができる。入国の同意は、たとえば、移動、居住および雇用に関する条件を付して与えられる場合がある。……しかし、外国人は、ひとたび締約国の領域に入ることを認められると、条約で定められた権利を享受することができるのである。……13条は、追放手続のみを直接規律するにすぎず、追放の実体的根拠を規律していない。しかし、『法律に基づいて行われた決定によって』のみ行われることを認めることにより、その目的が恣意的な追放を阻止することにあることは明らかである」[20]。また、自由権規約委員会は、「自由権規約13条の手続上の保障は、同14条にも反映されているデュー・プロセスの概念を包含している」ともいう[21]。こうした自由権規約の解釈を理解する上では、日本国憲法31条が「何人も、法律の定める手続によらなければ」と規定しているうちに、「法律で定められた手続の適正」と「法律で定められた実体規定の適正」を読み込む通説的な憲法解釈が参考になる[22]。自由権規約13条の追放は、法律に基づいて行われれば、常に正当化されるのではなく、差別禁止、非人道的な取扱いの禁止、家族生活の尊重に反することなく、「恣意的」でない適正な追放手続に基づく必要があり、その適正さは、目的と手段の合理性・必要性・比例性といった「比例原則」によって判断することになる。また、強姦や強制的な不妊手術や持参金が少ないことによる殺人などの「ジェンダーに特有な理由を根拠として提出することができる権利」を退去強制への抗弁として外国人女性に認めるべきであり、これらは非人道的な取扱いの禁止を定める自由権規約7条からも導かれる[24]。

　日本においても、たとえば、在留を特別に認めない法務大臣の裁量について、家族の結合の権利（自由権規約：B規約23条）や子どもの最善の利益（子どもの権利条約3条）なども考慮しながら、権利の制約が正当化されうる

20）自由権規約委員会・一般的意見15（1986年）5・6・10段。
21）自由権規約委員会・一般的意見32（2007年）62段落。
22）芦部、2019、252-253頁。
23）自由権規約委員会・一般的意見28（2000年）17段落。
24）Joseph and Castan, 2013, para. 13.06.

かどうかを審査する必要が問題となる。この点、下級審の判例では、日本人の配偶者の退去強制について「真意に基づく婚姻関係について実質的に保護を与えないという、条理及びB規約23条の趣旨に照らしても好ましくない結果を将来するものであって、社会通念に照らし著しく妥当性を欠くものといわなければならない」と判示している[25]。ここでは、比例原則という言葉を用いていないものの、「著しく妥当性を欠く」という判断のうちに狭義の比例性の審査と類似の視点が認められる。ついで、子どものいる長期滞在家族の退去強制についての**アミネ・カリル事件**では「2歳のときに来日し、10年以上を日本で過ごした原告長女……のこれまで築き上げてきた人格や価値観等を根底から覆すものというべきであり、……子どもの権利条約3条の内容にかんがみれば、この点は、退去強制令書の発付に当たり重視されるべき事情であるといえる。……原告ら家族が受ける著しい不利益との比較衡量において、本件処分により達成される利益は決して大きいものではないというべきであり、本件各退去強制令書発付処分は、比例原則に反した違法なものというべきである」と判示している[26]。ここには、比例原則が明示され、子どもの最善の利益の考慮の重要性が説かれている。

　裁判所のとるべき比例原則の審査内容は、行政実務のガイドラインを参考にしつつ、人道的配慮の内容をより明確にすべく、自由権規約26条の差別禁止、同7条の非人道的な取扱いの禁止、難民条約33条1項および拷問等禁止条約3条などのノン・ルフールマン原則を参照する必要がある。たとえば、大阪高裁の確定判決では、難民申請したミャンマー国民に対する難民不認定および退去強制令書発付については、「『政治的意見を理由に迫害を受けるおそれ』がある難民の場合に、特別在留許可を認めず、本国への送還を原則とする退去強制令書の発付の前提となる本件退去強制裁決を行うことは、拷問等禁止条約3条（ノンルフールマン原則）等の趣旨からも、裁量権の逸脱ないし濫用に該当し、違法といわざるを得ない」と判示している[27]。

25）東京地判 1999（平成11）年11月12日判時1727号94頁。
26）**アミネ・カリル事件**・東京地判 2003（平成15）年9月19日判時1836号16頁。
27）大阪高判 2005（平成17）年6月15日判時1928号29頁。

　そもそも、在留する権利、すなわち日本に居住する権利は、憲法 22 条 1 項とまったく無関係なのであろうか。居住・移転の自由の内実が、住所選択の自由であるとしても、日本に生活の本拠（住所）を定めている者が、本人の意思に反して、退去強制されることは、住所選択の自由を制約する行為である。「居住の自由」とは「恣意的に住居の選択を妨害されない権利」を意味する。一方、憲法 22 条 1 項には、「領域内」に居住の自由を限定する規定もなく、「何人も」という規定は、非正規滞在者を除外する規定でもない。他方、「恣意的に退去強制されない権利」を憲法 22 条 1 項・2 項は、必ずしも明示していない。そこで、この権利は、憲法「22 条 1 項と結びついた 13 条」が保障しているものと解することが適当であろう。たとえばドイツの場合、「すべてのドイツ人」は、「連邦の全領域において移動の自由を有する」と基本法 11 条が定めているため、外国人の「滞在権」は、（日本国憲法 13 条の幸福追求権に相当する）基本法 2 条 1 項の「人格の自由な発展」から導かれる。ドイツ連邦憲法裁判所は、退去強制に際しては比例原則に照らし、たとえば、パレスチナ学生連盟に属する 2 人の医学生をテロ行為への協力の疑いに基づく退去強制令は、資格を取得するまでドイツに滞在しなければならない 2 人の被る侵害と比べて比例的ではなく、疑いがあるからといって退去強制をすることは正当化されない（1 人の配偶者はドイツ国民であるので 6 条 1 項の婚姻の保護をも侵害する）と判示している[28]。日本の裁判所も、退去強制に関する人権制約の合憲・違憲を判定する憲法上の比例原則を意味する「公共の福祉に反しない限り」国政上最大の尊重を必要とすることに留意して、憲法「22 条 1 項と結びついた 13 条」における「恣意的に退去強制されない権利」の保障が問題とされるべきである。

(4) 再入国の自由

　外国人の海外旅行の自由は、出国の面で問題がないとすれば、この場合の出国は、帰国を前提とするので、再入国の自由が問題となる。とりわけ、日本人の配偶者や日本に永住する権利をもつ在日韓国・朝鮮人の出国を許可し

28）BVerfGE 35, 382 (1973).

ながら、再入国を拒否することが問題となった。

　判例は、当初、憲法22条が海外旅行の自由を認めることから、外国人にも再入国の自由を認めた下級審判決がある。在日朝鮮人の祝賀行事参加のための北朝鮮訪問に対して旧出入国管理令26条1項により再入国許可を認めなかったことを違法とした**北朝鮮祝賀団再入国事件**の東京地裁判決では、「憲法22条は、何人も、公共の福祉に反しない限り、居住、移転の自由を有し、海外移住する自由を侵されない旨を規定しているが、その趣旨からみて、そのなかには、一時的海外旅行の自由（渡航の自由）を含むと解すべきであり」、「渡航の自由は、日本人のみならず日本国に在留するすべての外国人にとつても基本的な人権であるから」、「日本国の利益又は公安を害する行為を行うおそれのある者でない限り、いずれの国向けの再入国であっても許可せらるべきであり、その国が日本国の政府によって承認されているか否かによって再入国の許否が左右さるべきではない」とある。この高裁判決も、同様に、「日本国国民の基本的自由権の一つである一時的海外旅行の自由は、憲法第22条第1項によって保障されると解する（同条第2項によるとしても公共の福祉による制限をうけると解する限りは結論において等しい。）が、日本国の領土内に存住する外国人は、日本国の主権に服すると共にその身体、財産、基本的自由等の保護をうける権利があることは、明らかであるから、日本国民が憲法第22条第1項（または第2項）によって享受すると同様に、公共の福祉に反しない限度で海外旅行の自由を享有する権利があるといつてよい（同条項が在留外国人に対しても直接適用があると解すればなおさらのことである。）」と判示した。ただし、最高裁は、祝賀行事が終わっているので、訴えの利益なしとして却下している。

　しかし、指紋押捺を拒否した日本人の配偶者であるアメリカ人の**森川キャサリーン事件**以後、憲法上、外国人の再入国の自由は否定され、自由権規約（B規約）12条4項の「自国に戻る権利」の解釈が重要な争点となってい

29）前掲の海外旅行の自由をめぐり旅券法の規定を合憲とした帆足計事件・最高裁判決。
30）北朝鮮祝賀団再入国事件・東京地判1968（昭和43）年10月11日判時531号3頁。
31）同事件・東京高判1968（昭和43）年12月18日判時542号34頁。
32）同事件・最判1970（昭和45）年10月16日民集24巻11号1512頁。

る。1 審判決によれば、「原告は、我が国が批准した国際人権規約 B 規約 12
条 4 項は『何人も、自国に戻る権利を恣意的に奪われない。』と規定してい
るが、同項の『自国』の解釈は、国際連合における審議において、草案段階
の『国籍国』が『自国』に変更された経過を踏まえるならば、『国籍国』に限
定すべきではなく、これに加えて、永住資格を有して定住している外国人及
びこれに準ずる者にとっての定住国を含むと考えるべきであり、このことは、
憲法 22 条の解釈に際しても十分配慮されるべきであると主張する。……し
かしながら、同条 2 項が、『すべての者は、いずれの国（自国を含む。）から
も自由に離れることができる。』として、自国民及び外国人の出国の自由を
規定しているのに対し、同条 4 項は文言上自国民のみの入国の自由を保障
していること、国際慣習法上外国人には入国の自由が認められていないこと
からすると、同項の『自国』の解釈としては、戸籍というような統一籍を備
えていない国はともかくとして、我が国のように国籍・戸籍という統一籍を
備えている国においては、『国籍国』を意味するものと解さざるを得ないか
ら、右条項を根拠として、在留外国人に再入国の自由が憲法上保障されてい
るものとすることはできない」としている[33]。2 審判決も、ほぼ同様に、訴
えをしりぞけている[34]。最高裁判決は、この点の判断なしに、ただ「我が国
に在留する外国人は、憲法上、外国へ一時旅行する自由を保障されているも
のでないことは」、密入国を違法とした**林栄開事件**最高裁判決および在留権
を否定した**マクリーン事件**最高裁判決の「趣旨に徴して明らかである」とい
うだけである[35]。しかし、入国の自由と再入国の自由は、事案が異なり、在
留権という名の居住の自由とも再入国の自由は、事案が異なるので、先例の
趣旨からは、必ずしも、明らかとはいえないものと思われる。

　その後も、指紋押捺を拒否した協定永住者の在日韓国人ピアニストのアメ
リカ留学に際しての再入国不許可処分を適法とした。**崔善愛事件** 1 審判決
は、自由権規約（B 規約）12 条 4 項の制定時の審議において、「『国籍国』に

33）**森川キャサリーン事件**・東京地判 1986（昭和 61）年 3 月 26 日判時 1186 号 9 頁。

34）同事件・東京高判 1988（昭和 63）年 9 月 29 日判タ 689 号 281 頁。

35）同事件・最判 1992（平成 4）年 11 月 16 日裁判所ウェブサイト。

限定しようとする意見の国が明確に『国籍国』との用語をもって表現しようとしたのに対し、『定住国』を含ませようとする意見の国は、『永久的住居』を有する国との表現を加えようとした結果、妥協として世界人権宣言第13条第2項（『すべて人は、自国その他いずれの国をも立ち去り、及び自国に帰る権利を有する。』）に使われている『自国』の用語に落ち着き、結局、国際連合総会で採択された時には、『自国』の用語に定住国を含ませるものとして右条項が確立したのであるから、そう解釈すべきであるとの見解を発表している者もあることを認めることができるけれども、……国際連合の審議において、当時国が『自国』に『定住国』の意味をも与える意図があったとすれば、『定住国』又は『永久的住居』という用語の定義付け、永住資格の要否、国籍国と定住国とが異なる場合の扱いなどの事情について、当然、審議がなされてしかるべきであろうと思われるが、それにもかかわらず、そのような審議がなされた跡は何も窺えない。この点から考えると、当事国において『自国』に『定住国』の意味をも与える意図があったとは到底認められないというべきである。以上のとおりであるから、国際人権規約B規約第12条第4項の規定をもって原告の協定永住資格存続を肯定することはできない」という[36]。この点については、2審判決も、ほぼ同様の内容であり[37]、最高裁判決は、この点の判断なしに、「再入国の許可を受けないまま、……本邦から出国したというのであるから、本件不許可処分の取消しを求める訴えの利益は失われたものというべきである」として、訴えをしりぞけた[38]。この点、自由権規約12条4項の解釈は、国籍国よりも広く、定住国よりも狭い、両者の中間的な見解が今日の多数説であることについては、後述する。

　なお、2審判決は、再入国拒否処分における裁量権の濫用を認め、違法と判断した。すなわち、1986年6月24日の「本件処分当時の指紋押捺制度をみると、第2回目以降の指紋押捺自体は重要性を失っていたということができること、これに対し、本件再入国許可申請が不許可になれば、控訴人は、

---

36) **崔善愛事件**・福岡地判 1989（平成 1）年 9 月 29 日判時 1330 号 15 頁。
37) 同事件・福岡高判 1994（平成 6）年 5 月 13 日判時 1545 号 46 頁。
38) 同事件・最判 2008（平成 10）年 4 月 10 日民集 52 巻 3 号 677 頁。

我が国に生まれ育ち、永住の意思が有りながら（控訴人の当審における供述）、結果的に協定永住資格を失い、法的に極めて不利な立場に立たされること、控訴人の指紋押捺を拒否した理由は、指紋押捺を含む外国人登録証に対し抱く在日韓国人の痛みを理解して欲しいとの無理からぬ願いからであって、指紋押捺拒否運動を意図したものではないこと、本件再入国許可申請の目的が控訴人としては断念できない音楽の勉強のための留学にあったこと等を考慮すると、被控訴人法務大臣の本件不許可処分は協定永住資格を喪失させる退去強制処分と実質異ならない法的不利益を控訴人に与えるもので、再度の指紋押捺拒否の点を考慮しても、本件不許可処分は、控訴人に対しては余りにも苛酷な処分として比例原則に反しており、その裁量の範囲を超え又は濫用があったものとして違法といわざるをえず、その取消しを免れないものである」という[39]。ここでは、再入国不許可処分という手段の著しい不利益ゆえに比例原則違反に基づく裁量権の濫用を導く。

　しかし、訴えの利益なしとした、最高裁判決では、この点の審査をすることはなかった。「憲法 22 条 1 項と結びついた 13 条」が憲法上、公共の福祉に反しないかぎりで、自国とみなすほどに密接な関係を有する外国人の「再入国の自由」を保障しており、比例原則に照らして合憲・違憲を審査することにこれからの裁判所は、取り組む必要がある。

4. 自国に入国する権利と自国に在留する権利の関係

　人権条約において、再入国の自由の侵害は、「何人も、自国に入国する権利を恣意的に奪われない」と定める自由権規約 12 条 4 項の解釈が問題となる。この権利には、自国に在留する権利など多様な側面を含んでいることに注意する必要がある。自由権規約委員会によれば、「人が自国に入国する権利を有するということは、人とその国との間に特別の関係が認められるということである。この権利には多くの側面がある。これは自国に在留する権利（the right to remain）があることを含意する。……12 条 4 項の用語（『何人も』）

39）**崔善愛事件**・福岡高判 1994（平成 6）年 5 月 13 日判時 1545 号 46 頁。

は、国民と外国人とを区別していない。したがって、この権利を行使しうる人が誰かということは、『自国』という語句の意味をいかに解釈するかにかかっている。『自国』の範囲は、『国籍国』の概念より広い。それは正式な意味での国籍、すなわち出生によりまたは後天的に取得した国籍に限られない。それは少なくとも、当該国に対して特別の関係または請求権を有するがゆえに、単なる外国人と見なすことはできない個人を含む。このような例としては、ある国の国民が国際法に違反して国籍を剥奪された場合とか、個人の属する国籍国が他の国に併合されまたは譲渡されたが、その国の国籍を付与されなかった場合がある。のみならず、12条4項の用語によれば、それ以外の長期滞在者が含まれるとのさらに広い解釈が可能である。これら長期在留者には、在留国における国籍取得の権利を恣意的に剥奪された無国籍者も含まれるが、それに限られない。一定の状況下では、その他の要素が人と国との間の密接かつ永続的な関係を形成する場合があるので、締約国はその報告書の中に、永住者が在留国に戻る権利に関する情報を含めるべきである[40]」。

　自由権条約委員会に個人通報された Stewart v. Canada (1996) において、長期にカナダに在留するイギリス国民の犯罪に起因する退去強制により、政府の特赦がなければ再入国できなくなることは自由権規約12条4項違反に該当するのかが争われ、「自国」の解釈が問題となった。同委員会の多数意見は、「『自国』の範囲は、少なくとも、当該国に対して特別の関係または請求権を有するがゆえに、単なる外国人と見なすことはできない個人を含む。……12条4項の用語によれば、とりわけ居住国での国籍取得の権利を恣意的に剥奪された無国籍者といった、それ以外の長期滞在者も含まれるさらに広い解釈が可能である」としつつも、「本件のように、入国した国がその国籍取得を促進し、自らの意思か、国籍取得の欠格事由に該当する行為を行ったことにより、入国者が国籍を取得しないでいる場合は、自由権規約12条4項の意味での『自国』とはならない」という。そして、申立人はカナダ国籍の取得を申請したことはなく、カナダの移民法が恣意的でも、犯罪歴を理由とする国籍取得の拒否が不合理ともいえないので、カナダを申立人の「自

40) 自由権規約委員会・一般的意見 27 (1999 年) 20 段落。

国」と考えることはできず、同 12 条 4 項違反も認められないとした[41]。自由
権規約委員会のこうした「国籍取得に不合理な障害を課している場合」な
どに限定する「自国」の厳格な解釈は、Canepa v. Canada (1997)[42] および
Madafferi v. Australia (2004)[43] にも引き継がれた。

---

41) HRC, Stewart v. Canada (1996). 申立人の Stewart は、7 歳のときからカナダに住むよ
　うになったイギリス国民であり、病気の母と障害をもった兄弟と住み、離婚した妻と
　の間の 2 人の子どももカナダに住んでいる。麻薬所持や傷害や交通違反などの 42 の微
　罪により、退去強制が命じられた。退去強制されると、政府の特赦がない限り、再入
　国できず、申立人にとっては、国籍国のイギリスよりも、生涯を通じて長く（30 年以
　上も）住み、家族のいるカナダが「自国」であるので、国内裁判所の救済手続を尽くし
　たあとに、自由権規約委員会に個人通報で自由権規約 12 条 4 項などに違反すると申し
　立てた事案である。多数意見は、自国に該当しないので、同 12 条 4 項違反にはあたら
　ないとし、正当な国家利益と適切な考慮の下の退去強制は同 17 条と 23 条の家族の権
　利の侵害や恣意的な干渉にもあたらないとした。なお、「長期の居住、密接な個人的・
　家族的つながり、在留目的、（およびその種のつながりが他のどこともないこと）」を
　考慮して、同 12 条 4 項の「自国」と認定すべきという反対意見があり、この見解がの
　ちの事例で多数意見に代わっていく。また、反対意見は、申立人の犯した犯罪が退去
　強制する上で国の安全と公の秩序の真にやむをえない理由にはあたらないとして、「恣
　意的」と認定している。参照、坂元、2001、169-175 頁。
42) HRC, Canepa v. Canada (1997). 申立人の Canepa は、5 歳のときからカナダに住むよ
　うになったイタリア国民であり、弟はカナダで生まれたのでカナダ国民である。拡大
　家族の中には、イタリアに住んでいる者もいるが、イタリアとの有意義なつながりを
　感じていない。家宅侵入、窃盗、麻薬所持などの 37 の犯罪歴があり、犯罪を理由とし
　て退去強制を命じられたので、国内裁判所の救済手続を尽くしたあとに、自由権規約
　委員会に個人通報で自由権規約 12 条 4 項違反などを申し立てた事案である。カナダと
　の間の密接かつ緊密な関係があるとして自国にあたるとの少数意見があるものの、多
　数意見は、Stewart v. Canada の見解を援用して、国籍取得に不合理な障害が課されて
　いるような例外事例でなければ、入管法の下に入国し、国籍を取得せず、出身国の国
　籍を維持している場合に自国とみなすことはできないとの見解を示した。他の同 7 条
　（非人道的な取扱い禁止）、同 17 条および 23 条（家族の権利）の違反もないとされた。
43) HRC, Madafferi v. Australia (2004). 申立人の Madafferi は、イタリア国民で、イタ
　リアで 2 年間服役したあと、オーストラリアに 6 カ月の旅行ビザで入国し、半年ほど
　超過滞在したのち、オーストラリア国民の妻と結婚し、妻との間に 4 人のオーストラ
　リア国民の子どもをもうけた。結婚により自動的に在留資格を得たものと思っていた
　彼は、6 年後に配偶者ビザによる永住権の申請をした折に、過去のイタリアでの犯罪歴
　についても申告したところ、過去の犯罪による「素行不良」を理由に不許可となった。
　行政控訴裁判所は、素行だけを理由として不許可にしないように再考をうながしたが、
　移民多文化省の大臣は、その裁量で永住権申請を不許可にし、無期限で収容したので、

しかし、その後の Nystorm v. Australia (2011)[44) および Warsame v. Canada (2011)[45) によって、「自国」の狭すぎる解釈はくつがえされた。[46) 新たな 12 条

国内裁判所の救済手続を尽くしたあとに、自由権規約委員会に個人通報で自由権規約 12 条 4 項違反などを申し立てた事案である。同委員会は、Stewart v. Canada の見解を援用し、国籍取得に不合理な障害が課されているような例外事例にあたらず、オーストラリアを「自国」とみなすことはできないとの見解を示した。しかし、同 23 条（家族の権利）と結びついた同 17 条 1 項（家族への恣意的な干渉）違反や同 24 条 1 項（子どもの権利）違反は、認定されている。

44) HRC, Nystorm v. Australia (2011). 申立人の Nystorm は、生後 27 日から 32 歳までオーストラリアで暮らしているスウェーデン国民であり、永住者の母、オーストラリア生まれでオーストラリア国民の妹、母と離婚した父、すべての核家族がオーストラリアに住んでおり、スウェーデン語は習ったこともなく、スウェーデンに住む叔父・叔母・いとことも直接の連絡をとったことはない。彼は、飲酒が引き金となった強姦、器物損壊、強盗、住居侵入窃盗、窃盗、交通違反、薬物所持・使用を含む多くの犯罪のため、ビザが取り消され、収容され、国内の裁判で最終的に退去強制が決まり、（スウェーデン政府は人道上の理由から退去強制しないように要請していたにもかかわらず）スウェーデンに退去強制されたので、個人通報により自由権規約委員会に自由権規約 12 条 4 項違反などを申し立てた。ビザが取り消されるまで、オーストラリア国民でないことを彼も彼の母も知らなかったので、国籍取得の申請をしたことはない。同委員会の多数意見は、オーストラリアとの強いつながり、オーストラリアに家族がいること、話す言語、国での滞在期間、スウェーデンとは国籍以外のつながりがないことを考慮して、オーストラリアが同 12 条 4 項の意味での「自国」にあたるとし、犯罪および服役後、数年ないし十数年もしてからの退去強制であり、アルコール関連のリハビリの途中であることなどから、本件退去強制を恣意的と判断し、同 12 条 4 項に反するとした。また、再犯防止の正当な目的にとって退去強制という手段は比例的ではなく、同 17 条および 23 条の家族の権利も侵害するとした。

45) HRC, Warsame v. Canada (2011). 申立人 Warsame は、4 歳のときからカナダに住んでいるソマリア国民である。彼は、母の扶養家族として 8 歳のときに永住権を取得したが、条約難民としての地位は認められなかった。彼の核家族は、カナダに住んでおり、カナダに来る前はサウジアラビアに住んでいたので、ソマリアに行ったことも、住んだこともないし、ソマリアとのつながりはなく、ソマリアの言葉を話すのは困難である。彼は、強盗で服役したのち、売買目的の薬物所持で退去強制が命じられ、国内の救済手続を尽くしたのちに、個人通報で自由権規約委員会に自由権規約 12 条 4 項違反などを申し立てた。同委員会の多数意見は、カナダとの強いつながり、話す言語、国での滞在期間、ソマリアとの国籍以外のつながりのなさを考慮して、カナダを同 12 条 4 項の意味での「自国」ととらえ、犯罪防止のための退去強制は正当化されず、同 12 条 4 項違反になるとした。また、ソマリアへの退去強制は、同 6 条 1 項の生命への権利、同 7 条の拷問等の非人道的な取扱禁止、同 17 条・23 条の家族生活の権利を侵害するとした。

46) Joseph and Castan, 2013, para. 12.46.

---

4 項の「自国」の解釈は、移動の自由に関する一般的意見 27 の以下の部分をまず援用する。「『自国』の範囲は、『国籍国』の概念より広い。それは正式な意味での国籍、すなわち出生によりまたは後天的に取得した国籍に限られない。それは少なくとも、当該国に対して特別の関係または請求権を有するがゆえに、単なる外国人と見なすことはできない個人を含む」。その上で、新たにつぎの内容を補足する。「この点、国籍以外の人と国との間の密接かつ永続的な関係、すなわち国籍の関係よりも強いかもしれない関係を形成する諸要素があることがわかる。『自国』という言葉は、長期の在留期間、密接な個人的・家族的つながり、在留目的、その種のつながりが他のどこにもないことなどの考慮を促す」。

　したがって、具体的には、在留国との強いつながり、在留国に家族がいること、話す言語（が在留国の言葉で、国籍国の言葉を話すことが困難であること）、在留国での在留期間、国籍国とは国籍以外のつながりがないことなどを考慮して、長期の在留国を「自国」と解すようになってきた。

　こうした考慮事項は、退去強制が比例原則に反する恣意的なものかどうかを判断する場合の考慮要素として、多くの国の裁判所やヨーロッパ人権裁判所が採用している要素と重なる部分が多い。日本の在留特別許可に係るガイドラインにも、特に考慮する積極要素として、「本邦の初等・中等教育機関（母国語による教育を行っている教育機関を除く。）に在学し相当期間本邦に在住している実子と同居し、当該実子を監護及び養育していること」、その他の積極要素として、「本邦での滞在期間が長期間に及び、本邦への定着性が認められること」を考慮する旨が明記されている。また、旧植民地出身者とその子孫である特別永住者について、入管特例法は、退去強制の特例として「無期又は 7 年を超える懲役又は禁錮に処せられた者で、法務大臣においてその犯罪行為により日本国の重大な利益が害されたと認定したもの」という極めて厳格な要件を課しているのも「国籍以外の人と国の密接かつ永続的な関係」の保障に仕えるものである。もっとも、再入国の自由の点では問題があるとして、自由権規約委員会は、1998 年に日本の定期報告書審査において、「日本生まれのコリアンのような永住者に関して、出国前に再入国の許

可を得る必要性をその法律から除去することを強く要請する」と勧告した。⁴⁷⁾

　なお、日本では、2009年の入管法改正により、2012年7月9日から「みなし再入国制度」が導入された。有効な旅券と在留カードまたは特別永住者証等を所持する、いわゆる中長期在留者（3カ月以下の在留期間の者、短期滞在の在留資格を除く、在留資格者）または特別永住者は、出国の日から1年以内または2年以内に再入国する場合は、再入国許可の取得が不要となった。ただし、第1に、例外規定として「日本国の利益又は公安を害する行為を行うおそれがあることその他の出入国の公正な管理のため再入国の許可を要すると認めるに足りる相当の理由があるとして法務大臣が認定する者」とあるので、この規定の運用しだいでは、類似の再入国の自由を争う訴訟が今後も生じるおそれがないとはいえない。しかし、森川キャサリーン事件にみられたような、短期の海外旅行の自由の問題は、例外を除いては、実務上、解消されたといえよう。第2に、有効な旅券の要件から、いわゆる朝鮮籍の人の場合は、依然として、再入国の自由の問題が残る。第3に、長期の留学が問題となった崔善愛事件のような場合は、依然として再入国の自由が問題となる可能性を残している。第2と第3の問題では、自由権規約12条4項の「自国に入国する権利」の侵害の論点が重要となる。「定住外国人」ないし「永住者」だから「自国」にあたるかどうかという従来の論点とは別に、自由権規約委員会の新たな解釈に従い、「自国」という言葉は、長期の在留期間、密接な個人的・家族的つながり、在留目的、その種のつながりが他のどこにもないことなどの考慮が重要である。しかも、旧植民地出身者の子孫という特別な歴史的経緯を有する特別永住者は、日本で生まれており、在留権（在留し続ける権利）の侵害は、同12条4項違反となるおそれが極めて大きい点にも目を向ける必要があろう。

　この点もあってか、新型コロナウイルス感染症に関する水際対策の強化に係る措置について、一定の国への滞在歴がある外国人の再入国を当分の間、特段の事情がない限り拒否する対象から、特別永住者は除かれた。ただし、長期の在留期間、密接な個人的・家族的つながり、在留目的、その種の

47）自由権規約委員会・日本の第4回定期報告書に関する総括所見（1998年）18段落。

つながりが他のどこにもないといった条件に当てはまる人は、特別永住者だけではなく、これらの条件に当てはまる長期の永住者の再入国の自由において、自由権規約 12 条 4 項の侵害が問題となりうるものと思われる。

第 8 章

自由権規約 20 条・人種差別撤廃条約 4 条と
ヘイトスピーチの禁止

1. 自由権規約 20 条と人種差別撤廃条約 4 条の異同

　第 2 次世界大戦後、人権を国際的に保障する取り組みが発展した背景には、ナチス・ドイツによるユダヤ人大量虐殺への反省がある。その後のヨーロッパ諸国におけるネオ・ナチの活動や南アフリカにおけるアパルトヘイト政策による人種差別への対応の必要も意識され、人種差別撤廃条約は、1965年 12 月 21 日に国連総会で採択された。また、1966 年 12 月 16 日に自由権規約が、国連総会で採択されている。日本政府は、1979 年に自由権規約を批准したものの、人種差別撤廃条約には 1995 年になってようやく加入した。146 番目の締約国となるほど、加入が遅れた理由は、ヘイトスピーチを法律で処罰することが憲法の表現の自由に反すると考えられたからである。

　自由権規約 20 条は、「差別・敵意・暴力の扇動となる民族的・人種的・宗教的憎悪の唱道」を「法律で禁止」することを定めている。これに対して、**人種差別撤廃条約 4 条**は、人種的優越・憎悪に基づく思想の流布・人種差別の扇動を(a)、また、人種差別団体への加入とその宣伝活動などの差別的行為を(b)、「法律で処罰」すべき義務を締結国に課す。

　法律で禁止することは、法律で処罰することとは違い、刑事罰を科すこと

---

1) すでに世界人権宣言 7 条により、差別に対する平等な保護だけでなく、差別の「扇動」に対する平等な保護を定めている。

までは要請していない[2]。自由権規約委員会によれば、そのような憎悪「唱導が公序に反することを明確にし、かつ、侵害の場合に適切な制裁を定める法律が存在しなくてはならない」とある[3]。制裁の仕方には、民事制裁と行政制裁もある。民事制裁としては、損害賠償のほか、訂正権や反論権などがある[4]。行政制裁としては、憎悪表現の削除命令、公費助成の取消、資格の取消、懲戒処分[5]、団体の解散などもある。

　一方、人種差別撤廃条約の締結の際、条約の 4 条(a)および(b)の適用を除外する意思表示を行い、「日本国憲法の下における集会、結社及び表現の自由その他の権利の保障と抵触しない限度において、これらの規定に基づく義務を履行する」という「留保」をつけた[6]。その理由は、憲法 21 条の表現の自由の重要性から、過度に広範な制約は認められず、憲法 31 条から、刑罰法規の規定は具体的であり、意味が明瞭でなければならないからである。人種差別撤廃条約 4 条の定める概念は、様々な行為を含む非常に広いものが含まれる可能性があり、それらすべてにつき（名誉毀損罪、侮辱罪、脅迫罪等の）現行法制を越える刑罰法規をもって規制することは、表現の自由その他憲法の規定する保障と抵触するおそれがあると日本政府は人種差別撤廃委員会に報告した[7]。しかし、同委員会は、人種的優越・憎悪に基づく思想の流布の禁止は、表現の自由と整合するとして、人種差別の処罰化、人種差別的行為からの効果的な保護と救済、人種差別を非合法化する特別な法律の制定を日本政府に勧告する[8]。

---

2) Schabas, 2019, p, 587.

3) 自由権規約委員会・一般的意見 11（1983 年）2 段落。

4) UN Human Rights Council, 2013, para. 34.

5) たとえば、HRC, Ross v. Canada (2000) では、カナダの人権章典に基づき、調査委員会は、ユダヤ人に対する憎悪唱導により教師の解職を命じている。

6) アメリカは、上院の承認の際に 4 条の義務を受け入れないという留保と、人種差別撤廃条約の規定がアメリカ国内では自動執行力をもたないなどの解釈宣言をしている。イギリスやフランスは、表現の自由などとの整合性をもたない差別禁止立法の義務を課されるものではないとの解釈宣言をしている。

7) 人種差別撤廃条約に関する日本の第 1 回・第 2 回定期報告書（1999 年）。

8) 人種差別撤廃委員会・日本の第 1 回・第 2 回定期報告書に関する総括所見（2001 年）11-12 段落。

他方、人種差別撤廃条約4条(c)の「国・地方の公の当局・機関が人種差別を助長・扇動することを認めない」、自由権規約20条の「差別・敵意・暴力の扇動となる民族的・人種的・宗教的憎悪の唱道は、法律で禁止する」部分には、日本政府は留保をつけていない[9]。また、自由権規約委員会によれば、民族的・人種的・宗教的憎悪の唱道の禁止は、国際慣習法であり、留保の対象とすることはできないという[10]。そこで、両条約の趣旨を踏まえた差別禁止法の制定が望まれる。自由権規約2条2項では「この規約の各締約国は、立法措置その他の措置がまだとられていない場合には、この規約において認められる権利を実現するために必要な立法措置その他の措置をとるため、自国の憲法上の手続及びこの規約の規定に従って必要な行動をとることを約束する」とある。したがって、自由権規約20条からは、ヘイトスピーチに対し、「処罰」する法律は不要としても、「禁止」する法律を制定する義務がある。また、人種差別撤廃条約4条は、「人種的憎悪および人種差別」等を「助長する」宣伝および団体を非難し、人種差別の「あらゆる扇動または行為を根絶することを目的とする迅速かつ積極的な措置をとることを約束する」と定めている。したがって、人種差別撤廃条約4条(c)からは、国と自治体は、ヘイトスピーチによる人種差別を助長・扇動する活動を認めないようにする義務があることに留意すべきである。

2. 日本国憲法下でのヘイトスピーチ処罰の合憲性

　ヘイトスピーチ規制を定めている国は多い[11]。扇動の場合の最長刑期は、3カ月から15年までと多様であるが、2年や3年の国が多い[12]。従来、アメリ

---

9) アメリカは、20条が言論・結社の自由を制約する法律や措置を許可・要請するものでないとの留保をつけ、自由権規約1条から27条までの規定が自動執行力をもたない旨を解釈宣言している。
10) 自由権規約委員会・一般的意見24（1994年）8段落。
11) 前田、2021、415-469頁、Brown, 2015. なお、スウェーデンでは、性的指向、フランスでは、性別、性的指向、性自認、障碍を理由とする場合も含む点は、近藤、2019、102-103頁参照。
12) Temperman, 2015, pp. 343-344.

カの憲法学説の影響を受けて、ヘイトスピーチ規制への消極論が日本でも有力であった。しかし、近年は、日本でも、特定の民族集団等に対する侮辱的発言による嫌がらせを自己目的とするヘイトスピーチが深刻になると、国連の人権機関の勧告に耳を傾け、規制積極論も有力になりつつある。[13]人権条約適合的解釈からは、憲法「21 条と結びついた 13 条」が、民族的・人種的・宗教的憎悪の唱導（ヘイトスピーチ）によって人間の尊厳を侵されない自由を保障し、表現の自由の必要やむをえない制約として、一定の場合の刑事罰も許される。集団に対する民族的憎悪唱導が、侮辱・名誉棄損により人間の尊厳を害する表現、差し迫った危険を伴う扇動、違法な暴力行為を加える真の脅迫にあたる場合は、表現の自由の制約が、正当化されるものと思われる。[14]通説は、憲法 13 条の個人の尊重は、人間の尊厳を保障していると解している。[15]ならば、人間の尊厳という保護法益を侵害する表現は、公共の福祉に反し、表現の自由の濫用として制約されうる点にも目を向ける必要がある。

　具体的には、「人格権の侵害行為」と「表現の自由」との調整の問題として日本の判例では扱われている。いわゆる「在特会」のメンバーを中心に京都の朝鮮初級学校周辺でデモを行うことの差止め等を求めた**ヘイトスピーチ街頭宣伝差止等請求事件**において、大阪高裁は、「**学校における教育業務を妨害し、被控訴人の学校法人としての名誉を著しく損なうものであって、憲法 13 条にいう『公共の福祉』に反しており、表現の自由の濫用であって、法的保護に値しないといわざるを得ない**」と判示している。[16]なお、特筆すべきは、「名誉毀損等の不法行為が同時に人種差別にも該当する場合、あるいは不法行為が人種差別を動機としている場合も、人種差別撤廃条約が民事法の解釈適用に直接的に影響し、無形損害の認定を加重させる要因となるこ

13）近藤、2019、95-97 頁参照。

14）近藤、2020、217 頁。

15）芦部、2019、82 頁、宮沢、1974、13-14 頁。

16）ヘイトスピーチ街頭宣伝差止等請求事件・大阪高判 2014（平成 26）年 7 月 8 日判時 2232 号 34 頁。なお、最決 2014（平成 26）年 12 月 9 日 LEX/DB 25505638 は、上告不受理であり、1226 万円 3140 円の損害賠償や差止が確定した。

とを否定することはできない」と判示している点である。しかし、人種差別撤廃条約自体を適用したわけではなく、損害の認定を加重させる要因として援用しているにすぎない。

　また、在日コリアンの集住する川崎市の桜本地区での**ヘイトデモ禁止仮処分命令事件**において、横浜地裁川崎支部は、憲法 13 条から導かれる「住居において平穏に生活する権利、自由に活動する権利、名誉、信用を保有する権利」といった人格権の侵害に対し、人格権を侵害する差別的言動は、「憲法の定める集会や表現の自由の保障の範囲外」であり、「事後的な権利の回復が著しく困難」なため、差別的言動の事前差止めも憲法 21 条に反しないとした。[17]

　たしかに、日本国憲法 21 条では、「表現の自由は、これを保障する」とあり、その制約の場合を明示していない。しかし、人間の尊厳に関する憲法規定をもたず、自由権規約 20 条を留保し、上院が承認する際にジェノサイド条約を除きほとんどの人権条約の自動執行力の否認を宣言するアメリカとは違い、日本は人間の尊厳類似の憲法規定をもち、自由権規約 20 条を留保なく批准し、日本国憲法 98 条 2 項が条約の誠実な遵守を要請している。自由権規約 19 条 2 項は「表現の自由」を定め、同 3 項は「(a)他の者の権利または信用の尊重　(b)国の安全、公の秩序または公衆の健康もしくは道徳の保護」の目的のために必要な制限に限定している。こうした目的に必要な制限であるかどうかについて、自由権規約委員会は、比例原則を用いたより厳格な審査の手法を提供している。[18]同 3 項の「他の者」には、民族等の構成員の人々が含まれる。[19]ヘイトスピーチの被害は、単なる名誉感情の問題とみるべきではなく、人間の尊厳にかかわる問題である。[20]民族的・人種的・宗教的属性によって、社会の成員として取り扱われるのに値しないと主張する、集団に向けられた攻撃からの保護、すなわち「人間の尊厳」の保護が問

---

17) 川崎市ヘイトデモ禁止仮処分命令事件・横浜地判川崎支部 2016（平成 28）年 6 月 2 日判時 2296 号 14 頁。
18) 東澤、2012、Joseph and Castan, 2014, paras. 18, 30-31.
19) 自由権規約委員会・一般的意見意見 34（2011 年）28 段落。
20) 曽我部、2015、155 頁。

題となる[21]。地域社会からの排除を扇動する言動がその典型例であろう。ヘイトスピーチは、最も基本的な権利としての「人間として承認される権利」を侵害するものである[22]。人間以外のものにたとえる侮辱的言動がその典型例であろう。したがって、「ヘイトスピーチ」が、人間の尊厳を損なうか否かを比例原則に照らし審査する法制度は、憲法および人権条約上の要請といえる。憲法 13 条の背後にある、人間の尊厳や、公共の福祉の比例原則的理解[23]が浸透するにつれ、ヘイトスピーチ規制の必要性が強く認識されることになろう。

　2016 年に制定された「本邦外出身者に対する不当な差別的言動の解消に向けた取組の推進に関する法律」（以下、ヘイトスピーチ解消法）は、禁止規定や罰則規定を置かず、いわゆる理念法として、「不当な差別的言動は許されないことを宣言」し、国と自治体における相談、教育、啓発等の取組みを推進するものである。一方、2019 年に制定された「川崎市差別のない人権尊重のまちづくり条例」が、唯一、日本でヘイトスピーチに罰則を課す法令である。同条例は、勧告・命令を経て処罰（のための告発）に至る 3 段階の手続を定めている。第 1 に、市長は、本邦外出身者に対する不当な差別的言動を行い、または行わせた者に対し、緊急時を除き差別防止対策等審査会の意見を聴いた上で、6 カ月以内に同一理由の差別的言動を繰り返してはならない旨を勧告する（13 条）。第 2 に、市長は、勧告に従わなかった者に対して、緊急時を除き差別防止対策等審査会の意見を聴いた上で、同一理由の差別的言動を繰り返すおそれがあると認める十分な理由がある場合、6 カ月以内に同一理由の差別的言動を繰り返してはならない旨を命令する（14 条）。第 3 に、市長は、命令に従わなかった者に対して、差別防止対策等審査会の意見を聴いた上で、命令を受けた者の氏名や住所、命令の内容等を公表し、50 万円以下の罰則を課すべく告発する（15 条・23 条）。したがって、直罰方式ではなく、勧告・命令・処罰といった間接罰方式を採用し、3 段階の手続

21）ウォルドロン、2015、125 頁。

22）Heyman, 2008, pp. 183.

23）参照、近藤、2020、74、78 頁。

により言論の萎縮のリスクを低減し、表現の自由の過度な規制にならないように、不当な差別的言動の「場所」、「手段」、「理由」および「類型」を明文化している点などもあり、条例は、合憲と評されている[24]。もちろん、人権条約適合的解釈からすれば、憲法「21条と結びついた13条」が、ヘイトスピーチによって人間の尊厳を侵されない自由を保障し、表現の自由の必要やむをえない制約として、良く練り上げた法律による刑事罰も可能と思われる。

3. 日本の法律と条例の課題

　公益財団法人人権教育啓発推進センターの「ヘイトスピーチに関する実態調査報告書」によれば、2012年4月から2015年9月までにヘイトスピーチを伴うデモ等が全国で1152件あったという[25]。このことは、ヘイトスピーチ規制のための十分な立法事実が日本にあることを物語っていた。2016年に与党の議員からなる議員発議として、ヘイトスピーチ解消法案が提案され、同年5月に「不当な差別的言動」の定義に「著しく侮蔑する」行為も含める旨の修正案が可決・制定された。同法や2016年に制定された「大阪市ヘイトスピーチへの対処に関する条例」、2018年に制定された「東京都オリンピック憲章にうたわれる人権尊重の理念の実現を目指す条例」、2019年に制定された「川崎市差別のない人権尊重のまちづくり条例」、および2022年に制定された「愛知県人権尊重の社会づくり条例」についての課題を以下に整理しよう。

　第1に、ヘイトスピーチの客体の範囲が狭い問題がある。ヘイトスピーチ解消法の「本邦外出身者」とは、「本邦の域外にある国若しくは地域の出身である者又はその子孫であって適法に居住するもの」をさす。この対象範囲は、自由権規約20条・人種差別撤廃条約1条・4条よりも狭い。アイヌ民族をはじめ、より広い民族的・人種的・宗教的憎悪の唱道に対応する規制が必要であろう。なお、「本邦外出身者」という表現であるため、特定

---

24) 中村、2021、96-97頁。
25) 公益財団法人人権教育啓発推進センター、2016、33頁。

の民族等の出身者を排除する表現に限らず、「外国人は自分の国に帰れ」と
いった外国人排斥の表現の場合も状況次第では対象となりうる規定である点
は、注意を要する。また、人種差別撤廃委員会の一般的勧告にもあるように、
「人種差別に対する立法上の保障が、出入国管理法令上の地位にかかわりな
く市民でない者に適用されることを確保すること、および立法の実施が市民
でない者に差別的な効果をもつことがないよう確保すること」が条約の趣旨
である。[26] したがって、「適法に居住するもの」に対象を限定する法案は、人
種差別撤廃条約の趣旨に反する。法自らが差別を強化し、条約に反しかねな
い事態さえ招いている。[27] この点、参議院法務委員会では、本法の趣旨・憲
法・人種差別撤廃条約の精神に鑑み適切に対処する旨の付帯決議が採択され
た。[28] 法務省人権擁護局のヘイトスピーチ解消法 2 条の解釈に関する「参考
情報」、川崎市および愛知県の条例の解釈指針では、「適法に居住しない者」、
すなわち、「不法滞在者等」に対する不当な差別的言動が許されるとするも
のではない旨が解説されている。[29] 大阪市の条例は、ヘイトスピーチ解消法
の制定以前に策定されたこともあり、「人種若しくは民族に係る特定の属性
を有する個人又は当該個人により構成される集団」（2 条）に対するヘイト
スピーチを対象としているので、人権条約上の内容をカバーする余地が大き
いものの、自由権規約 20 条と比べると「宗教的憎悪の唱道」の部分におい
てやや狭さは残る。

　第 2 に、ヘイトスピーチの主体の範囲の狭さも問題となりうる。ヘイト
スピーチ解消法の名宛人は「国民」とあり、外国人や法人が含まれるのかは
定かではない。同様の問題は、ヘイトスピーチ解消法 2 条に依拠して「不

---

26) 人種差別撤廃委員会・一般的勧告 30（2004 年）7 段落。川崎市「川崎市差別のない人
　権尊重のまちづくり条例」解釈指針（2020 年 3 月）8 頁も同様の趣旨。

27) 齋藤、2016、94 頁。

28) 自治体も国と同様に取り組む、インターネット上の対策にも取り組む旨の付帯決議も
　している。

29) 法務省人権擁護局「本邦外出身者に対する不当な差別的言動の解消に向けた取組の推
　進に関する法律」に係る参考情報（その 2）1 頁、川崎市、前掲注 26、8 頁。愛知県「愛
　知県人権尊重の社会づくり条例（令和 4 年愛知県条例第 3 号）解釈運用基準」（2022 年
　4 月）13 頁。

当な差別的言動」の解消に取り組む東京都と愛知県の条例にもみられる。

　一方、川崎市の条例は「何人も」とあり、外国人も、法人も含まれると解説されている。大阪市の条例も、国籍を問わず、ヘイトスピーチから市民等の人権を守る趣旨からは、ヘイトスピーチの主体を国民に限定するものではないものと思われる。

　第3に、ヘイトスピーチの定義がヘイトスピーチに該当するか否かの判断基準を十分に提供しうるかが課題である。ヘイトスピーチ解消法では、ヘイトスピーチを「差別的意識を助長し又は誘発する目的」で「本邦外出身者を地域社会から排除することを煽動する不当な差別的言動」と位置づけた上で、その具体例として「生命、身体、自由、名誉若しくは財産に危害を加える旨を告知」し、または「本邦外出身者を著しく侮蔑する」ことなどを明示している（2条）。法務省人権擁護局は、ヘイトスピーチ解消法2条の解釈に関する「参考情報」を示し、これを3つの類型に整理して、その典型例を示すことで該当性を判断する際の留意事項を示している。

　川崎市の条例は、この「参考情報」の3類型を基に、⑴本邦外出身者をその居住する地域から退去させることを煽動し、又は告知するもの、⑵本邦外出身者の生命、身体、自由、名誉又は財産に危害を加えることを煽動し、又は告知するもの、⑶本邦外出身者を人以外のものにたとえるなど、著しく侮辱するものと規定している（12条）。

　他方、大阪市の条例における「ヘイトスピーチ」とは、「表現活動」の「目的」が「人種又は民族に係る特定の属性を有する個人又は当該個人の属する集団」について、「社会から排除する」、「権利又は自由を制限する」、または「憎悪若しくは差別の意識又は暴力をあおる」ものであり、「内容」が「相当程度侮蔑し又は誹謗中傷する」、または「脅威を感じさせる」ものであり、「方法」として「不特定多数の者が表現の内容を知り得る状態に置く」ものと定義する（2条1項）。いずれの定義にせよ、事例が積み重なることで

---

30) 川崎市、前掲注26、35頁。
31) 法務省人権擁護局、前掲注29、4-6頁。なお、東京都と愛知県の条例は、ヘイトスピーチ解消法2条を援用している。

判断基準が形成されることになろう。**大阪市ヘイトスピーチ条例無効確認訴訟**では、最高裁は、「制限される表現活動の内容及び性質」は、「過激で悪質性の高い差別的言動を伴うものに限られ」、「表現の自由の制限は、合理的で必要やむを得ない限度にとどまるものというべきで」、「通常の判断能力を有する一般人の理解において、具体的場合に当該表現活動がその適用を受けるものかどうかの判断を可能とするような基準が読み取れるものであって、不明確なものということはできないし、過度に広汎な規制であるということもできない」として、合憲とした[32]。

　第 4 に、公表の仕方の課題もある。ヘイトスピーチ解消法には公表に関する規定はないものの、大阪市の条例では、市長は、ヘイトスピーチに該当する表現内容の概要、その拡散防止措置、表現活動を行ったものの氏名（名称）を原則として公表する（5 条 1 項）。**大阪市ヘイトスピーチ条例無効確認訴訟**では、最高裁は、「公表についても、表現活動をしたものの氏名又は名称を特定するための法的強制力を伴う手段は存在しない」ので、「表現の自由の制限は、合理的で必要やむを得ない限度にとどまるものというべきである」と判示している[33]。

　一方、川崎市の条例では、同一理由の差別的言動を繰り返し行わないという命令に従わなかった場合、市長は氏名とともに住所を公表することができる（15 条）。住所の公表は、場合によっては大きな社会的制裁効果をもちうるため、より慎重な運用が必要となるといわれる[34]。

　他方、愛知県の条例 10 条は、東京都の条例 12 条と同様、氏名や住所ではなく、不当な差別的言動の「概要」を公表する方式である。愛知県では、「概要を公表することで、どのような表現活動が『本邦外出身者に対する不当な差別的言動』に該当するのかを、広く県民に周知することにより、その解消に繋げることを目的」とし、「公表に当たっては、当該本邦外出身者に

32）大阪市ヘイトスピーチ条例無効確認訴訟・最判 2022（令和 4）年 2 月 15 日裁判所ウェブサイト。

33）同上。

34）中村、2021、99 頁。

対する不当な差別的言動の内容が拡散することのないよう、表現内容については概要のみの公表とする」と解説されている[35]。

　第5に、公の施設の利用制限の課題もある。ヘイトスピーチ解消法は、理念法であり、公の施設の利用制限に関する規定はない。したがって、法務省人権擁護局によれば、「公の施設の使用許可申請等がされた場合にその使用時にヘイトスピーチが行われることが予想されるようなときでも、本法律の直接的な効果として、許可権限を有する行政機関が直ちに不許可とすることはできない。他方で、本法律が本邦外出身者に対する不当な差別的言動は許されないと宣言したことは、他の法令の解釈の指針となり得るともされており、このような観点から、公の施設の使用許可申請等とヘイトスピーチの問題を考えていく必要があろう」と解説されている[36]。他の法令として、地方自治法244条2項により、自治体は、「正当な理由がない限り、住民が公の施設を利用することを拒んではならない」と定められている。このため、利用制限のための「正当な理由」を条例や規則で定めてきた。そして法務省人権擁護局は、「具体的にどのような内容であると予測されれば使用許可が制限され得るのか、許否に当たりどのような手続を経て判断するのか等の点について、住民等にとって明確となるような要件及び手続を検討して公表することも一案として考えられよう」という[37]。

　川崎市の条例では、市長は、公の施設において、「本邦外出身者に対する不当な差別的言動が行われるおそれがある場合」に、「利用許可及びその取消しの基準その他必要な事項を定める」（16条）とある。そして公の施設の利用許可・取消の基準として、「本邦外出身者に対する不当な差別的言動の解消に向けた取組の推進に関する法律に基づく『公の施設』利用許可に関するガイドライン」を策定した。そこでは、「不許可」と「許可の取消し」は、差別防止対策等審査会から事前に意見聴取を行った上で、「不当な差別的言動の行われるおそれが客観的な事実に照らして具体的に認められる場合（言

35）愛知県、前掲注29、16-17頁。

36）法務省人権擁護局「本邦外出身者に対する不当な差別的言動の解消に向けた取組の推進に関する法律」に係る参考情報（その1）7頁。

37）同、10頁。

動要件)」、かつ「他の利用者に著しく迷惑を及ぼす危険のあることが客観的な事実に照らして明白な場合(迷惑要件)」に限り行うことができるとした。そして、このいわゆる(迷惑要件)に該当するという判断をするにあたっては、「他の利用者の生命、身体、自由、名誉若しくは財産が侵害され、公共の安全が損なわれる危険があり」、これを回避する必要性が優越する場合に限られ、その危険性の程度としては、「明らかな差し迫った危険の発生が具体的に予見されることが必要である」と解説している[38]。東京都の条例 11 条も、知事は「公の施設において不当な差別的言動が行われることを防止するため、公の施設の利用制限について基準を定める」とし、「東京都オリンピック憲章にうたわれる人権尊重の理念の実現を目指す条例第 11 条に規定する公の施設の利用制限に関する基準」を策定した。そこでも、「ヘイトスピーチが行われる蓋然性が高いこと」、かつ「ヘイトスピーチが行われることに起因して発生する紛争等により、施設の安全な管理に支障が生じる事態が予測されること」を利用制限の要件としている。ここでも、言動要件とともに、いわゆる(迷惑要件)類似の要件を必要としている。

　一方、愛知県の条例 9 条も「知事は、県が設置する公の施設において本邦外出身者に対する不当な差別的言動が行われることを防止するための指針を定めるものとする」。しかし、「愛知県人権尊重の社会づくり条例第 9 条に規定する『公の施設に関する指針』では、「客観的・具体的な事実に照らして」、「利用許可申請書の記載内容から、ヘイトスピーチが行われるおそれがあると思料される場合」は、愛知県人権施策推進審議会にはかり、その意見を参考にした上で、「申請者から利用目的の聴取や申請者の活動歴の確認等を行い、ヘイトスピーチが行われることが明らかになったとき」に「不許可」とする。ここでは、言動要件だけで、(迷惑要件)を不要としている。そもそも、川崎市のガイドラインが迷惑要件を付加しているのは、ガイドラインの資料 9 に掲げる**泉佐野市民会館事件**最高裁判決[39]が、公の施設の利用

38) 川崎市「本邦外出身者に対する不当な差別的言動の解消に向けた取組の推進に関する法律に基づく『公の施設』利用許可に関するガイドライン」(2017 年 11 月)4-5 頁。
39) **泉佐野市民会館事件**・最判 1995(平成 7)年 3 月 7 日民集 49 巻 3 号 687 頁。

を不許可とする正当化事由として、「本件会館の職員、通行人、付近住民等の生命、身体又は財産が侵害されるという事態を生ずることが、具体的に明らかに予見されること」をあげていたことを考慮したものと思われる。しかし、同判決が述べているように、「施設をその集会のために利用させることによって、他の基本的人権が侵害され、公共の福祉が損なわれる危険がある場合」には、利用を拒否しうる。生命、身体、財産だけが基本的人権ではなく、人格権（ないしヘイトスピーチによって人間の尊厳を侵されない自由）という基本的人権の侵害が侵害され、公共の福祉が損なわれる危険がある場合には、利用を拒否しうる。また、日本が留保を付していない人種差別撤廃条約4条(c)は、「国または地方の公の当局または機関が人種差別を助長しまたは扇動することを認めない」と定めており、自治体が明らかなヘイトスピーチ目的の活動に施設を提供し、人種差別を助長することを認めないことが条約上の義務と思われる。したがって、明白な（言語要件）をクリアーするかぎり、（迷惑要件）を必須とすることは、適当とは思われない。なお、法治主義の観点からすれば、ガイドラインではなく、条例自体に不許可事由としての（言動要件）が明示されることが望ましい。少なくとも、愛知県行政手続条例5条に規定する公にしておかなければならない「審査基準」として、（ウィンクあいちなどの）各施設の不許可基準の中に、「本邦外出身者に対する不当な差別的言動が行われるおそれがあるとき」が明記してある。

　第6に、インターネット上のヘイトスピーチへの対応の課題もある。ヘイトスピーチ解消法では、インターネット上のヘイトスピーチに関する特別な規定はない。しかし、同法の制定後、法務省の人権擁護局は、従来の「インターネット上の人権侵害情報による人権侵犯事件に関する処理要領」における「特定の者」の「不当な差別的言動」の解釈に際して、「集団等に属する者が精神的な苦痛等を受けるなど具体的被害が生じている」場合も含まれるとし、同法2条に規定する「本邦外出身者に対する不当な差別的言動」に該当する場合の削除要請が可能な旨を通知した。[40]

---

40) 法務省人権擁護局調査救済課長「インターネット上の不当な差別的言動に係る事案の立件及び処理について（依命通知）」（法務省権調第 15 号 2019〔平成 31〕年 3 月 8 日）

大阪市の条例は、「インターネット」上の大阪市の「区域内」または「市民等」に関する「ヘイトスピーチ」の「拡散を防止するために必要な措置」とヘイトスピーチを行った者の「氏名」の「公表」を定めている（2 条・5条）。拡散防止の措置には、プロバイダに削除要請を行うことなどが考えられ、氏名の公表に際しては、弁明の機会が原則として保障され、審査会への答申が行われると解説されている。[41] 川崎市の条例は、ほぼ同様の内容を 17条に明記し、東京の条例も 12 条に定めている。一方、愛知県の条例 7 条は、インターネット上の誹謗中傷等の未然防止に必要な教育・啓発等と、被害者の支援を定めるだけである。インターネット上のヘイトスピーチの法務局への削除要請は、本条例とは別に部落差別などの場合と同様、県の人権施策の一環として行われる。

第 7 に、訴訟支援の課題もある。ヘイトスピーチの被害者が裁判所に提訴するのを支援するためにヘイトスピーチの証拠保全に行政が協力する。加えて、大阪市の条例原案にあったように、訴訟支援のための訴訟費用の貸付け制度も今後の課題である。[42]

第 8 に、ヘイトクライム規制の課題もある。民族的・人種的・宗教的憎悪などを動機とする犯罪をヘイトクライムと呼び、ヘイトクライムの量刑を加重する国や州も少なくない。[43] 人種差別撤廃委員会は、人種的動機または目的をもつ犯罪に対し、刑罰を加重することを締約国に求めている。[44] しかし、日本では、こうした法律はない。**京都朝鮮学校襲撃事件**では、「正当な政治的表現の限度を逸脱した違法なもの」と認定し、侮辱罪・威力業務妨害罪・器物損壊罪により 1 人を懲役 2 年、2 人を同 1 年 6 カ月、1 人を同 1 年（いずれも執行猶予 4 年）の有罪判決を言い渡している。[45] 1988 年の人種差別撤廃

---

41) 大阪市、2022、「大阪市ヘイトスピーチへの対処に関する条例」の解説及び審査の実例、5 条。
42) 文、2016、75 頁参照。
43) Chalmers, and Leverick, 2017, pp. 46-47. アメリカのヘイトクライムに対し、量刑を加重する法制度については、桧垣、2017、63-66 頁参照。
44) 人種差別撤廃委員会・一般的意見 30（2004 年）22 段落。
45) **京都朝鮮学校襲撃事件**・京都地判 2011（平成 23）年 4 月 21 日 LEX/DB 25471643、同・大阪高判 2011（平成 23）年 10 月 28 日 LEX/DB 25480227、同・最判 2012（平成

員会（2010 年 10 月 20 日 19 段落）において、日本政府は、「犯罪の人種的動機は、法律に明記されていなくても、レイシズムの事件においては、裁判官がしばしばその悪意の観点から参照し、それが量刑の重さに反映される」と答弁している。しかし、特定の民族的・人種的・宗教的憎悪・偏見に基づく犯罪の罰則を加重するヘイトクライム法のない中で、レイシズムに基づく犯罪動機を重く処罰する判断は、必ずしも明らかではない。

24) 年 2 月 23 日 LEX/DB 25480570。

第9章

自由権規約 25 条等と参政権・公務就任権

1. 自由権規約 25 条における「市民」

1966 年に国連総会で採択され、日本が 1979 年に批准した自由権規約 25 条は、下記の通り定めている（太字の強調は筆者）。

> すべての市民は、**第 2 条に規定するいかなる差別**もなく、かつ、不合理な制限なしに、次のことを行う権利および機会を有する。
> (a) 直接に、または自由に選んだ代表者を通じて、政治に参与すること。
> (b) 普通かつ平等の選挙権に基づき秘密投票により行われ、選挙人の意思の自由な表明を保障する真正な定期的選挙において、**投票し及び選挙されること。**
> (c) 一般的な平等条件の下で自国の公務に携わること。

この 25 条(b)が選挙権と被選挙権を、(c)が公務就任権を定めている。自由権規約の規定は、一般に「すべての人」の権利を定めているのに対し、25 条が唯一、権利主体を「市民」としていることから、自由権規約は、一般に、外国人の参政権と公務就任権を保障するものではない。

そもそも、条約は「市民 (citizen)」の定義をしていない。ただ、一般には、「市民」は国民を意味し、「市民でない者 (non-citizen)」とは、外国人をさす。もっとも、「市民」が条約上の権利を有することは、条約が権利保障を締約国に「要請」しているものの、外国人への権利保障を「禁止」するも

表1　外国人の地方選挙権（69カ国）

1　定住型（34カ国）
スウェーデン、フィンランド、ノルウェー、デンマーク、アイスランド、**アイルランド**、オランダ、ベルギー、ルクセンブルク、リトアニア、エストニア、スロバキア、スロベニア、ハンガリー、**ニュージーランド**、韓国、**チリ**、**ウルグアイ**、**エクアドル**、コロンビア、ベネズエラ、パラグアイ、ペルー、**マラウィ**、ウガンダ、ルワンダ、ザンビア、ブルキナファソ、カーボベルデ（スイス、アメリカ、中国〔香港〕、イスラエル、アルゼンチン）

2　互恵型（18カ国）
ドイツ、フランス、スペイン、イタリア、オーストリア、チェコ、キプロス、ラトヴィア、ポーランド、ブルガリア、ルーマニア、クロアチア、マルタ、ギリシア、ロシア＊、ベラルーシ、キルギスタン、ボリビア

3　伝統型（17カ国）
イギリス、**ポルトガル**、**オーストラリア**、（カナダ）＊＊、**モーリシャス**、**ガイアナ**、ブラジル、**グレナダ**、ジャマイカ、ベリーズ、**セントビンセント・グレナディーン**、**セントクリストファー・ネイビス**、**セントルシア**、**トリニダード・トバゴ**、**バルバドス**、アンティグア・バーブーダ、ドミニカ

＊MIPEX, 2020によれば、ロシアが2014年にはベラルーシ、キルギスタン、タジキスタン、トルクメニスタンとの条約に署名とあるが、タジキスタン、トルクメニスタンの両国においてロシア国民に地方参政権を認めていことの確認は現状できていない。
＊＊カナダは、出典にかかげた文献では、外国人参政権を認めていないことになっている。しかし、カナダ市民ではないイギリス臣民（53カ国の英連邦市民）で1971年6月23日の時点において同州の有権者であった者に、サスカチュワン州での選挙人登録を認めている。したがって、スイスなどと同様、一定地域でのみ認めているという意味で括弧書きにした（参照、https://www.elections.sk.ca/voters/registration/special-eligibility/、2023年2月10日閲覧）。
太字は国会選挙権も認めている国である。
出典：Andrès, 2013, pp. 103-115; GLOBALCIT, 2019; MIPEX, 2020.

のではなく、いわば、「容認」している。自由権規約委員会の公式な解釈を示す一般的意見では、締約国の報告には、「永住者等のグループが地方選挙権を有し、または特定の公務就任権を有していること等、限定的な形でこれらの権利を享受しているかどうかが示されるべきである」という[1]。たとえば、イギリスの参政権は、英連邦市民という旧植民地出身者も有しており、EU諸国では少なくともEU市民というEU加盟国の出身者が地方参政権も有している。表1は、外国人の地方選挙権を認めている69カ国を3つのタイプに整理している。第1に、スウェーデンなどの居住期間や永住資格を要件

1）自由権規約委員会・一般的意見25（1996年）3段落。

とする定住型があり、第 2 に、ドイツなどの相互主義を要件とする互恵型、第 3 に、イギリスなどの伝統的なつながりに基づく伝統型の 3 つに大別することができる。

2. 自由権規約 25 条における 「第 2 条に規定するいかなる差別もなく」

　自由権規約 25 条は、「第 2 条に規定するいかなる差別もなく」と定めている。したがって、2 条所定の「人種、皮膚の色、性、言語、宗教、政治的意見その他の意見、国民的もしくは社会的出身、財産、出生または他の地位等」による差別禁止を命じている。ここでは国民的出身と訳されている national origin による差別が問題となる。national origin による差別は、人種差別撤廃条約 1 条では「民族的」出身と訳されているように、国民的な民族の出身を意味する。これに対して、ethnic origin は、国を意識しない民族的出身をさし、種族的出身と訳す場合もある。日本語の「民族」という言葉は、両者を区別せずに、一般に用いられるので、以下、national origin という言葉を用いることにする。旧植民地出身者とその子孫である日本の特別永住者は、朝鮮戸籍や台湾戸籍といった national origin に基づいて、1952 年の法務府の通達[2]により、本人の国籍選択の意思が問われることなく、日本国籍を喪失した人である。国籍法に関するかつての一般的な教科書は、通達について「朝鮮の独立に伴う国籍の変動については、……朝鮮人という種族ないし民族を標準として国籍の帰属を定めるのが適当である」との考えのもとにあったという[3]。2021 年末現在、特別永住者は、29 万 6416 人である。特別永住者に対する不利益取扱いは、単なる国籍による区別を超えて、その歴史的経緯から、自由権規約 2 条の national origin に基づく差別という要素をもっている。

---

2) 法務府民事局長「平和条約に伴う朝鮮人、台湾人等に関する国籍及び戸籍事務の処理について」（法務府民事甲第 438 号、1952 年 4 月 19 日）

3) 江川ほか、1997、211 頁。

3. 自由権規約 26 条の national origin による差別禁止

　また、national origin による差別禁止は、自由権規約 26 条にもある。同条によれば、「法律は、あらゆる差別を禁止し、人種、皮膚の色、性、言語、宗教、政治的意見その他の意見、国民的もしくは社会的出身、財産、出生または他の地位等のいかなる理由による差別に対しても平等のかつ効果的な保護をすべての者に保障する」とある。したがって、公職選挙法や地方自治法が、旧植民地出身者とその子孫に対し、選挙権・被選挙権を認めないことは、national origin に基づく国籍喪失に伴う差別であり、同 26 条に反する。

　そして national origin に基づく国籍喪失に伴う不利益取扱いは、自由権規約 2 条 1 項および同 26 条とともに、同 2 条と結びついた同 25 条に違反するものといえよう。

　日本と類似の独立などの領域変更の際の国家承継に伴い、住んでいる国の国籍の選択権を認められず、国籍を喪失した問題は、1991 年にソビエト連邦から独立したエストニアとラトヴィアにもある。両国は、ソビエト連邦に占領される 1940 年 6 月 17 日までに入国していた者とその直系子孫を除き、多くのロシア語系住民は、新たに建国された両国の国籍を認められず、無国籍の外国人住民となった（なお、バルト 3 国のうち、リトアニアは国籍選択権を認めた）。エストニアの場合、自由権規約委員会は、政府の定期報告書に関する総括所見において、国籍取得のための過度な言語要件への懸念が表明されたものの、[4] 永住外国人の地方選挙権が認められるなど、一定の差別解消策をとった。しかし、ラトヴィアの場合、自由権規約委員会は、政府の定期報告書に対する総括所見において、国籍取得のための厳しい言語要件への懸念が表明されただけでなく、[5] 自由権規約 26 条との関連で、「締約国は、ラトヴィアに長期に居住している外国人に地方選挙への選挙権を認めること

---

4) CCPR/C/79/Add.59 (9 November 1995), para. 12.
5) CCPR/C/79/Add.53 (26 July 1995), para. 17.

により、統合過程を容易にすること」を勧告している[6]。2022 年には、日本政府の定期報告書に関する総括所見において、自由権規約委員会は、「国民的または民族的マイノリティとして認められるべき、植民地時代から日本に居住しているコリアンとその子孫」に「地方選挙権を認めるよう関連法の改正を検討すべきである」と勧告した[7]。

4. 2004 年の人種差別撤廃委員会の「市民でない者の差別についての一般的勧告 30」

　人種差別撤廃員会も、ラトヴィア政府の定期報告書に対する総括所見において、2004 年の人種差別撤廃委員会の「市民でない者の差別についての一般的勧告 30（General recommendation XXX on discrimination against non-citizens）」を想起して、「長期の永住者の外国人が地方選挙に参加することを認めるよう検討するように」勧告した[8]。同様に、人種差別撤廃委員会は、日本政府の定期報告書に対する総括所見において、2004 年の人種差別撤廃委員会の「市民でない者の差別についての一般的勧告 30」を想起して、「締約国が、数世代にわたり日本に在留するコリアンに対し、地方選挙権および公権力の行使または政策決定への参画にも携わる国家公務員への就任を認めること」を勧告している[9]。

　人種差別撤廃委員会の「市民でない者の差別についての一般的勧告 30[10]」は、外国人の差別をめぐる人種差別撤廃条約上の締約国の責任を明らかにすべく定められた。たしかに、人種差別撤廃条約 1 条 2 項が市民と市民でない者との間に区別を設けることができることを規定している。しかし、同 3 項が国籍、市民権または帰化に関して、締約国の法規がいかなる特定の国籍

---

6) CCPR/CO/79/LVA (1 December 2003), para. 18.

7) 自由権規約委員会・日本の第 7 回定期報告書に関する総括所見（2022 年）42・43 段落。

8) CERD/C/LVA/CO/6-12 (25 September 2018), para. 21(c).

9) 人種差別撤廃委員会・日本の第 10 回・第 11 回第定期報告書に関する総括所見（2018 年）22 段落。

10) 人種差別撤廃委員会・一般的勧告 30（2004 年）。

および民族に対しても差別を設けてはならないことを宣言している（1段落）。

そして、「人種、皮膚の色、世系または民族的もしくは種族的出身（national or ethnic origin）」に基づく市民権の剥奪が、国籍に対する権利の差別のない享有を確保するべき締約国の義務の違反であることを認識すること」（14段落）を勧告している。したがって、ラトヴィアや日本における市民権の剥奪の歴史的経緯において、国籍に対する権利の差別が締約国の義務違反であることをまずは認識する必要があるものと思われる。

ついで、「長期居住者または永住者に対する市民権の否認が、ある場合には、雇用および社会福祉へのアクセスに不利益を生じさせ、条約の非差別原則に違反する結果となることを考慮すること」（15段落）を勧告している。ラトヴィアや日本における市民権の剥奪の歴史的経緯がある場合には、長期居住者または永住者に対する市民権の否認が、公務員としての雇用、すなわち公務就任権において不利益を生じさせていることは、とりわけ national origin に基づく条約の被差別原則に違反するものと思われる。

長期の永住者の地方選挙権については、この一般的勧告30においては明示されていないものの、ラトヴィアや日本における市民権の剥奪の歴史的経緯がある場合には、長期居住者または永住者に対する市民権の否認による差別を解消し、地方選挙権や公務就任権を認めることが締約国の責任と考えられたのであろう。

5. 自由権規約25条の「普通（universal）」選挙

普通選挙の原則は、時代とともに変化している。日本では、1889年の最初の選挙は、直接国税15円以上の納税者に限定する制限選挙であった。また、貴族院令のような「身分」の制限もあった。1925年に25歳以上の男子普通選挙権が「財産」の制限をなくし、1946年に20歳以上の男女普通選挙権が「性別」の制限をなくし（身分の制限もなくし）た。2016年から18歳以上の男女普通選挙権となる。

「普通（universal）」とは、本来、「万人共通の」とか、「すべての人」のという意味である。普通選挙の原則は、選挙権を一定の集団や階級に制約する

ことはできず、すべての人の基本的な権利であることことを意味する。したがって、普通選挙の原則からは、すべての人に選挙権を認めるベクトルが働く。

　自由権規約 25 条が「市民」の選挙権を定め、「不合理的な制限なしに」とあるように、普通選挙の例外として、「合理的な」制約は許される。歴史的には、財産のない人、女性の制約は合理的とされたが、今日では、不合理とされ、自由権規約 2 条と結びついた 25 条が「財産」および「性」による差別のない選挙権を定めている。新たに「他の地位等」による不合理な制約も問題であり、たとえば、事実上の行為能力があるにもかかわらず、精神的・知的・心理社会的「障碍者」の制約が不合理とされる。この点、成年被後見人については、障碍者権利条約や国際的な動向を踏まえ、選挙権を有しないと定めていた公職選挙法（以下、公選法）11 条 1 項 1 号を「やむを得ない事由」があるとはいえないとして、憲法 15 条 1 項・3 項、43 条 1 項、44 条ただし書きに反するとした東京地裁判決を受け[11]、2003 年に公選法が改正され、選挙権を認めるようになったことが想起される。さらには、（一般的な）「受刑者」の選挙権の制約や、永住者とりわけ国家承継に伴い自己の意思によらず国籍を喪失した者とその子孫である「外国人」への制約が、不合理か否かが今後の課題とされている[12]。

6. 外国人の地方選挙権をめぐる国内判例

　日本で生まれ育った旧植民地出身者の子孫である特別永住者の在日韓国人 2 世らが、1990 年に選挙人名簿への登録を求める異議の申立をしたところ、選挙管理委員会に却下された。そこで、却下決定の取消を求めたのが定住外国人地方選挙権訴訟である。最高裁は、憲法前文および 1 条の定める国民主権原理における「国民」とは、「日本国民」であるとした上で、公務員の選定罷免権を定める憲法 15 条 1 項は、権利の性質上「日本国民」のみを対

11）東京地判 2003（平成 25）年 3 月 14 日判時 2178 号 3 頁。
12）自由権規約委員会・日本の第 7 回定期報告に関する総括所見（2022 年）27・42 段落。

象とし、「憲法 93 条 2 項にいう『住民』とは、地方公共団体の区域内に住所を有する日本国民を意味するものと解するのが相当であり、右規定は、我が国に在留する外国人に対して、地方公共団体の長、その議会の議員等の選挙の権利を保障したものということはできない」。しかし、同判決は、「憲法第 8 章の地方自治に関する規定は、民主主義社会における地方自治の重要性に鑑み、住民の日常生活に密接な関連を有する公共的事務は、その地方の住民の意思に基づきその区域の地方公共団体が処理するという政治形態を憲法上の制度として保障しようとする趣旨に出たものと解されるから、我が国に在留する外国人のうちでも永住者等であってその居住する区域の地方公共団体と特段に緊密な関係を持つに至ったと認められるものについて、その意思を日常生活に密接な関連を有する地方公共団体の公共的事務の処理に反映させるべく、法律をもって、地方公共団体の長、その議会の議員等に対する選挙権を付与する措置を講ずることは、憲法上禁止されているものではないと解するのが相当である」と判示した。[13]

　外国人に地方選挙権を憲法は「保障」したものということはできないとあるのは、学説上の「要請説」を否定することを意味する。したがって、法律上、外国人地方選挙権を認めていない現状も違憲ではない。一方、永住者等に法律をもって地方選挙権を付与することは憲法上「禁止」されているものではないとあるのは、「禁止説」の否定を意味する。したがって、この判例は、「許容説」に立つものと解される。もちろん、判決がいうように、法律を改正して外国人地方選挙権を認めるかどうかは「立法政策」の事柄であって、法律を改正しないからといって「違憲の問題を生ずるものではない」。憲法上は、永住者等に地方選挙権を認める法改正をしても、しなくてもどちらでも合憲となると最高裁は判断した。

　では、なぜ最高裁は、永住者等の地方選挙権を憲法は禁止していないと判断したのであろうか。答えは、憲法の体系解釈における国民主権原理と住民自治原理との調整と、関係者民主主義の考え方の中にある。そもそも、憲法解釈は、個々の条文の文言解釈にとどまらず、体系解釈が重要である。憲

13）定住外国人地方選挙権訴訟・最判 1995（平成 7）年 2 月 28 日民集 49 巻 2 号 639 頁。

法 15 条 1 項が公務員の選定権を「国民固有の権利」と定めているから、選挙権の保障を外国人に保障しないのではなく、憲法の基本原理である「国民主権」との体系解釈から外国人には憲法上保障していないのである。しかし、憲法は地方自治の章を定め、一般に「住民自治」と団体自治が憲法 92 条の「地方自治の本旨」と解されている。[14] 憲法 93 条 2 項の「住民」の地方選挙権は、この地方自治の本旨の住民自治から派生する。そこで、「民主主義社会における地方自治の重要性」、とりわけ住民自治の原理からすれば、外国人住民にも自治への参加権を認めるべきとの要請が働く。実は、伝統的な国民主権原理は外国人参政権に消極的なベクトルが働くのに対し、代表なくして課税なしのスローガン[15]にみられるように民主主義原理は外国人参政権に積極的なベクトルが働き、民主主義原理としての住民自治原理は、とりわけ外国人地方参政権に積極的なベクトルが働く。一方、「関係者民主主義」の考え方が、居住する区域の自治体と特段に密接な関係をもつ外国人、すなわち永住者等の地方参政権を許容することになる。国民類似の特段に密接な関係をもつ永住者等の住民ならば、自らの意思表明に必要な判断能力とその決定への責任能力を担保しうる。他方、国民主権原理に基づき国会が定めた「法律の範囲内」で住民自治原理に基づき自治体が条例を定めるのが憲法 94 条の規定である。したがって、永住者等に地方選挙権を認めても、国民主権原理との矛盾は回避できるので、憲法上、禁止されない。[16] なぜならば、地方選挙権の場合は、実質的にみて国民主権原理との関わりが少なく、国会が法律で認めることにより国民主権原理の正当性が担保されるからである。[17]

7. 外国人の住民投票

　自由権規約 25 条は、住民投票に関する定めはなく、住民投票制度を設け

---

14) 芦部、2019、378 頁、佐藤、2020、598 頁。

15) 2021 年にニューヨーク市議会が 30 日以上市内に住所がある永住者と労働許可保持者に 30 日の居住を条件として外国人地方選挙権を認めた条例案の提案趣旨にもみられる。

16) 近藤、1996、190-221 頁、276-277 頁。

17) 福岡、1998、842-843 頁。

ることを要請しているわけではない。日本国憲法上も、地方自治法上も、い
つでも必要に応じて住民の意思を住民投票で確認できる常設型住民投票制度
を設けることを要請していない。自治体によっては、住民自治の理念に基づ
いて、合併問題などに即した個別型住民投票や、多くの事案に対応しうる常
設型住民投票を条例で制定した。

　2021 年に武蔵野市の常設型の住民投票条例案が 3 カ月以上市内に住所が
あることを要件に外国人住民にも投票資格を認めようとしたが、市議会で否
決された。同市によれば、2020 年 12 月時点で国内の常設型住民投票条例を
定めている自治体は 78 あり、そのうち外国人住民の投票を認めている自治
体は 43 である。これらの投票資格要件は、表 2 の 6 類型に分かれる。前半
の 4 つは在留期間、後半の 2 つは在留資格を要件とする。

　投票資格者を決める根拠を検討すると、たとえば、①の 3 カ月の場合、
「住民自治原理」などからは、外国籍市民にのみ在留期間などの要件を設け
ることには明確な合理性がないので、日本国籍市民と同じ要件とする[18]。②
の 1 年の根拠は、おそらく、日本人の実子や一部の高度人材の場合の永住
許可、日本人の配偶者との婚姻期間が 3 年ある場合の帰化において、最短 1
年の日本での居住実績が目安とされていることと関係しているのであろう。

　一方、③の 3 年の根拠は、投票内容を理解した上で判断するには、日本
と密接な関係をもち、日本の社会生活や文化、政治制度などの知識を必要と
する点にある[19]。④の 5 年の根拠は、投票の対象とされる事案に自らの意思
を表明するには、一定の在留期間による日本での生活基盤の確立が必要であ
り、最長の在留期間が 5 年であるので、5 年を超える在留ならば 1 度は更新
手続がされている点にある[20]。なお、帰化に必要な居住要件が原則 5 年であ
ることが日本での生活基盤の確立の 1 つの目安になる。

　他方、⑤の特別永住者・永住者の場合、日本の社会生活等を十分に理解し
ていると考えられるので、期間の要件は不要だが、日本人の配偶者等・永住

18）武蔵野市「武蔵野市住民投票条例（仮称）素案」（2021 年）7-8 頁。
19）川崎市「川崎市住民投票条例逐条説明書」（2022 年）10 頁。
20）生駒市「生駒市市民投票条例逐条解説」（2017 年）7-9 頁。

表2　常設型住民投票における外国人住民の投票資格要件

在留期間・在留資格	自治体	自治体数
①3カ月	逗子市（神奈川）、豊中市（大阪）	2
②1年	奥州市（岩手）	1
③3年	美幌町（北海道）、占冠村（同）、西和賀町（岩手）、川崎市（神奈川）、岸和田市（大阪）、野洲市（滋賀）、杵築市（大分）	7
④5年	生駒市（奈良）	1
⑤特別永住者・永住者・日本人の配偶者等・永住者の配偶者等・定住者	北広島市（北海道）、稚内市（同）、大和市（神奈川）、掛川市（静岡）	4
⑥永住外国人（特別永住者・永住者）	苫小牧市（北海道）、北見市（同）、増毛町（同）、遠軽町（同）、宮古市（岩手）、滝沢市（同）、柴田町（宮城）、美里町（埼玉）、鳩山町（同）、我孫子市（千葉）、流山市（同）、小金井市（東京）、上越市（新潟）、宝達志水町（石川）、小諸市（長野）、信濃町（同）、高浜市（愛知）、名張市（三重）、愛荘町（滋賀）、米原市（同）、阪南市（大阪）、大東市（同）、穴栗市（兵庫）、北栄町（鳥取）、日吉津村（同）、広島市（広島）、大竹市（同）、山陽小野田市（山口）	28

出典：武蔵野市「武蔵野市住民投票条例（仮称）骨子案」（2021年）61-64頁。

　者の配偶者等・定住者の場合、日本の社会生活等の知識を身につけるのに3年の要件が必要である[21]。これら5つの在留資格に限定する理由は、在留期間の更新が必要とはいえ、原則として更新が認められる点で、永住者に類似しているからであろう。⑥の永住外国人の根拠は、日本の社会生活等を十分に理解しており、今後も長期的に市に居住する意思が推認されうる点にある[22]。

　永住外国人に限定する事例が一番多い。しかし、日本の永住許可の居住要件は原則10年であり、帰化の5年よりも長いという国際的にみても異常な

21）北広島市「北広島市市民投票条例解説書」（2017年）4-5頁。
22）苫小牧市住民投票条例市民検討懇話会「住民投票条例に規定する基本的事項に関する提言書」（2013年）16頁。

表3　主な国の常設型住民投票における外国人住民の投票資格要件

在留期間・在留資格	自治体	国・州・自治体数
14 日	アメリカのサマセット郡	1
30 日	アメリカのタコマ・パーク市	1
1 年	ニュージーランド	1
2 年	フィンランド、ペルー	2
3 年	スウェーデン・デンマーク	1
5 年	オランダ、ベルギー、エクアドル、コロンビア、スイスのフリブール州	5
永住外国人	リトアニア、スロバキア、スロベニア、ハンガリー	4
8 年	スイスのジュネーブ州	1
10 年	ベネズエラ、スイスのジュラ州	2

出典：GLOBALCIT, 2019.

状況にある[23]。そこで本来的には、永住許可の居住要件を5年以下に短縮した上で、永住外国人に住民投票権を認めることが、適当と思われる。現行の永住許可制度のもとでは、3年ないし5年の居住期間を要件とすることも次善の策といえよう。一方、3カ月というのは、住民自治の原理や「多様性」を掲げる市の基本目標からは、理解できるものの、武蔵野市議会のように反対意見も多く寄せられかねず、現実的な制度設計としては問題もある。参考までに、主な国（一部の自治体や州に限る場合も含む）の外国人の住民投票制度の要件についても示しておこう（表3）。

　①アメリカは一部の自治体で認めるだけだが、サマセット郡が14日、タコマ・パーク市が30日といったように、国民と同様の短期の在留期間を要件に外国人住民にも認めている。「代表なくして課税なし」という独立戦争のスローガンが民主主義の理念として引き合いに出されるアメリカでは、納税者と投票者を一致させることを好む傾向にある。②ニュージーランドが1年の在留期間を要件とするが、留学生などの短期滞在資格は除かれている。フィンランドとペルーは2年の在留期間が要件である。③スウェーデンやデンマークは、3年の在留期間が要件である。

23）参照、MIPEX, 2000.

④オランダ、ベルギー、エクアドル、コロンビア、スイスのフリブール州が、5 年の在留期間を要件とする。⑤は、日本に特有のタイプであり、国外に類似の例はなさそうである。⑥リトアニア、スロバキア、スロベニア、ハンガリーが永住外国人に認めているが、いずれも永住許可に必要な居住期間は 5 年である。

なお、その他、ベネズエラが 10 年の在留期間を要件とする。スイスではジュラ州が 10 年、ジュネーブ州が 8 年の在留期間を要件としている。

8. 外国人の公務就任権をめぐる国内判例と当然の法理の理論的根拠

鄭香均（チョンヒャンギュン）さんは、韓国籍の特別永住者であり、1950 年にコリアンの父と日本人の母の下に出生した。1952 年のサンフランシスコ平和条約後の法務府の通達により、朝鮮戸籍に属する者として日本国籍を喪失した。1986 年に外国籍にも門戸を開放した東京都の外国人保健婦第 1 号として、1988 年に東京都に採用された。その後、上司のすすめもあり、1994 年度および 1995 年度に実施された課長級の職への管理職選考試験を受験しようとしたところ、日本国籍でないことを理由に受験を拒否された。このため、受験資格の確認と精神的苦痛に対する損害賠償を裁判所に訴えた。試験が実施されたため、確認請求は却下された。

損害賠償請求について、1 審によれば、「国民主権の原理は、単に公務員の選定罷免を決定する場面のみに日本国民が関与することで足りるものではなく、我が国の統治作用が主権者と同質的な存在である国民によって行われることをも要請していると考えられる」。そこで公務員を二分して、①外国人は、（いわゆる当然の法理に基づいて）「公権力の行使あるいは公の意思の形成に参画」することによって「直接的または間接的に我が国の統治作用にかかわる職務に従事する地方公務員」に就任することはできない（これは、禁止を意味する）。②そして許容されるのは、「上司の命を受けて行う補佐的・補助的な事務、もっぱら専門分野の学術的・技術的な事務等に従事する地方

公務員」に限られるとして請求を棄却した。[24]

　一方、2審は、統治作用直接行使公務員、統治作用間接行使公務員、補佐的技術的公務員に三分する。そして統治作用間接行使公務員については、「職務の内容、権限と統治作用との関わり方及びその程度を個々、具体的に検討することによって、国民主権の原理に照らし」外国人の就任の可否を区別する必要があるとして、「管理職であっても、専ら専門的・技術的な分野」のスタッフ職は、「公権力を行使することなく、また、公の意思の形成に参画する蓋然性が少なく、地方公共団体の行う統治作用に関わる程度の弱い管理職も存在する」（東京都の約 2500 の管理職のうち、事案の決定権限を有しない管理職が一割強存在する）。したがって、管理職選考受験から外国人を一律に排除することは、憲法 22 条 1 項の職業選択の自由と同 14 条 1 項の法の下の平等に反し、慰謝料 20 万円を認定した。[25]

　他方、最高裁によれば、[26]「国民主権の原理に基づき、国及び普通地方公共団体による統治の在り方については日本国の統治者としての国民が最終的な責任を負うべきものであること（憲法 1 条、15 条 1 項参照）に照らし」、「原則として日本の国籍を有する者が公権力行使等地方公務員に就任することが想定されている」と判示し、基本的には原告らの訴えをしりぞける上で、国民と同じ憲法上の保障を否定するものの、立法政策の問題として、禁止説とは異なる許容説の立場に立っている。禁止説に立つ「当然の法理」とは違い、最高裁判例の立場は、許容説に立つ「想定の法理」と呼びうる。しかし、国民主権原理から「住民の権利義務を直接形成し、その範囲を確定するなどの公権力の行使に当たる行為を行い、若しくは普通地方公共団体の重要な施策に関する決定を行い、又はこれらに参画することを職務とするもの（公権力行使等地方公務員）」は、原則として日本国民の就任が「想定」されているという根拠は十分ではない。

　そもそも、最高裁判決は、国民主権原理の射程においても問題がある。ド

24）東京地判 1996 年（平成 8）年 5 月 16 日判時 1566 号 23 頁。

25）東京高判 1997（平成 9）年 11 月 26 日判時 1639 号 30 頁。

26）最大判 2005（平成 17）年 1 月 26 日民集 59 巻 1 号 128 頁。

イツにおいて国民主権原理は、国家機関の監督者がドイツ人であることを要求するにすぎず、[27] 行政においては、国民意思の形成ではなく、その実施が重要だと考えられている。[28] したがって、憲法上、公務就任権に関する国籍要件を導くことはできない。[29] 地方公務員の公権力の行使を主権のレベルの問題と考えることは、国民による最高の意思決定としての国民主権の本来の意味を無視した、ナショナリズムに偏した解釈といえよう。泉裁判官の反対意見がいうように、憲法 8 章は地方自治の担い手を「住民」と定めているが、「地方公共団体との結びつき」からして「特別永住者は、その住所を有する地方公共団体の自治の担い手の一人である」。ナショナリズムに偏した国民主権原理は、外国人の公務就任を禁止するが、デモクラシーに基づく国民主権原理、とりわけ民主主義原理としての住民自治原理は、特別永住者の地方公務員への就任を認めるベクトルが働く。

　ついで、泉裁判官の反対意見がいうように、特別永住者に対し、国は「就労活動その他の活動」も、「地方公務員となること」も、法律により制限していない。そして「職業選択の自由は、経済活動の自由にとどまらず、職業を通じて自己の能力を発揮し、自己実現を図るという人格的側面を有している」。法律によらず、人権を制限することは法治主義に反する。基本的人権の尊重が憲法の基本原理と説かれる際に、諸外国のように、法治主義や法の支配が、憲法の基本原理として意識されてこなかったことに問題があるのであろうか。また、最高裁は、2 審とは違い、憲法 22 条 1 項の判断をしていない。「何人も、公共の福祉に反しない限り、……職業選択の自由を有する」と定める憲法 22 条 1 項の明文を無視して、「法体系」を語る最高裁判決は、立憲主義の基本に反するという問題がある。さらには、法律によらず、行政解釈で個人の権利を制約する手続は、「立法」その他の国政上、最大の尊重を要請している憲法 13 条にも反する。

　2 審判決が違憲とし、泉裁判官の反対意見が指摘するように、「課長級の

27）Schwerdtfeger, 1980, pp. 71-73.
28）Isensee, 1994, p. 1546.
29）Magiera and Siedentopf, 1994, p. 191 [Merten].

職には、自己統治の過程に密接に関係する職員以外の職員が相当数含まれている」問題がある。多数意見が合憲とした拠り所は、「公権力行使等地方公務員の職とこれに昇任するのに必要な職務経験を積むために経るべき職とを包含する一体的な管理職の任用制度を構築して人事の適正な運用を図ることも、その判断により行うことができる」という点にある。しかし、この理由を敷衍する藤田裁判官の補足意見がいうような「全体としての人事の流動性を著しく損なう結果となる可能性」は、採用されている外国人の数からして現実味がないものと評されている。[30] 滝井裁判官の反対意見にあるように、国籍のみを理由として一切の管理職への昇任の道を閉ざすことは、人事の適正な運用という「目的の正当性は是認しうるにしろ、それを達成する手段としては実質的関連性を欠き、合理的な理由に基づくものとはいえない」という違憲論の方が説得的と思われる。とりわけ、特別永住者の場合、単なる国籍差別の問題ではなく、national origin による差別の経緯に起因するものであり、目的と手段のいっそう厳格な審査が求められるべきである。

　なお、最高裁判決には、隠れた問題点もある。想定の法理を述べる上で、「我が国以外の国家に帰属し、その国家との間でその国民としての権利義務を有する外国人が公権力行使等地方公務員に就任することは、本来我が国の法体系の想定するところではない」と判示している。複数国籍者が相当数いる現代国家において、複数国籍者の管理職を含む一般の公務員への就任を認めることは、現代では「当然の法理」と思われる。しかし、複数国籍者の存在を想像もできず、このような判決文を書く裁判官の思考方法の中には、半世紀以上前の「当然の法理」の無定量の国家忠誠を説く時代錯誤的な国家主権理解があるのかもしれない。

　いわゆる当然の法理についてみておこう。最も重要な文書は、1953 年に高辻正巳内閣法制局第一部長のいわゆる「高辻回答」において、サンフランシスコ平和条約後の法務府民事局長通達による日本国籍喪失に伴う、在職外国人公務員の地位の存否が問われた事例への回答である。すなわち、「一般にわが国籍の保有がわが国の公務員の就任に必要とされる能力要件である旨

---

30) 中西、2005、23 頁。

の法の明文の規定が存在するわけではないが、公務員に関する当然の法理として、公権力の行使又は国家意思の形成への参画にたずさわる公務員となるためには日本国籍を必要とするものと解すべき」という[31]。一方、地方公務員については、1973 年に自治省公務員第 1 課長の回答において、「当然の法理に照らして、公権力の行使又は地方公共団体の意思の形成への参画にたずさわる職に日本国籍を有しない者を任用すること」は「できないものと解する」との見解が示された[32]。そして、1979 年の内閣総理大臣大平正芳による「大平答弁書」において「公務員に関する当然の法理として公権力の行使又は公の意思の形成への参画にたずさわる公務員となるためには日本国籍を必要とする」と、国家公務員と地方公務員を一緒に定式化した[33]。

　当然の法理の理論的根拠を示した文書として重要なものに、まず、1927 年の美濃部達吉の『逐条憲法精義』がある。明治憲法 19 条は、ただ「日本臣民が均しく公務につき得ること」を定めているのみで、外国人がその能力を有しないことを想定しているものではない。しかし、「外国人が原則として国の公務に参加することを得ない」のは、「公務の性質から」みて「当然の事理」と認められる。「国の公務」は、「国家の活動を指揮運転する作用」であり、「国家の一員として完全に国家に忠実であることを期待し得」る者にだけ当たらせることを「当然の性質」とするのは、「各国の普通の国法」であるという[34]。ついで、日本国憲法下に、「外国人が日本国政府の警察官になることができるかについての照会」に対する兼子一法務省調査意見長官による「兼子回答」が重要である。そこでは、「公の権力の行使を担当する官吏となる権利については、これを国民のみの占有する権利としているのが各国の通例」であるとし、その理由に、①国家が十分に信頼しうるべく「国家に対し忠誠を誓い、一身を捧げて無定量の義務に服し得るものであることを要すること」、②国が外国人を自国の官吏に任命することは、上の忠誠義務との関係で「その者の属する国家の対人主権をおかすおそれがあること」、

---

31) 法制局 1 発第 29 号 (1953〔昭和 28〕年 3 月 25 日)。
32) 自治公 1 第 28 号 (1973〔昭和 48〕年 5 月 28 日)。
33) 内閣衆質 87 第 13 号 (1979〔昭和 54〕年 4 月 13 日)。
34) 美濃部、1927、349 頁。

③「その国の民情風俗に通暁することを必要とすること等」を挙げている。[35]したがって、当然の法理の根拠は、当該公務員の無定量の忠誠義務への信頼、当該外国人の対人主権の侵害、民情風俗への通暁の必要にある。

　そして高辻回答では、天皇主権下の官吏の忠誠義務の発想は消え、もっぱら②の対人主権の尊重の精神を根拠とするものであった。すなわち、当然の法理の根拠を憲法15条1項の定める「公務員を選定し、及びこれを罷免することは、国民固有の権利」の反面解釈から国民のみが「専有する」権利であると解釈から導く議論をしりぞけ、憲法15条1項の規定は、「憲法の宣明する国民主権主義の原則を公務員について定めたものであって、その『固有の権利』とは、『奪うべからざる権利』の意味に解するのが正しく、一般に外国人に対して公務員を選定する権利が認められないのは、直接本条から引き出される結論ではなくて」、上述の②にみられるような「自国の主権の維持と他国の主権の尊重とを基調とする憲法の趣旨に反することにならないような場合に限り、その例外が認められる」という。したがって、本来の当然の法理は、国民主権原理や憲法15条1項を根拠とするものではなく、「自国のことのみに専念して他国を無視してはならない」という「憲法前文第3段」にある「政治道徳の法則」、具体的には、他国の対人主権という国家主権の尊重の精神から導かれていたのである。[36]

　地方公務員管理職昇任差別事件の1審判決が、国民主権原理を根拠に当然の法理を導き、最高裁が国民主権原理を根拠に想定の法理を導いた。そして、当然の法理の今日の運用上、重要なのは、1996年に白川勝彦自治大臣の「白川談話」およびそれに付随する「大臣の説明」である。そこでは、「公権力の行使または公の意思の形成への参画にたずさわる公務員となるためには日本国籍を必要」という「公務員に関する基本原則」は地方公務員の場合も同様としつつ、どのような職が具体的にそれに該当するのかどうか、「一律にその範囲を確定することは困難」なので、自治体が「基本原則

35）法務省調査1発第155号（1948〔昭和23〕年8月17日）。
36）法制局1発第29号（1953〔昭和28〕年3月25日）。

を踏まえ」、「工夫をし、適切な措置を講」ずるとした[37]。以後、地方公務員の当然の法理の解釈は、自治体の自主的な判断に委ねられ、自治省ないし今日の総務省がガイドラインを示すことはない。したがって、「当然の法理」の解釈の幅の中には、自治体の長以外の職員は、長を補佐、補助する立場なので、外国人の任用も可能という判断もありうる。これに対して、当然の法理と違い、禁止の意味合いがない、「想定の法理」の解釈の幅の中には、自治体の長を含めて、外国人の任用を例外として認める余地もありうる。人種差別撤廃委員会は、日本の定期報告書審査において、「数世代にわたり日本に在留するコリアンに対し、地方選挙権および公権力の行使または政策決定への参画にも携わることができる国家公務員への就任（Koreans who have lived in Japan for many generations are allowed the right to vote in local elections, and to serve as national public servants who can also engage in the exercise of public authority and decision-making）」を認めるよう勧告した。地方公務員ではなく、国家公務員とあることは興味深い。実際、諸外国の中には、幅広く外国人の公務就任権を認めており、自治体の長にも国籍要件がない国も少なくない[38]。また、諸外国では、法の支配や法治主義は、憲法の基本原理であり、法令の定めなしに公務員の国籍要件を課すことは、法の支配に反する。日本でも、「基本的人権の尊重」という基本原理のうちに「法の支配」の重要な役割が内在していることに目を向けるべきである。法令の定めなしに、調停委員などの国籍要件を最高裁が導いていることは、「国政の上で、最大の尊重を必要とする」個人の「自由」が、「法律の定める手続」によらず、最高裁の司法行政により、奪われており、憲法「31条と結びついた13条」の適正手続違反といえよう。また、国籍差別の問題だけでなく、特別永住者の場合は、national origin により国籍を剥奪されたことによる差別として広義の人種差別の問題ともいえる。

　なお、公立学校の教員については、1991年の文部省教育助成局長の通知「在日韓国人など日本国籍を有しない者の公立学校の教員への任用につい

37）岡崎、1998、44-46頁。
38）参照、近藤、2019、130-137、210-213頁。

て」がガイドラインを示している。外国人の場合も選考試験を受験できるが、「教諭」として任用される日本国民の場合とは違い、選考に合格した外国人は、任用の期限を附さない「常勤講師」として任用される。その理由は、「教諭」の場合、校長の行う校務の運営に参画することにより「公の意思の形成への参画」に携わることを職務としているから、「公務員に関する当然の法理」の適用があるとの 1983 年の政府答弁がある。これに対し、「講師」は、教育指導面では教諭と同等の役割を担うが、校務の運営面では教務主任や学年主任の指導・助言を受けながら補助的に関与するにとどまり、校務の運営に「参画」する職ではないから、「公務員に関する当然の法理」の適用のある職とは解されないと説明されている。公立学校の教員の国籍要件をめぐる裁判において、1991 年の通知の合憲性に関する判例はない。2012 年に日弁連は、人権救済申立に基づいて、同通知により、外国籍教員の身分は「常勤講師」とされ、校長、教頭、学年主任、教務主任等の管理職となる道が閉ざされている取扱いは、憲法 14 条に反する不合理な差別的取扱いであり、憲法 22 条が保障する職業選択の自由を侵害するので、文部科学大臣が同通知の該当部分を取り消し、「教諭」として管理職への任用も可能なことを自治体に知らせ、（外国籍教員の学年副主任を認めなかった）神戸市教育委員会が「教諭」として管理職にも任用することを勧告した。諸外国においても、公立学校の通常の教員の任用ないしその管理職等への任用に国籍要件を課さない国も多く、国や州によって、すべての外国人、EU/EEA 市民、永住者などに教員の門戸を広げている。

39）文教地第 80 号（1991〔平成 3〕年 3 月 22 日）。
40）中曽根康弘内閣総理大臣の答弁書・内閣衆質 98 第 13 号 1983〔昭和 58〕年 4 月 1 日。
41）名古屋高裁 1981（昭和 56）年 7 月 20 日判時 1015 号 51 頁など。
42）日弁連総第 170 号 2012（平成 24）年 3 月 6 日。
43）中島ほか、2021、207-213、221-226 頁〔権〕。

第 10 章

社会権規約 13 条・子どもの権利条約 28 条等と教育への権利

1. すべての人の教育への権利——政府の文言説から性質説へ

（世界人権宣言 26 条 1 項では「すべて人は、教育への権利を有する。教育は、少なくとも初等および基礎的な段階においては、無償でなければならない。初等教育は、義務的でなければならない」とある）。社会権規約 13 条 1 項は、「この規約の締約国は、すべての者の教育への権利を認める」と定めている。また、子どもの権利条約 28 条 1 項も、「締約国は、子どもの教育への権利を認めるものとし、この権利を漸進的にかつ機会の平等を基礎として達成するため、特に、(a)初等教育を義務的なものとし、すべての者に対して無償のものとする。(b)種々の形態の中等教育（一般教育及び職業教育を含む。）の発展を奨励し、すべての子どもに対し、これらの中等教育が利用可能であり、かつ、これらを利用する機会が与えられるものとし、たとえば、無償教育の導入、必要な場合における財政的援助の提供のような適当な措置をとる……」と定めている。したがって、教育への権利は、すべての人ないしはすべての子どもに保障されるべきものである。

一方、日本国憲法 26 条 1 項は、「すべて国民は、法律の定めるところにより、その能力に応じて、ひとしく教育を受ける権利を有する」と定める。外国人の人権をめぐる憲法解釈は、通説・判例ともに、性質説に立つ。[1]「国

---

1) 芦部、1994、64-65 頁。**マクリーン事件・最大判** 1978（昭和 53）年 10 月 4 日民集 32 巻 7 号 1223 頁。

民」や「何人も」という憲法の文言に依拠する文言説ではなく、権利の性質により、外国人の人権共有主体性が判断される。しかし、多くの憲法の教科書は、外国人の人権享有主体性についての記述においても、憲法26条の教育を受ける権利に関する説明においても、外国人の教育を受ける権利の有無について、明示していない[2]。この点、あえて明示しないのは、外国人も教育を受ける権利を享有することは、性質上、当然であるとして、特に論じる必要を感じていないのかもしれない。

　例外的に、明示的に論じる場合、肯定説の根拠は、第1に、「日本に居住する外国人の子どもの教育は、本国政府による配慮を期待することができない以上、日本政府は配慮義務を免れることはできない」からである[3]。第2に、「教育が経済生活の基盤をなす権利でありかつ精神生活形成の重要な機能を果たすという観点からすると、国籍によってこの権利を否定する根拠を見出すことはできない」[4]。第3に、「世界人権宣言でも国際人権規約でも、この権利を『すべての人』に具わったものとして宣言している」ことから「そもそも教育ということがらが、国籍といった人為的・制度的な属性と本来的に馴染むものかどうか……疑問である」[5]。第4に、難民条約「第4章において福祉（……公の教育……）について内外人の平等原則」をかかげ、社会権規約2条2項の「差別禁止」は「漸進的達成条項」とは違うからである[6]。第5に、「憲法26条は『すべて国民』に教育を受ける権利を保障したが、今日では、『本条の権利の性質上、外国人を含める』という理解が有力になりつつある」として、「今日の通説で判例も支持している」「学習権説は、教育という目的を子ども個人の人格の発展から説き起こすので、教育に対する脱国家性、脱政治性を組み込んだ説明がしやすい」し、「世界人権宣言26条、

---

2) たとえば、芦部、2019、92-98、283-286頁。佐藤、2020、161-170、405-410頁。長谷部、2018、117-123、289-293頁、高橋、2020、94-102、343-347頁、野中ほか、2012、222-230頁〔中村〕、516-22頁〔野中〕。
3) 戸波、1998、140頁。
4) 渋谷、2017、121頁。木下・只野編、2019、323頁〔倉田〕。
5) 芦部編、1981、380頁〔奥平〕。
6) 芦部、1994、137-138頁。

社会権規約 13 条、難民条約 22 条 1 項などの認めるところでもある」という[7]。したがって、外国人の人権享有主体性を権利の性質に求めるのであれば、権利の性質の判定基準として人権条約を参照する必要があり、人権条約適合的な憲法解釈からは、社会権規約 13 条 1 項および子どもの権利条約 28 条 1 項を解釈指針として、日本に居住するすべての人（とりわけ学齢期の子ども）に憲法 26 条 1 項の教育を受ける権利が保障されているものと解するべきである[8]。教育への権利は、第 1 に、功利主義的な立場からは、民主制を維持する上での「国民の権利」行使の前提条件と考えられるものの、第 2 に、個人の「人格の発展」のための前提条件であり、第 3 に、雇用・衣食住などの個人の福祉を確保するため、「人間の尊厳」の要請として、文字通りの「人権」として考えられる[9]。たとえば、社会権規約 13 条 1 項は、第 2 と第 3 の論拠に基づいて、「この規約の締約国は、教育についてのすべての者の権利を認める。締約国は、教育が人格の完成および人間の尊厳についての意識の十分な発達を指向する」旨を定めており、この権利の性質を明確に位置づけている。教育を受ける権利の性質上、外国人も人権共有主体性を肯定されるべきである。

　他方、否定説によれば、「憲法 26 条の効力は、外国人には及ばない。ただし、日本国内に住む外国人の子どもが日本の小・中学校への入学を希望した場合、日本人と同じ条件で受け入れている」という[10]。その論拠は定かではないが、おそらく、政府の解釈と実務に依拠するものと思われる。以下の政府関連の文書や国会答弁にみられるように、政府は、憲法 26 条 1 項を文言説的に解釈し、教育を受ける権利の憲法上の享有主体は「国民」に限られるものの、「すべての者（や子ども）」に教育を受ける権利を保障している社会権規約（や子どもの権利条約）の規定に基づいて、外国人の子どもが入学を希望するならば、無償の公立の義務教育を受ける機会を保障していると考えている。たとえば、2003 年の総務省の通知では「外国人子女については、

---

7) 江橋・戸松、1992、152-153 頁〔江橋〕。
8) 近藤、2020、7-8 頁。
9) Beiter, 2006, pp. 26-27.
10) 渡辺ほか、2016、386 頁〔工藤〕。

我が国の義務教育への就学義務は課せられていないが、経済的、社会的及び文化的権利に関する国際規約（昭和54年条約第6号）を受けて、入学を希望する者については、公立の義務教育諸学校への受入れが保障されている」と説明する[11]。また、文科省の下の「初等中等教育における外国人児童生徒教育の充実のための検討会」の2008年の報告書「外国人児童生徒教育の充実方策について」でも、「憲法及び教育基本法は、国民はその保護する子女に普通教育を受けさせる義務を負うものとしていることから、普通教育を受けさせる義務は、我が国の国籍を有する者に課されたものであり、外国人には課せられないと解される。しかしながら国際人権規約等の規定を踏まえ、公立の小学校、中学校等では入学を希望する外国人の子どもを無償で受け入れる等の措置を講じており、これらの取組により、外国人の子どもの教育を受ける権利を保障している」と説明している[12]。加えて、安倍首相（当時）の2006年の国会答弁でも、「憲法におきましては国民の『教育を受ける権利』、こう書いてありますので、我々は日本国民としての国民を教育していくという義務を負って、まさにそういう国民を育成していくということになるわけでございますが、……私どもの教育基本法においても『国民』、このように書いているわけでありますが、いずれにせよ、義務教育については、外国人の子弟の方々が義務教育を希望されれば、当然、日本国民と同じようにその機会を現在保障している、このように承知をしている次第であります」とある[13]。ここでは、文言説的な憲法解釈が前提とされている。しかし、憲法26条1項の教育を受ける権利の性質は、社会権規約13条1項や子どもの権利条約28条1項にあるように、性質上、すべての人ないし子どもの権利であることを踏まえた人権条約適合的解釈を政府も採用することが今後は望まれる。

11）総務省行政評価局「外国人児童生徒等の教育に関する行政評価・監視結果に基づく通知——公立の義務教育諸学校への受入れ推進を中心として」（2003〔平成15〕年8月）。
12）初等中等教育における外国人児童生徒教育の充実のための検討会「外国人児童生徒教育の充実方策について」（2008〔平成20〕年6月）。
13）安倍晋三内閣総理大臣答弁・衆議院・教育基本法に関する特別委員会（2006〔平成18〕年12月13日）。

　また、非正規滞在者などの一定の外国人に教育を受ける権利を保障しないことは、差別禁止規定違反の問題ともなりうる。社会権規約委員会によれば、「子どもの権利条約 2 条[14]および教育における差別の禁止に関するユネスコ条約 3 条(e)[15]に留意し、無差別の原則は、国民でない者を含めて、締約国の領域内に居住する学齢期のすべての者に、その法的地位にかかわりなく及ぶ」という[16]。「法的地位にかかわりなく」という表現は、非正規滞在の子どもの就学を認める趣旨である。2006 年および 2012 年の文科省の通知でも、「就学手続時の居住地等の確認については」、（従来の）「外国人登録証」または（2012 年からの新たな在留管理制度による）「在留カード又は特別永住者証明書による確認を行うこと。……仮に、在留カード等の提示がない場合であっても、一定の信頼が得られると判断できる書類により、居住地等の確認を行うなど、柔軟な対応を行うこと」と通知している[17]。「仮に」以下の記述は、在留資格の有無にかかわらず、公立の義務教育における無償の教育が受けられる機会を保障することを意味している。また、文科省大臣官房審議官の 2009 年の国会答弁において、「我が国に滞在する外国人が、その保護する子の公立義務教育諸学校への入学を希望する場合におきましては、すべての子供の教育を受ける権利の保障を求めております国際人権規約、児童の権利条

---

14) 子どもの権利条約 2 条 2 項により「締約国は、子どもがその父母、法定保護者または家族の構成員の地位、活動、表明した意見または信念によるあらゆる形態の差別または処罰から保護されることを確保するためのすべての適当な措置をとる」締約国の義務がある。

15) 教育における差別の禁止に関するユネスコ条約 3 条(e)では、「自国の領域内に居住する外国人に対し、自国民に対して与えるものと同じ教育の機会を与えること」と定めている。

16) 社会権規約委員会・一般的意見 13（1999 年）34 段落。

17) 文部科学省初等中等教育局長通知「外国人児童生徒教育の充実について」（18 文科初第 368 号、2006〔平成 18〕年 6 月 22 日）および文部科学省初等中等教育局長通知「外国人の子どもの就学機会の確保に当たっての留意点について」（24 文科初第 388 号、2012〔平成 24〕年 7 月 5 日）。さらに、行政目的の達成のために入管法上の通報義務を免除している点については、法務省入国管理局通知「出入国管理及び難民認定法第 62 条第 2 項に基づく通報義務の解釈について」（法務省管総第 1671 号、2003〔平成 15〕年 11 月 17 日）および阿部知子衆議院議員提出の質問主意書に対する内閣総理大臣答弁書（内閣衆質 179 第 121 号、2011〔平成 23〕年 12 月 16 日）。

約等の規定に基づきまして、在留資格のいかんを問わず、無償での受け入れを行っているところでございます」とある[18]。「在留資格のいかんを問わず」とは、非正規滞在の子どもの教育を受ける権利を保障する趣旨である。しかし、実際には、さいたま市議会が2015年に行ったアンケートに明らかなように、在留資格などを理由に入学を認めない自治体が一部にみられた[19]。したがって、すべての義務教育対象年齢の子どもを対象として法が明示の義務を定めていない日本のような場合でも、本人が望めば無償で受け入れているので「黙示の義務」の国として整理されることがあるものの、黙示の義務の要素は弱いので、政府の通知ではなく、今後は、法律で明示することが望まれる[20]。

2. すべての者の義務教育としての初等教育

（世界人権宣言26条1項は「教育は、少なくとも初等および基礎的な段階においては、無償でなければならない。初等教育は、義務的でなければならない」と定めている）。社会権規約13条2項は「(a)初等教育は、義務的なものとし、すべての者に対して無償のものとすること……」と定めている。また、子どもの権利条約28条1項も、「締約国は、子どもの教育への権利を認めるものとし、この権利を漸進的にかつ機会の平等を基礎として達成するため、特に、(a)初等教育を義務的なものとし、すべての者に対して無償のものとする。……」と定めている。したがって、初等教育は、義務教育であり、すべての者に無償とすることが締約国の義務である。日本政府が、外国人児童生徒には、日本の義務教育への就学義務は課せられていないとしているのは、社会権規約13条2項および子どもの権利条約28条1項に反する。「義務的」と定めている点について、社会権規約委員会は、「義務の要素は、父母も、保護者も、国家も、子どもが初等教育を受けるべきであるか否かについての決

---

18) 前川喜平文科省大臣官房審議官答弁・衆議院・総務委員会（2009〔平成21〕年6月18日）。
19) 近藤、2019、195頁。
20) 同、194-195頁。

定を選択的なものとして扱う資格はないという事実を強調する役割をもつ」という[21]。それゆえ、入学を希望するという「選択」をした場合に外国人の子どもを無償で受け入れるという日本政府の方針は、社会権規約 13 条 2 項に反する。同委員会は、日本政府に対し、「多数の外国人児童が学校に通っていないことに懸念をもって留意」し、「日本国籍を有しない子どもを含め、その法的地位にかかわらず、締約国内におけるすべての子どもに対し、義務教育が行われているか状況を監視することを強く勧める」[22]。

　この点、日本国籍を有しない生徒の場合、中学校の退学届の受理が認められるのかどうかが裁判で争われたことがある。この**中学校退学事件**において、大阪地裁は、不登校による在日コリアンの公立中学生の母からの退学届の受理を適法としつつ、受理の際に原告の意思の確認を怠ったことのみを違法とした。そこでは、「学校教育の特色、国籍や民族の違いを無視して、わが国に在留する外国籍の子ども（の保護者）に対して、一律にわが国の民族固有の教育内容を含む教育を受けさせる義務を課して、わが国の教育を押しつけることができないことは明らかである（このような義務を外国人に対して課せば、当該外国人がその属する民族固有の教育内容を含む教育を受ける権利を侵害することになりかねない。）。したがって、憲法 26 条 2 項前段によって保護者に課せられた子女を就学させるべき義務は、その性質上、日本国民にのみ課せられたものというべきであって、外国籍の子どもの保護者に対して課せられた義務ということはできない」という。そして社会権規約 13 条 2 項および子どもの権利条約 28 条 1 項との関係においては、「条約にいう『初等教育』とは、わが国における小学校教育と解すべきであり、本件で問題となっている中学校がこれに該当しないことは明白である」とも判示している[23]。

　たしかに、たとえば、国際連合教育科学文化機関（ユネスコ）の国際標準教育分類における「初等教育」は、5 歳から 7 歳ではじまり、通常 6 年間の

21）社会権規約委員会・一般的意見 11（1999 年）6 段落。

22）同・日本の第 3 回定期報告書に関する総括所見（2013 年）28・29 段落。

23）**中学校退学事件**・大阪地裁判 2008（平成 20）年 9 月 26 日判タ 1295 号 198 頁。

教育であり、日本では小学校がこれにあたる。日本の中学校は、（通常 3 年間の）前期中等教育と位置づけられ、（通常 3 年間の）後期中等教育の高校とともに、「中等教育」に分類される。したがって、日本の義務教育の中学校は、条約上の義務教育とはいえないとしても、小学校は条約上の義務教育である。なお、大阪地裁は、「憲法第 3 章の基本的人権の保障は、権利の性質上日本国民を対象としていると解されているものを除き、わが国に在留する外国人に対しても等しく及ぶと解すべき」とのマクリーン事件判決を援用しながら、「この理は、外国人の権利についてのみ及ぶものではなく、その義務についても及ぶものと解するのが相当である」とも判示している。義務の性質の判断が重要であるのは、その通りである。しかし、性質上、小学校までの義務教育に就学させる義務が外国人の子の保護者にもあるのであれば、中学校までを義務教育とする日本では、性質上、中学校までの義務が及ぶと考えるのが憲法解釈としては自然であろう。

3. 教育を受けさせる保護者の義務

憲法 26 条 2 項前段は、「すべて国民は、法律の定めるところにより、その保護する子女に普通教育を受けさせる義務を負ふ」と規定されている。文科省の HP によれば、この規定の文言説的理解から、教育基本法 5 条 1 項に「国民は、その保護する子に、別に法律で定めるところにより、普通教育を受けさせる義務を負う」と規定され、就学義務の具体的内容は、学校教育法 17 条 1 項で「保護者」は、子を 6 歳から 12 歳まで小学校（義務教育学校の前期課程、特別支援学校の小学部を含む。）に、同 2 項で 15 歳まで中学校（義務教育学校の後期課程、特別支援学校の中学部を含む。）に、「就学させる義務を負う」と定められている。そこで、「就学義務とは、日本国民である保護者に対し、子に小学校（特別支援学校の小学部を含む。）6 年間、中学校（特別支援学校の中学部等を含む。）3 年間の教育を受けさせる義務を課したもの」と説明され、「就学義務を負う者は、日本国民である保護者であり、外国人

---

24) OECD, 2020, p. 20.

の場合はこの義務は課されていません」とある。[25]したがって、文科省が考えている就学義務の主体、また同時に憲法 26 条 2 項の教育を受けさせる義務の主体は、「日本国民である保護者」であり、「外国人である保護者」にはこの義務が課されていない。

　もっとも、当初、1948 年の文部省の通達により「朝鮮人子弟であっても、……日本人同様、市長村立又は私立の小学校又は中学校に就学させなければならない」との立場を表明していた。[26]この立場は、戦後の一時期において、旧植民地の出身者とその子孫が日本国籍をもっていることから、導かれたものである。しかし、1952 年に法務府の通達により、[27]旧植民地の出身者とその子孫が日本国籍を喪失すると、1953 年の文部省の通達では、「外国人を好意的に公立の義務教育学校に入学させた場合には義務教育無償の原則は適用されない」との立場が表明された。[28]ここには、権利でも、義務でもなく、「恩恵」として公立の義務教育学校への入学を認めるという発想がみてとれる。その後、1965 年の日韓条約以後の通達により、「日韓両国民の相互理解と親和の促進の見地」から、永住許可の有無にかかわらずコリアンの児童生徒に対し「授業料」・「教科用図書」の無償、「就学援助」についても、「日本人子弟の場合に準じ、同様の扱いとする」との立場が示された。[29]そして日本が 1979 年に社会権規約を、1994 年に子どもの権利条約を批准したため、2003 年の総務省の通知にあるように、社会権規約「第 13 条第 1 項及び第 2 項に基づき、我が国に在留する学齢相当の外国人子女の保護者が当該子女の

---

25) 文部科学省「小・中学校への就学について」(http://www.mext.go.jp/a_menu/shotou/shugaku/. 2023 年 2 月 10 日閲覧)。

26) 文部省学校教育局長通達「朝鮮人設立学校の取扱いについて」(官学第 5 号 1948〔昭和 23〕年 1 月 24 日)。

27) 法務府民事局長通達「平和条約発効に伴う朝鮮人、台湾人等に関する国籍及び戸籍事務の処理について」(民事甲第 438 号、1952〔昭和 27〕年 4 月 19 日)。

28) 文部省初等中等教育局長通達「朝鮮人の義務教育学校への就学について」(文初財第 74 号、1953〔昭和 28〕年 2 月 11 日)。

29) 文部事務次官通達「日本国に居住する大韓民国国民の法的地位及び待遇に関する日本国と大韓民国との間の協定における教育関係事項の実施について」(文初財第 464 号、1965〔昭和 40〕年 12 月 25 日)。

公立の義務教育諸学校への入学を希望する場合には、日本人子女と同様に無償の教育が受けられる機会を保障することが義務付けられた」との指摘もみられる。ここには、教育が受けられる機会を保障する国の「義務」が明示されている点に注意する必要がある。ただし、「外国人子女については、我が国の義務教育への就学義務は課せられていない」との立場も明示されており、義務の主体と内容において、曖昧な点がある。

4. 就学義務から教育義務へ

そもそも、日本のように、教育を受けさせる義務を保護者に課すことで義務教育を担保する国は多くない。義務教育に等しい教育を用意できるのであれば、親・保護者の義務を免除する国もある。たとえば、デンマーク憲法76条は「学齢期の子どもはすべて、初等・中等学校[32]において無料で教育を受ける権利を有する。自ら子ども・被保護者のために初等・中等学校に等しい教育を用意できる親・保護者は、その子ども・被保護者を初等・中等学校で教育を受けさせる義務を課されない」と定めている。ここでは、家庭教育を選択した場合の親の就学させる義務が免除されうる。いわば、教育を受けさせる義務は、就学義務を意味するものとは限らない。学校教育以外の方法でも、教育を受けさせる義務の履行が可能な国もある。そして、こうした内容が、人権条約の内容と適合する。子どもの権利条約28条の解説書では、「義務教育」は、「就学義務」を意味するものではないという[33]。「教育」と「学校」は、同義語ではない。そして、憲法26条2項の「教育を受けさせる義務」は、就学義務である必要はなく、「教育義務」を内容とするものといえよう。たとえ、通常ではないとしても、子どもは、学校以外でも教育

30) 総務省行政評価局、前掲注11。

31) 同上。

32) デンマークのfolkskoleは、9年間の学校であるが、2009年からは、幼稚園の0学年も義務教育となっている。

33) Verheyde, 2006, p.24.

されうる[34]。学校教育以外の方法で教育を受けさせる義務を履行する問題は、人権条約上は、次節で述べるように、親の教育の自由の問題として規定されている。

5. 親の教育の自由

（世界人権宣言 26 条 3 項は「親は、子に与える教育の種類を選択する優先的権利を有する」と定めている）。親の教育の自由は、社会権規約 13 条 3 項において「父母および場合により法定保護者が、国が規定または承認した最低限度の教育上の基準に適合する公立学校以外の学校を子どものために選択する自由ならびに自己の信念に従って子どもの宗教的・道徳的教育を確保する自由を有する」と定められている。義務教育は、子どもが親によって経済的に搾取されることから国が保護する重要な手段である。他方、親は、私立の学校を設置し、自分の子どものための教育方式を選ぶ権利によって、国の教育の全体主義的な傾向から保護される[35]。また、「自己の信念に従って子どもの宗教的・道徳的教育を確保する自由」は、自由権規約 18 条 4 項においても「この規約の締約国は父母および場合により法定保護者が、自己の信念に従って子どもの宗教的・道徳的教育を確保する自由を有することを尊重することを約束する」と定められている。この点、自由権規約委員会は、Hartikainen v. Finland (1981) において、宗教と倫理の歴史の授業への参加を生徒に義務づけることを同項違反とする無神論者の教師からの申立てに対して、「中立的・客観的方法での代替授業がなされ、無神論者の親や保護者の信念が尊重されるのであれば」同項に合致するという[36]。

親の教育の自由のため、公立や私立の学校に加え、義務教育としての家庭教育の選択肢が認められている国も多い[37]。日本でも、義務教育の多様性を求める声があり、将来的には、子どもの権利条約等の趣旨にのっとり、家庭

34）Hodgkin and Newell, 2007, p. 422.

35）Eide *et al.* (eds.), 2001, p. 262 [Nowak].

36）Hartikainen v. Finland CCPR/C/12/D/40/1978 (1981).

37）Kunzman and Gaither, 2013, pp. 33-34.

教育、フリースクール、インターナショナルスクール、外国人学校、バイリンガル学校なども義務教育の対象に含めることが必要である。義務教育の対象をこのように広げるのであれば、外国人の子どもの保護者に憲法26条2項の「教育を受けさせる義務」を課すことに問題はない。そして教育の自由は、日本国憲法に明文の規定はないものの、憲法13条、23条または26条に基づくとして、憲法上の権利であると一般に考えられている。子どもの学習権に対応して、親の教育の自由と教師の教育の自由が問題となる。旭川学力テスト事件において、最高裁は、「親の教育の自由は、主として家庭教育等学校外における教育や学校選択の自由にあらわれる……教師の教授の自由も、……限られた一定の範囲においてこれを肯定するのが相当である」という。[38] 自由権規約18条4項・社会権規約13条3項を解釈指針とするならば、親の教育の自由は、日本国憲法26条と結びついた13条が融合的に保障することに目を向ける必要がある。

6. 国の尊重義務・保護義務・充足義務

　社会権規約委員会によれば、教育への権利は、他のすべての人権と同様、締約国に対して3つの義務、すなわち、尊重義務、保護義務および充足義務を課している。[39] 尊重義務は、締約国に対し、教育への権利の享有を妨げないことを求める。したがって、教育委員会などが在留資格のない外国人の子どもの入学を拒否することなどは、この尊重義務に反する。一方、保護義務は、締約国に対し、第三者が教育への権利の享有に干渉するのを防止するための措置をとることを求める。したがって、親が子どもを働かせるために、義務教育を受けさせないことを放置すると、この保護義務に反する。したがって、日本国憲法26条2項の保護者の教育を受けさせる義務は、この保護義務に対応する。外国人の子どもの親が、子どもを働かせるために、義務教育を受けさせないことを放置することは、社会権規約13条1項および子

---

38) 旭川学力テスト事件・最大判 1976（昭和 51）年 5 月 21 日刑集 30 巻 5 号 615 頁。
39) 社会権規約委員会・一般的意見 13（1999 年）46-50 段落。

どもの権利条約 28 条 1 項に反する。他方、充足義務は、締約国に対し、個人および地域社会が教育への権利を享受することを可能にし、援助するような積極的措置をとることを求める。したがって、外国人の子どもも含めて、教育を受ける権利を充足する義務を有する。

7. 教育の利用可能性・アクセス可能性・受容可能性・適合可能性

　また、社会権規約委員会によれば、国は、教育の重要な特徴である、「利用可能性」、「アクセス可能性」、「受容可能性」および「適合可能性」のそれぞれを尊重し、保護し、および充足する義務を負う[40]。たとえば、外国人の子どもの教育との関係において説明するならば、国は、外国人学校を閉鎖しないことによって、教育の「利用可能性」を尊重しなければならない。従来の日本は、利用可能性を尊重するだけにとどまっていた。今後は、保護者が外国人の子どもを学校に行かせないようにしないことを確保することにより、教育の「アクセス可能性」を保護しなければならない。教育が外国人の子どもにとって受け入れ可能であり、かつ、すべての者にとって質が高いものであることを確保するために積極的な措置をとることにより、教育の「受容可能性」を充足しなければならない。多文化共生社会における生徒の現代的ニーズを反映したカリキュラムを考案し、そのカリキュラムに必要な異文化対応力を備えた教員を養成することにより、教育の「適合可能性」を充足しなければならない。

　国籍や民族などの異なる人々が、互いの文化的ちがいを認め合い、対等な関係を築こうとしながら、地域社会の構成員として共に生きていく「多文化共生社会」にあって、教育をめぐる権利義務関係の憲法解釈は、人権条約と整合的であることが望まれる。人権条約の理念を尊重することは、日本国憲法前文に由来し、教育基本法 2 条 5 項後段が定める「他国を尊重し、国際社会の平和と発展に寄与する態度を養う」国際協調主義の理念とも合致する。社会権規約 13 条および子どもの権利条約 28 条を解釈指針とする、人権条

40）社会権規約委員会・一般的意見 13（1999 年）50 段落。

約適合的解釈からすれば、性質上、憲法 26 条 1 項・2 項の「国民」は、日本に在住する外国人も含む「すべての人」と解すべきである。

8. 国の教育を提供する義務

そして、学齢期にある子どもの教育を受ける権利に対応する国、自治体、教育委員会および学校の教育を提供する義務が権利を保障することの裏にはある。たとえば、社会権規約委員会の一般的意見によれば、「13 条 2 項(a)に従ってすべての者に初等教育を提供する義務」は、締約国が守るべき「最低限の中核的義務」とされている。[41] 13 条 2 項(b)により、中等教育は、「すべての適当な方法により」とは、異なった社会的および文化的背景において、多様かつ創造的なアプローチをとるべきであるという点を強調したものであり、[42]「無償教育の漸進的な導入」とは、国は無償の初等教育に優先順位をおかなければならないものの、無償の中等教育および高等教育の達成に向けて具体的な措置をとる義務も負っていることを意味している。[43] 人権条約上、初等教育以外にも、国に教育を提供する義務が課されていることに、ここでは留意する必要がある。

本来、権利義務関係のあり方は、憲法上も、個人の権利に対応して公的機関の側の義務が存在する。子どもの教育を受ける権利に対応するのは、国・自治体の側の教育を提供する義務である。社会権規約や子どもの権利条約上、こうした権利と義務があるだけでなく、性質上、日本国憲法においても、教育を受ける権利と国・自治体の側の教育を提供する義務が外国人にも認められるはずである。ただし、憲法 26 条 2 項の保護者の教育を受けさせる義務を受けた学校教育法 91 条に基づいて、保護者の就学義務不履行に対し 10 万円以下の罰金を課すという意味においては、外国人の子どもの保護者を除く運用は、外国人学校を就学義務対象校とするか、就学義務の免除要件に加

---

41) 同 57 段落。
42) 同 13 段落。
43) 同 14 段落。

えたり、家庭教育を教育義務の対象として認めたりするまでは、必要かもしれない。

　かつて、教育を受ける権利を定める憲法 26 条 1 項の「国民」は、外国人も含む「すべての人」と解釈すべきとしても、教育を受けさせる義務を定める同 2 項の「国民」の場合は、外国人も含む「すべての人」と解釈することには、慎重な意見も理由がありえた[44]。しかし、すべての学齢期の子どもを学校に受け入れる国の教育義務があるとともに、フリースクール、バイリンガル学校、インターナショナルスクール、外国人学校、家庭教育などの多様な教育の機会を確保することを前提とするならば、すべての学齢期の子どもの保護者の教育を受けさせる義務があるとの考え方が、適当と思われる。たとえば、イギリスとフィンランドでは、類似の教育を受けさせる義務を外国人の親にも課している[45]。ただし、両国は、就学義務というよりも、家庭教育を含む教育義務である[46]。したがって、学齢期の外国人の子どもを、退学とすることも、不就学を放置することも、在留資格を理由に受け入れを拒否することも、憲法 26 条 1 項の教育を受ける権利（およびその裏返しとしての国の教育義務）に反する。文科省の通知にとどまることなく、法律で明示の権利義務関係を明示すべきである。その際、現行の学校教育法 1 条の定める 1 条校に対する就学義務だけが、教育を受けさせる義務ではなく、多様な学校への就学義務や家庭教育に対する教育を受けさせる義務の具体化が検討される必要がある。

　高等学校等就学支援金制度は、授業料に充てるための就学支援金を支給することにより、経済的な負担を軽減し、教育の実質的な機会均等をはかるため、高所得の家庭を除き、高等学校の無償化をめざすものである。社会権規約委員会および子どもの権利委員会は、「高等学校等就学支援金制度が朝鮮学校に通学する生徒にも適用されること」および「授業料無償化制度の朝鮮学校への拡充を促進するために基準を見直すこと」を日本政府に勧告して

---

44) たとえば、芦部編、1981、373 頁〔奥平〕。

45) 戸塚、2011、108、134 頁。

46) 結城、2008、117-119 頁。

いる。一方、子どもの権利条約 18 条 1 項が「締約国は、子どもの養育・発達について父母が共同の責任を有するという原則についての認識を確保するために最善の努力を払う。父母または場合により法定保護者は、子どもの養育・発達についての第一義的な責任を有する。子どもの最善の利益は、これらの者の基本的な関心事項となるものとする」と定めている。他方、同 28 条 1 項(c)は「子どもの父母、子どもの文化的同一性、言語および価値観、子どもの居住国および出身国の国民的価値観ならびに自己の文明と異なる文明に対する尊重を育成すること」を指向している。そこで、「子どもの最善の利益」の観点および無差別条項の適用から、母語教育などの移民の子への特別な扱いは、正当化されると解されている。母語教育やバイリンガル教育は、帰国を前提とした子どもの場合の便宜に仕えるだけでなく、親とのコミュニケーションを促進し、自己のアイデンティティの形成に役立ち、他のカリキュラムのための学習言語の発達を助け、グローバル人材としての可能性を広げる。

9. 教育における宗教上の合理的配慮

さらに、宗教上の「合理的配慮」が必要である。アメリカでは、1964 年の市民権法 7 編の解釈から職場における宗教上の合理的配慮が導かれ、1972 年の法改正で明文化されたように、障碍者差別の問題だけでなく、宗教差別の問題としても、合理的配慮が要求される。アメリカの憲法の影響を受けて、日本国憲法 20 条 3 項で「国及びその機関は、宗教教育その他いかなる宗教的活動もしてはならない」と定めるなど、政教分離原則をかかげている。教育基本法 15 条 2 項も「国及び地方公共団体が設置する学校は、特定の宗教のための宗教教育その他宗教的活動をしてはならならない」と定めている。しかし、同 1 項で「宗教に関する寛容の態度」に加え、「宗教に関

---

47) 社会権規約委員会・日本の第 3 回定期報告書に関する総括所見（2013 年）27 段落。子どもの権利委員会・日本の第 4 回・第 5 回統合定期報告書に関する総括所見（2019 年）39 段落。
48) Bhabha, 2003, p. 210.

する一般的な教養」が、教育上尊重されなければならない旨を明記していることに着目すべきである。特定の宗教の教義を教え込むことは禁じられているが、むしろ特定の宗教の禁忌などの特徴を教養として学び、特定の宗教の定める禁忌に従う生徒の行動に対しても寛容な態度をとることは、奨励されている。日本では、裁判などで争われていないものの、服装をめぐる若干の課題が教育現場ではみられる場合がある。多くの場合、生徒の服装については、学校ごとに校長の裁量で決まっており、中には、スカーフは認めるが、夏に長袖やアームカバーを着用することを認めない学校もある。画一性を好み、特別扱いを廃する日本の学校文化にあっては、過度な負担にならないかぎりは、宗教上の「合理的な配慮」を行うことが実質的な平等にかなうとする理解が必ずしも浸透していない問題がある。なお、親の教育の自由は、親自身の利益のために行使するものではなく、子どもの最善の利益を促進するために行使するものである。親の教育の自由と子どもの教育の権利との対立する場面も考慮する必要がある。また、子どもの成長とともに、子どもの自己決定権が尊重される必要もある。[49] したがって、スカーフをかぶるかどうかは、子どもの意思が尊重されるべきであることは言うまでもない。

10. 多様な教育を受ける権利・多様な教育を提供する義務・多様な教育を受けさせる義務

「憲法26条と結びついた憲法13条」が保障する親の教育の自由は、子どもの成長に応じた自己決定権との整合性を内在的な制約として備えている。憲法13条の個人の尊重は、多様性の確保を命じており、往々にして画一的・全体主義的な側面をもちかねない憲法26条の教育を受ける権利と相まって、真に普遍的な人間の権利としての多様な教育を受ける権利を要請していることに、今後は目を向けるべきである。そうした多様な教育を受ける権利に対応して、多様な教育を提供する義務が国にあり、保護者に多様な教育を受けさせる義務を課しているのであって、子どもの最善の利益からフリースクー

---

49) Beiter, 2006, pp. 558-559.

ル、バイリンガル学校、インターナショナルスクール、外国人学校、家庭教育などを選択する場合には、国は一定の財政支援などにより補佐することで、多様な教育を受ける権利を尊重し確保することになる。教育の多様性の課題を検討する上で、「個人として尊重される」憲法13条の規範的意味を人権諸条約に照らし確認しながら、憲法26条の「教育を受ける権利」と「教育を受けさせる義務」がすべての人にある人権条約適合的な憲法解釈を基本に据えるべきである。

第 11 章

難民申請者の司法審査の機会を
実質的に奪われない権利と行政の適正手続

1. チャーター機による非正規滞在者の一斉送還における 2 つの裁判

　2010 年 3 月、成田空港の飛行機内において、個別送還中のガーナ人が死亡するという事件が起きたこともあり、安全かつ確実に、また経費削減のために、2013 年から、日本では、民間機をチャーターして非正規滞在者の一斉送還が行われるようになった。順番に並べると、下記となる。

　　① 2013 年 7 月 6 日（フィリピン人 75 人）
　　② 同年 12 月 8 日（タイ人 46 人）
　　③ 2014 年 12 月 18 日（スリランカ人 26 人、ベトナム人 6 人）
　　④ 2015 年 11 月 25 日（バングラデシュ人 22 人）
　　⑤ 2016 年 9 月 22 日（スリランカ人 30 人）
　　⑥ 2017 年 2 月 20 日（タイ人 32 人、ベトナム人 10 人、アフガニスタン人 1 人）
　　⑦ 2018 年 2 月 8 日（ベトナム人 47 人）
　　⑧ 2020 年 3 月 10 日（スリランカ人 44 人）

　①では、前日に突然送還を言い渡され、弁護士・妻・保証人に連絡をさせ

なかったことなどの問題が指摘されている。③では、29 人の難民申請者のうち 26 人が、⑥でも、25 人の難民申請者のうち 22 人が、異議申立棄却または却下の告知から 24 時間以内に強制送還されたという。③の一斉送還に際して、難民不認定処分の異議申立の棄却決定を告知されたスリランカ人 1 人と同 2 人が、名古屋地裁と東京地裁において、翌日に退去強制が執行されたために、難民該当性に関する裁判を受ける権利が侵害され、行政の適正手続の違反を争う国家賠償訴訟を起こした。

　3 名の事案は類似しており、名古屋地裁に提訴した A は、1995 年に偽造旅券を行使して日本に入国したのち、東京地裁に提訴した B および C は、1999 年および 2005 年に短期滞在の在留資格で入国したのち、非正規滞在を続け、それぞれ 2010 年、2011 年および 2012 年に入管法 24 条 4 号ロ（不法残留）により収容された。その際に、A と B は政治的意見を理由として迫害を受ける可能性があるなどとして、C は個人的なトラブルを理由に反社会的勢力から殺害される可能性があるなどとして、それぞれ難民申請を行った。しかし、3 名とも、認められなかったので、難民不認定処分に対する異議申立を行った。法務大臣は、A および B に対しては 2014 年 11 月 7 日に、C に対しては同年 10 月 31 日に異議申立棄却決定をしたものの、40 日以上たつ同年 12 月 17 日になってようやくその決定を、名古屋入管入国警備官は A に、東京入管入国警備官は B および C に告知し、いずれも翌日に強制送還された。このため、3 名は、難民不認定処分の取消訴訟などの出訴の意思を表明しても、弁護士等へのアクセスが十分に確保されず、権利救済の機会を実質的に奪われたとして、憲法 32 条で保障する裁判を受ける権利を侵害し、同 31 条の適正手続の保障と結びついた同 13 条などに違反するとして、被控訴人（国）に対して国家賠償請求をそれぞれ名古屋地裁と東京地裁に訴えた。

---

1) 山村、2014、172-173 頁。
2) 移住者と連帯する全国ネットワークほか「タイへの一斉送還（2017 年 2 月 20 日）に対する抗議声明」（2017 年 3 月 15 日）（https://migrants.jp/news/voice/20190701_21.html. 2023 年 2 月 10 日閲覧）。

　名古屋地裁によれば、入管法上、在留資格未取得外国人について難民不認定処分に対する異議申立についての決定があるまで送還を停止する規定（61条の 2 の 6 第 3 項）以外に送還を停止すべき規定はない。被退去強制者については裁判所による執行停止決定がないかぎり送還が法令上停止されるものでないから、本件異議棄却決定がされ執行停止決定を得ていない A を送還対象者に選定し、強制送還を中止しなかったことにつき、国家賠償法（以下、国賠法）1 条 1 項の適用上違法があるとはいえない。しかし、本件異議棄却決定の告知に際して、A が送還された後も難民不認定処分に対する取消訴訟が可能であるかのような誤った教示をしたことは、違法である。そこで 8万 8000 円（慰謝料 8 万円、弁護士費用相当額 8000 円）とこれに対する遅延損害金の支払を認め、その他を棄却した。およそ憲法については、踏み込んだ判断を何もしていない。[3]

　一方、東京地裁によれば、「当該外国人が難民不認定処分の取消訴訟を提起する地位を保全しておくためには、退令の発付処分の取消訴訟等を提起して執行停止の決定を得ておくことも可能である」。また、異議申立棄却決定の告知が本件送還の前日に一斉に行われたのは、「集団送還が外部に察知され、仮放免中の者が逃亡したり、集団送還が妨害されたりすることを防止して、安全かつ確実に遂行するために取られた措置」であり、「原告らの取消訴訟の提起等を殊更に妨害する」目的があったとは認められないとして、憲法32 条の裁判を受ける権利を侵害する国賠法違反とはいえない。さらに、「難民不認定処分に対する異議申立棄却決定を通知する際に、出訴の意思の有無を確認し、出訴の機会を十分に確保した上で、行政事件訴訟法 14 条の定める出訴期間中は強制送還を差し控えるべき義務があったとまでは認められない」として、行政手続における適正手続に関する憲法 31 条と結びついた 13条に反して国賠法違反とはいえないとした。[4]

　他方、2021 年 1 月 13 日の名古屋高裁判決および同年 9 月 22 日の東京高裁判決において、「難民該当性に関する司法審査の機会を実質的に奪われな

3）名古屋地判 2019（令和元）年 7 月 30 日判時 2436 号 88 頁。
4）東京地判 2020（令和 2）年 2 月 27 日 LEX/DB 25584512.

い」権利が侵害されたことに対する国賠法 1 条 1 項違反が認められ、損害賠償が認められた。ただし、両者の判決理由は、若干異なるところもある。

　両判決の違いとして、損害額は、前者では 40 万円の慰謝料を基本としているのに対し、後者では 30 万円の慰謝料を基本としている。名古屋高裁は、本国に送還された後も難民不認定処分に対する取消訴訟が可能であるかのような誤った教示をした点について原審が 8 万円の慰謝料を基本として認めていたように、若干の事例の違いが影響している可能性がある。また、名古屋高裁は、「国賠法 1 条 1 項の適用上違法となる」理由について、入管法や行政事件訴訟法の「仕組み解釈」と、「憲法や各種人権条約への適合的な解釈」から導いている[5]。しかし、東京高裁では、国際人権法への言及はなく、憲法との関係からのみ導いている[6]。さらに、名古屋高裁は、憲法違反や人権条約違反を明言するのではなく、憲法や国際人権法との適合的な法律の限定解釈（すなわち「合憲限定解釈」と「合人権条約限定解釈」）を導いているのに対し、東京高裁は、憲法違反を明示するものである。

　なお、ここでの行政法の「仕組み解釈」とは、単に 1 つの条文だけを文理解釈するのではなく、制度・仕組みの位置づけを踏まえ、当該法律の体系や目的に照らした解釈をさす。入管法と行政事件訴訟法の定める難民不認定処分に対する不服申立て制度の仕組みは、異議申立て、取消訴訟等、またはその両方の手段を採りうるいわゆる自由選択主義を採用しており、行政事件訴訟法の教示制度は、実効的な権利救済の観点から行政処分に対し司法審査を受ける機会を保障するものであるとの法律解釈は、両判決に共通する。

　本章は、第 1 に、「国賠法 1 条 1 項の適用上違法となる」判決理由を導いた両判決の国際人権法および憲法に関連する該当箇所を紹介する。第 2 に、合憲限定解釈と違憲判断の違い、合人権条約限定解釈と人権条約違反の判断の違いについて考察する。第 3 に、両判決の意義について 4 つ、すなわち、①裁判を受ける権利の実効的保障としての「難民該当性に関する司法審査の機会を実質的に奪われない」権利、②告知後 2 カ月以上の送還計画実務の

5）名古屋高判 2021（令和 3）年 1 月 13 日判タ 1488 号 128 頁。
6）東京高判 2021（令和 3）年 9 月 22 日判タ 1502 号 55 頁。

見直し、③行政の適正手続に関する憲法 13 条の「融合的保障」、④非正規
滞在者に対するはじめての違憲判断について検討する。最後に、従来のリー
ディングケースとされるマクリーン事件判決を見直し、今後の外国人の人権
をめぐる憲法の「人権条約適合的解釈」のあり方について展望したい。

2. 国際人権法を援用する判決と憲法を援用する判決

(1) 名古屋高裁の判旨

　「難民不認定処分に対する異議申立てをした被退去強制者は、異議申立て
を濫用的に行っている場合は格別、異議申立棄却決定後に取消訴訟等を提起
することにより、難民該当性に関する司法審査の機会を実質的に奪われない
ことについて法律上保護された利益を有すると解するのが相当であり、この
ように解することが、憲法の定める裁判を受ける権利及び適正手続の保障や
各種人権条約の規定（自由権規約 2 条 3 項、14 条 1 項、難民条約 16 条）に適
合するものというべきである」。「被退去強制者が別途難民不認定処分に対す
る取消訴訟等を提起するなどしていない限り、入管当局の判断によって異議
申立棄却決定後に取消訴訟等の意向を有する被退去強制者の難民該当性に関
する司法審査の機会の有無が決定されることとなるが、このような扱いは、
入管法等が難民不認定処分に対する不服申立てについて自由選択主義を採用
していることや、全ての者につき民事上の権利義務に関する争いについて独
立した公平な裁判所による公開審理を受ける権利を保障した自由権規約 14
条 1 項、行政処分に対し司法審査を受ける機会を保障しようとしている行
政事件訴訟法の上記規定とも整合しない」。したがって、「入管職員が、難民
不認定処分に対する異議申立棄却決定後に取消訴訟等を提起する意思を示し
ていた被退去強制者について、集団送還の対象として異議申立棄却決定の告
知を送還の直前まで遅らせ、同告知後は第三者と連絡を取ることを認めずに
本国に強制送還した場合、これらの一連の公権力の行使に係る行為は、異議
申立てが濫用的に行われたといえる特段の事情のない限り、上記の被退去強
制者の難民該当性に関する司法審査の機会を実質的に奪ったものとして、国
賠法 1 条 1 項の適用上違法となるというべきである」。

(2) 東京高裁の判旨

　「入管職員が、控訴人らが集団送還の対象となっていることを前提に、難民不認定処分に対する本件各異議申立棄却決定の告知を送還の直前まで遅らせ、同告知後は事実上第三者と連絡することを認めずに強制送還したことは、控訴人らから難民該当性に対する司法審査を受ける機会を実質的に奪ったものと評価すべきであり、憲法 32 条で保障する裁判を受ける権利を侵害し、同 31 条の適正手続の保障及びこれと結びついた同 13 条に反するもので、国賠法 1 条 1 項の適用上違法になるというべきである」。

3. 合憲限定解釈と違憲判断の違い、合人権条約限定解釈と人権条約違反の判断の違い

　日本の裁判所は、しばしば、法令を違憲と判断することを避け、法令の合憲限定解釈を示してきた。合憲限定解釈とは、法令の複数の解釈が可能なときに、憲法の枠内の解釈をとる限りは、法令を文面上は合憲とし、憲法の枠を超えた場合は、適用違憲となるメッセージを示す憲法解釈手法である。憲法ではなく、人権条約の場合は、合憲限定解釈に対し、合人権条約限定解釈とでも呼びうる。名古屋高裁は、入管法と行政事件訴訟法に、一種の合憲限定解釈ないし合人権条約限定解釈を施し、違法性を導いている。これに対し、東京高裁は、入管実務が入管法と行政事件訴訟法の運用上、憲法の枠を超えているので、適用違憲の判断を導いたものと思われる。

　では、名古屋高裁が違憲と判断せず、合憲と判断した理由をみてみよう[7]。「難民認定申請をした被退去強制者は、難民不認定処分に対する異議申立てについての決定前においても、別途、同処分に対する取消訴訟等を提起することや、退去強制令書発付処分等に対する取消訴訟等の提起と併せた申立てに基づく裁判所の執行停止の決定を得ることにより、難民不認定処分に対す

---

[7] なお、控訴人は、「控訴人の裁判を受ける権利（憲法 32 条、13 条）や適正手続の保障（憲法 31 条）等を侵害し、国賠法 1 条 1 項の適用上違法であると主張する」とあるが、裁判を受ける権利（憲法 32 条）や適正手続の保障（憲法 31 条、13 条）の誤りと思われる。

る裁判を受ける機会を確保する手段が与えられている」。したがって、「難民
不認定処分に対する異議申立棄却決定がされた被退去強制者が事前に同処分
に対する取消訴訟等の意向を示していた場合であっても、憲法上、入管職員
において、上記の被退去強制者について、集団送還の対象者に選定するこ
とが許容されないとはいえず、また、異議申立棄却決定後に出訴期間が満了
するまで送還を停止し、又は別途裁判を受ける機会を確保しなければ、著し
く不合理であって実質上裁判の拒否に当たると認められるものとはいえない。
さらに、上記の機会等が確保されないことをもって、上記の被退去強制者の
手続保障に欠けるものとはいえず、憲法 13 条の規定に反するともいえない」。

　では、なぜ、国賠法上の違法がいえるのかというと、判旨にあるように、
「難民該当性に関する司法審査の機会を実質的に奪われないことについて法
律上保護された利益を有すると解する」ことが、「憲法の定める裁判を受け
る権利及び適正手続の保障や各種人権条約の規定（自由権規約 2 条 3 項、14
条 1 項、難民条約 16 条）に適合する」からである。また、そのように解しな
いと、①入管法等が難民不認定処分に対する異議申立と取消訴訟の「自由選
択主義」を採用していること、②「全ての者につき民事上の権利義務に関す
る争いについて独立した公平な裁判所による公開審理を受ける権利を保障し
た自由権規約 14 条 1 項」、および③行政処分に対し司法審査を受ける機会
を保障しようとしている「行政事件訴訟法の上記規定[8]とも整合しない」か
らである。そして「控訴人は、入管職員の本件送還に至る一連の行為により、
集団送還の対象者として本件異議決定について適切な時期に告知を受けるこ
と等ができず、難民該当性に関する司法審査の機会を実質的に奪われたもの
であり、入管法 52 条 3 項の規定を前提としても、同法等による難民不認定[9]
処分に対する不服申立ての仕組みや行政事件訴訟法の規定等に照らし、入管
職員は、上記行為に当たって職務上尽くすべき注意義務に違反したものとい
わざるを得ないから、入管職員の上記行為は国賠法 1 条 1 項の適用上違法」

8）行政事件訴訟法 8 条、14 条 3 項、46 条 1 項。
9）難民認定申請者が被退去強制者に該当する場合に速やかに国外に送還すべき旨を定め
　る。

という。「行政事件訴訟法の規定等」の「等」がさす内容は、おそらく、行政処分に対し司法審査を受ける機会を保障している行政事件訴訟法の合憲限定解釈および合人権条約限定解釈として、「難民該当性に関する司法審査の機会を実質的に奪われないことについて法律上保護された利益」を、裁判を受ける権利（憲法32条）、行政の適正手続（同31条、13条）、効果的な救済措置を受ける権利（自由権規約2条3項）、裁判所による公開審理を受ける権利（同14条1項）、難民の裁判を受ける権利（難民条約16条）との適合的解釈から導いていることが含まれるものと思われる。

　他方、東京高裁判決が、なぜ違憲判断をしたかというと、「入管職員が、控訴人らが集団送還の対象となっていることを前提に、難民不認定処分に対する本件各異議申立棄却決定の告知を送還の直前まで遅らせ、同告知後は事実上第三者と連絡することを認めずに強制送還したことは、控訴人らから難民該当性に対する司法審査を受ける機会を実質的に奪ったものと評価すべきであり、憲法32条で保障する裁判を受ける権利を侵害し、同31条の適正手続の保障及びこれと結びついた同13条に反するもので、国賠法1条1項の適用上違法になる」とした。こちらの方が、シンプルな議論でわかりやすい。

　なお、名古屋高裁判決の場合は、「異議申立てが濫用的に行われたといえる特段の事情のない限り」という限定が付されていることも、明確に憲法違反や条約違反の判断を行いにくい要素を備えている。これに対し、東京高裁判決は、「当該難民申請が濫用的なものであるか否かも含めて司法審査の対象とされるべきであるから、控訴人らの難民申請にかかる上記事情を前提としても、そのことをもって、司法審査の機会を実質的に奪うことが許容されるものではない」としており、こちらもシンプルで明確である。

4. 両判決の意義

(1) 裁判を受ける権利の実効的保障としての「難民該当性に関する司法審査の機会を実質的に奪われない」権利——「効果的な救済措置」を受ける権利

　第1に、名古屋高裁判決は、憲法と国際人権法から、難民該当性に関す

る司法審査の機会を実質的に奪われない権利を導き、東京高裁判決は、憲法から同じ権利を導いている。難民該当性に関する司法審査の機会を実質的に奪われない権利を認めた判決は、これらが最初である。

　そもそも、憲法 32 条は、「何人も、裁判所において裁判を受ける権利を奪はれない」と定めている。裁判を受ける権利は、その性質上日本国民のみを対象としたものとは解されないから、外国人に対しても保障が及ぶ。[10]裁判を受ける権利を「奪はれない」とは、「民事事件と行政事件においては、自己の権利または利益が不法に侵害されたとき、裁判所に対して損害の救済を求める権利、すなわち裁判請求権または訴権が保障されること」を意味する。[11]また、今日の裁判を受ける権利に関する学説は、出訴権（裁判請求権または訴権）の実効性にとどまらず、裁判所に対して実効的な権利保障を求める権利と解す傾向にある。[12]裁判を受ける権利の保障には、出訴保障に加え、組織保障、手続保障、救済保障が含まれる。[13]そして「救済保障」としては、実効的救済を受ける権利も、憲法 32 条の裁判を受ける権利の保障内容であり、[14]2004 年の行政事件訴訟法改正に伴う出訴期間の延長や出訴期間等の教示制度の新設などにみられる。[15]教示制度の立法趣旨は、「権利利益の救済を得る機会を十分に確保するため」であり、[16]出訴期間等の教示は、権利を確保するための権利と称される受益権としての裁判を受ける権利の重要な要素といえる。したがって、「出訴保障」の実効性の観点からすれば、「裁判所へのアクセスが、予期不可能なそして客観的根拠からもはや正当化されえぬ方法で阻害されるとすれば、憲法 32 条は侵害されている」[17]ことになる。難民

---

10) 近藤、2020、335 頁、木下・只野編、2019、380 頁〔倉田〕、樋口ほか、1997、283 頁〔浦部〕。

11) 芦部、2019、268 頁。

12) 笹田、1997、91-93 頁、市川、2014、251 頁、渡辺ほか、2016、441-442 頁〔渡辺〕。

13) 片山、2007、41-62 頁。

14) 市川、2014、251 頁。

15) 笹田、2008、124 頁。

16) 司法制度改革推進本部・行政訴訟検討会「行政訴訟制度見直しのための考え方」(2004 年 1 月 6 日) 7 頁。

17) 笹田、1997、93 頁。

不認定処分の告知の翌日に出訴のための弁護士との連絡を実効的に保障されることなく、退去強制されたことを正当化する根拠は、見出し難い。出身国に迫害の危険があるとして難民の申請をした者が、異議申立の請求を棄却された翌日に、外部との交通をほとんど遮断されたまま、裁判所に訴える機会を認められず、出身国に送還されることは、憲法 32 条に反する。難民該当性に対する司法審査を受ける機会を実質的に奪われたとして、憲法 32 条で保障する裁判を受ける権利の侵害を認定した東京高裁判決は、妥当と思われる。

　一方、名古屋高裁は、異議申立の決定前に取消訴訟の提起が可能などの理由から、形式的に裁判を受ける権利が保障されているのであるから、合憲とし、憲法 32 条の実効的な権利保障には消極的な立場と思われる。しかし、取消訴訟の提起などをしないかぎり、難民該当性に関する司法審査の機会がなくなるのは、自由権規約 14 条 1 項の公正な裁判を受ける権利と整合しないというので、自由権規約の方が実効的な権利保障の点で積極性を有するものと解しているようにもみてとれる。

　この点、自由権規約 2 条 3 項の「効果的な救済措置」と結びついて、裁判を受ける権利の実効的な権利保障が求められていると考えているものと思われる[18]。いわば、憲法学における実効的な救済を受ける権利の明文規定として、自由権規約 2 条 3 項は「この規約において認められる権利または自由を侵害された者が、公的資格で行動する者によりその侵害が行われた場合にも、効果的な救済措置を受けることを確保すること」を定めている。自由権規約委員会によれば、この「効果的な救済」には、司法的な救済と行政的な救済があり、司法的な救済の方法としては、「規約の直接適用、規約と同等の権利を保障する憲法またはその他の国内法規定の適用、あるいは国内

18）難民申請者の裁判を受ける権利および行政の適正手続についての論点については、本両事件に関して裁判所に提出した意見書のエッセンスを載せている近藤、2019、262-268 頁参照。なお、266 頁注 41 は、注 42 の文献 Chetail, 2014, p. 53 にあるように、Adu v. Canada (18 July 1997), paras. 6.7-7.2. を Adu v. Canada, (1997), para. 6.3. また、参照 Dranichnikov v. Australia, (2006), paras. 6.7-7.2 と改めたい。

法適用の際の規約の解釈指針としての効果」などが含まれる[19]。自由権規約
2 条 3 項の解釈指針としての効果が、司法審査の機会を実質的に奪われない
権利を、厳密にいえば、自由権規約「14 条 1 項と結びついた 2 条 3 項」に
おいて導く。

　なお、厳密にいえば、自由権規約 14 条 1 項は「刑事上の罪の決定または
民事上の権利義務の争いに関する決定のため」に、「裁判所による公正な公
開審理を受ける権利」を定めていることもあり、退去強制や難民認定手続な
どの公法上の手続に適用しない国もある[20]。しかし、本判決も指摘するように、
日本政府は「国際連合の条約審査（自由権規約、拷問等禁止条約）において
も、行政事件訴訟法の定める教示義務等を踏まえ、難民認定申請者の司法審
査の機会を確保すべく措置していることや、被退去強制者が難民不認定処分
に対する訴訟を行う意思を有しているか否かを確認するなど裁判を受ける権
利に配慮し、相当の期間その手続の経過を踏まえた上で送還の実施を判断し
ていること等を表明している」。したがって、国際的な審査の場で政府代表
が退去強制手続にも裁判を受ける権利の保障が及ぶと明言している事実は無
視できなかったのであろう[21]。また、自由権規約委員会は、14 条が「逃亡犯
罪人引渡し手続、国外追放手続、および退去強制手続には適用されない」と
いう[22]。しかし、難民申請者の退去強制に関する個人通報の事件である Adu
v. Canada (1997) において、自由権規約委員会は、申立人が公正な審理を受
ける権利の侵害を立証していない状況では、「入国審査および退去強制手続
が自由権規約 14 条 1 項の意味における『民事上の権利義務の争いに関する』
決定であるか否かを決定する必要はない」という[23]。この事件では、自由権
規約委員会は、庇護手続の公正さを判断することにより、難民認定審査手続
における公正な審理を受ける権利の適用性を暗黙のうちに認めていると評さ

19）自由権規約委員会・一般的意見 31（2004 年）15 段落。
20）北村、2022、251 頁。自由権規約委員会・一般的意見 32（2007 年）17 段落。
21）北村、2022、251 頁。
22）自由権規約委員会・一般的意見 32（2007 年）17 段落。
23）Adu v. Canada (1997), para. 6.3.

れている。また、自由権規約委員会は、「法律上の争訟」とも訳しうる「民事上の争い（suit at law）」という用語について、伝統的に公法とみなされる大半の争いをカバーするかなり広い解釈を採用しているし、個人の権利を確定する行政機関の大半の決定は、独立の公平な裁判所による完全な司法審査に服する必要がある。したがって、事例は、たとえ明らかに公法の分野の争いであっても、自由権規約2条3項(a)に基づく締約国の義務に従って、司法救済の可能性を発展させているように思われる。庇護権は自由権規約に明示されていなくても、ノン・ルフールマン原則を導く他の条項が効果的な救済を受ける権利と結びついて行使できる。自由権規約委員会によれば、7条と併せ読んだ2条は、7条の違反に対する効果的な救済を要求しており、送還（ルフールマン）の性質上、拷問の疑いの余地がある追放の決定についての効果的な審査は、個人に対し回復不可能な被害を与えることと審査を無意味なものにすることを避けるために、追放前に行われる機会をもたなければならないので、追放の決定について効果的かつ独立した審査の機会がなかったことは、自由権規約2条と併せ読んだ7条違反にあたる。そこで、本件のような難民申請者の場合は、厳密にいえば、ノン・ルフールマン原則に関する自由権規約7条の拷問・非人道的な取扱い等の禁止と結びついた2条3項の効果的な救済として、難民該当性に関する司法審査の機会を実質的に奪われない権利が保障されるものと思われる。

---

24) Chetail, 2014, p. 52.

25) Schabas, 2019, p. 363.

26) Chetail, 2014, p. 53.

27) 逮捕や拷問を恐れて国籍国エジプトを出国し、スウェーデンで庇護申請をしたものの、安全保障上の理由で在留許可が出されず、政府によって退去強制が直ちに執行された事例に関する Mohammed Alzery v. Sweden (2006), para. 11.8. この事例の概要や訳語については、東京高裁に提出された申惠丰教授の「意見書」を参照した。なお、自由権規約委員会は、ウズベキスタンにおけるテロ活動の容疑により、難民申請したキルギスタンから死刑や拷問のおそれのあるウズベキスタンへの引渡しについて、Maksudov and others v. Kyrgyzstan (2008), para.12.7 では、申立人たちの事例における引渡しの決定に対する効果的かつ独立した審査の機会の欠如は、規約の2条と併せ読んだ6条2項・7条違反にあたるとした。

(2) 告知後 2 カ月以上の送還計画実務の見直し

　第 2 に、名古屋高裁判決を踏まえ、2021 年 6 月に、出入国在留管理庁出入国管理部長が通達を発出し、難民審査請求に理由がない旨の裁決を通知した被退去強制者に対しては、送還計画を立てた上で送還予定時期を告知すること、「送還予定時期は、裁決告知から 2 か月以上後にすることを原則とする」として、送還についての運用を見直した[28]。したがって、上告されなかった名古屋高裁の確定判決は、入管実務の運用を改善する効果を伴った。おそらくは、今後、審査請求（2016 年 4 月に施行された改正行政不服審査法以前の本件では異議申立）をした難民申請者のチャーター便による一斉送還には、極めて慎重な配慮がなされるものと思われる。

(3) 行政の適正手続に関する憲法 13 条の「融合的保障」

　第 3 に、東京地裁判決は、憲法「31 条の適正手続の保障及びこれと結びついた同 13 条に反する」といった 2 つの条文を結びつけた形での違憲判断を示している。2 つの条文を結びつけた権利構成をする、「融合的保障」と呼ぶことができる新しい解釈手法をはじめて採用した点でも、画期的である。たしかに、プライバシー権をはじめ、日本国憲法が明文で定めていない人権について、憲法 13 条を根拠に解釈上導くことは、従来からなされてきた。憲法 13 条の幸福追求権は、包括的人権として、すべての人権に通じる要素をもっているとされる。そこで、通説は、他の個別の人権と競合しないように、他の個別の人権が妥当しない場合に限って、憲法 13 条が補充的に保障するという「補充的保障」説に立つ[29]。

　しかし、憲法 31 条は、「何人も、法律の定める手続によらなければ、その生命若しくは自由を奪はれ、又はその他の刑罰を科せられない」と定める。この規定は、「刑罰」という表現がみられることもあり、刑事手続において適正手続を求める根拠規定とされる。行政手続における適正手続については、

28）出入国在留管理庁出入国管理部長「送還実施に当たっての留意事項について（指示）」入管庁警第 82 号（2021〔令和 3〕年 6 月 17 日）。

29）芦部、2019、121 頁。

13条適用説は、有力少数説にとどまっている[30]。最高裁判例は、成田新法事件において、「憲法31条の定める法定手続の保障は、直接には刑事手続に関するものであるが、行政手続については、それが刑事手続ではないとの理由のみで、そのすべてが当然に同条による保障の埒外にあると判断することは相当ではない」としつつも、「行政手続は、刑事手続とその性質においておのずから差異があり[31]」と保障の程度を限定している点において準用説に立つものと思われる。一方、下級審の判例の中には、個人タクシー免許事件の東京地裁判決のように、「憲法第13条、第31条は、国民の権利、自由が実体的のみならず手続的にも尊重さるべきことを要請する趣旨を含むものと解すべきである[32]」といった「融合的保障」説の一歩手前のような説示もみられる。

　憲法の不文の人権については、通説の補充的保障説に立ち、抽象的な13条だけを明示するよりも、「手続」を明示する31条の関連規定を結びつける体系解釈としての融合的保障の方が具体的な保障内容をより明確にする。また、たとえば、環境権は、25条説か13条説かという議論よりも、憲法「25条と結びついた13条」説の方が、環境保全のための生存権的特徴と、個人の生命の防御権的特徴が合わさり、人権保障の強化が期待される。そこで、収容のあり方についても、刑事収容も行政収容も含む「恣意的な収容（detention）」を禁ずる自由権規約9条1項の保障内容は、従来の憲法学では刑事収容の規定と考えられてきた「正当な理由がなければ、拘禁され」ない憲法「34条と結びついた13条」が「恣意的に収容されない権利」を保障する。憲法13条の融合的保障は、明文の刑事手続規定と結びつけることによって、行政手続における適正手続の具体的内容を明確にし、準用するよりも保障の程度を強化する。加えて、憲法13条は、比例原則の根拠規定とも解しうるものであり[33]、恣意的なまたは正当な理由のない収容であるかどう

30）佐藤、2020、217-219頁、高橋、2020、159頁、長谷部編、2020、277-281頁〔土井〕。
31）最大判1992（平成4）年7月1日民集46巻5号437頁。
32）東京地判1963（昭和38）年9月18日判時349号12頁。
33）近藤、2020、74頁。

かを収容の合理性・必要性・比例性において審査する比例原則の適用も導く。
これまで、刑事手続の規定として考えてきた、その他の憲法規定も、憲法
13 条の融合的保障により、行政手続保障の内実を豊かにすることができる。

　しかも、憲法には明示していなくても、人権条約に明示されている基本的
人権は、融合的保障によって、人権条約適合的解釈を可能にする。たとえば、
「何人も、拷問または残虐な、非人道的なもしくは品位を傷つける取扱いも
しくは刑罰を受けない」と定める自由権規約 7 条の後半の保障内容は、「拷
問及び残虐な刑罰」を禁止する憲法「36 条と結びついた 13 条」が「非人道
的な・品位を傷つける取扱いを受けない権利」を保障する。さらには、融合
的保障によって、「補完的保護」に関する人権条約適合的解釈も可能である。
1981 年に加入した難民条約 33 条 1 項が「締約国は、難民を、いかなる方法
によっても、人種、宗教、国籍もしくは特定の社会的集団の構成員であるこ
とまたは政治的意見のためにその生命または自由が脅威にさらされるおそれ
のある領域の国境へ追放しまたは送還してはならない」と定めているだけで
はない。類似のノン・ルフールマンの原則は、1999 年に加入した拷問等禁
止条約 3 条 1 項や強制失踪条約 16 条 1 項が定め、「生命」の権利を定める
自由権規約 6 条や「非人道的な取扱い」等を禁止する同 7 条からも解釈上
導かれている。「居住、移転及び職業選択」の「自由」を定める憲法「22 条
1 項と結びついた 13 条」が、「生命」または「自由」が脅威にさらされるお
それのある者に対して、「補完的保護」としての居住資格と就労資格を認め
ることは、「生命、自由及び幸福追求」の権利について、国政上、「最大の尊
重を必要とする」と定める憲法 13 条にあっては、当然の要請といえよう。[34]

　適正手続の保障の点からは、「告知」の際に難民不認定処分取消などの出
訴の意思の有無を「聴聞」し、裁判の意思を表明した場合は、弁護士等への
アクセスを含む出訴の機会を十分に確保すべきである。難民認定不許可処分
への異議申立の棄却決定の告知の時期は、出訴のための十分な期間を確保す
べく定められるべきであり、出訴のために弁護士との電話連絡を求めている
者を無視したり、電話連絡の時間を 30 分だけしか認めなかったりして、告

---

34) 近藤、2021、162 頁。

知した翌日に強制送還を行う行政手続は、憲法31条と結びついた13条に反する。

⑷ 非正規滞在者に対するはじめての違憲判断

　第4に、東京高裁判決は、在留資格のない非正規滞在者が訴えた事件において、はじめて憲法違反を明確にした。この点、マクリーン事件最高裁判決（以下、マクリーン判決）が、「外国人に対する憲法の基本的人権の保障は、……外国人在留制度のわく内であたえられているにすぎない」と判示したことから、非正規滞在者の憲法上の人権保障に消極的な判例傾向の見直しを迫る画期的な判決といえる。

5. 今後の展望——憲法の人権条約適合的解釈による
マクリーン判決の抜本的な見直し

　外国人の人権におけるリーディングケースと呼ばれる1978年のマクリーン判決は、日本が1979年にはじめての人権条約として国際人権規約を批准した前年の、国際的な人権保障の発展の歴史におけるいわばアンシャンレジームの時代の判決である。日本における外国人の人権の発展史においても、第1期の「排除と差別と同化」の時代の判決であり、第2期の「平等と国際化」の時代、第3期の「定住と共生」の時代を経た、今日の第4期の「多文化共生」の時代の判例としてはふさわしくない要素をもっており、見直す必要がある（区分については**第12章参照**）。

　マクリーン判決の最初の基本命題は、まず、つぎのように整理することができる。⑴国際慣習法上、外国人の入国および在留の許否については、国家の自由な裁量により決定することができる（第1命題）。しかし、今日の国際人権法の発展を踏まえると、修正第1命題は、「今日の国際慣習法上、外国人の入国・在留については、ノン・ルフールマン原則、家族結合、恣意的な収容禁止、差別禁止などに反しない限りで、国家が自由に決定すること

ができる」となる。入管実務が、難民申請者の裁判を受ける権利や適正手続への配慮を欠いた前提には、日本が守るべき国際慣習法としてのノン・ルフールマン原則や恣意的な収容禁止への理解の欠如と通ずるものがある。行政による恣意的な送還や収容を禁止するために、裁判所の審査は、重要である。

　また、名古屋高裁判決は、自由権規約 14 条 1 項の公正な裁判を受ける権利を判決の中心的な根拠規定とし、東京高裁判決は、憲法 32 条の裁判を受ける権利を根拠規定としていることから、憲法の「人権条約適合的解釈」について考える材料を提供してくれる。おそらく、名古屋高裁の裁判官には、自由権規約 14 条 1 項の方が（同 2 条 3 項の効果的な救済を受ける権利と相まって）、憲法 32 条の裁判を受ける権利よりも、難民該当性に関する司法審査の機会を実質的に奪われないことを具体的に導くことができると考えたのかもしれない。判決には、その点の説明はないので明らかではない。ただ、憲法学において通説を代表することの多かった芦部博士がつぎのように言っていることを想起する必要がある。「人権条約の規定が日本国憲法よりも保障する人権の範囲が広いとか、保障の仕方がより具体的で詳しいとかいう場合」は、「憲法のほうを条約に適合するように解釈していく」。これを憲法の人権条約適合的解釈という。その根拠は、①憲法 98 条 2 項の「日本国が締結した条約及び確立された国際法規は、これを誠実に遵守することを必要とする」という規定にある。他方、憲法の人権保障の方が高い水準の場合、「人権条約適合的解釈は従来の憲法解釈と同じでよい」。その根拠は、多くの人権条約が定める②「高水準の国内法令の優先適用」の規定にある。さらに、③「留保や解釈宣言なしに憲法適合的として批准した」以上、人権条約と整合的な憲法解釈が望ましいことも根拠といえる。加えて、④「プロ・ホミネ原則」、すなわち複数の人権規定が存在する場合、「個人の利益を最大限に」保障する方向で解釈適用する原則を挙げることもできる。「すべての基本的人権の享有を妨げられない」と定める日本国憲法 11 条に、この原則が内在

---

35) 同、146-156 頁。
36) 芦部、1991、29 頁。

しており、個人の権利を国政上「最大限尊重する」憲法13条の趣旨にもかなう。

　人権条約適合的解釈の観点から、マクリーン判決を見直すと、第2および第3の基本命題の修正も必要となる。同判決は、「何人も、公共の福祉に反しない限り、居住、移転及び職業選択の自由を有する」と定める「憲法22条1項は、日本国内における居住・移転の自由を保障する旨を規定するにとどまり、外国人がわが国に入国することについてはなんら規定していないものであり、このことは、国際慣習法上、国家は外国人を受け入れる義務を負うものではなく、特別の条約がない限り、外国人を自国内に受け入れるかどうか、また、これを受け入れる場合にいかなる条件を付するかを、当該国家が自由に決定することができる」という。したがって、あえて「日本国内における」という不文の要件を持ち出し、国際慣習法を根拠として、(2)憲法上、外国人の入国の自由および在留の権利は、保障されないという（第2命題）を導いている。しかし、自由権規約12条4項が「何人も、自国に入国する権利を恣意的に奪われない」と定めており、「自国」の範囲は、「国籍国」の概念より広く、「長期の在留期間、密接な個人的・家族的つながり、在留目的、その種のつながりが他のどこにもないことなど」といった「国籍以外の人と国との間の密接かつ永続的な関係、すなわち国籍の関係よりも強いかもしれない関係を形成する諸要素」を含むと自由権規約委員会はいう。したがって、人権条約適合的解釈からすれば、修正第2命題は、「憲法上、自国とみなしうる一定の長期滞在外国人の入国の自由および在留の権利は、保障される」となる。

　さらに、マクリーン判決の第3命題は、(3)憲法の基本的人権は、外国人の場合、権利の性質上日本国民のみをその対象としていると解されるものを除き等しく及ぶが、入管法上の在留制度のわく内でしか保障されないという内容である。この前半の、憲法の文言ではなく「権利の性質」により、外国人の人権保障を説く「性質説」は、外国人の人権に関する判例ではきまって援用されるものである。しかし、実のところ、その性質の判定基準を何に求めるのかが明らかでない問題がある。後半の「在留制度のわく内」ということから、入管法の在留制度が権利の性質を決めるかのように、入管法をもと

に憲法上の人権保障の有無を解釈するという転倒した議論になり、在留資格をもたない非正規滞在者には憲法上の基本的人権の保障が及ばないという誤った結論を導くことになりかねない。今日、権利の性質の判定基準を人権条約や国際慣習法に求めることが適当である。このことは、憲法 98 条 2 項の「日本国が締結した条約及び確立された国際法規は、これを誠実に遵守することを必要とする」と定めている条約および国際慣習法の誠実遵守義務からも要請される。したがって、修正第 3 命題は、「日本が批准している人権条約および国際慣習法を指針として権利の性質を判断すべきであり、憲法の基本的人権は、在留資格の有無にかかわらず、保障されるものも少なくない」となる。とりわけ、裁判を受ける権利や行政の適正手続は、在留資格のない難民申請者にとって、重要な憲法上の基本的人権であることを東京高裁判決が明らかにした点は、注目に値する。なお、名古屋高裁判決が、難民不認定処分に対する裁判を受ける機会を確保する手段が与えられている法令等は、「裁判を受ける機会の確保と我が国の在留制度との調和を図っている」と評価している。そこには、マクリーン判決を半歩見直す視点がうかがえるのかもしれない。

　そして、憲法に適合的な入管法の解釈・運用を導く媒介項としての役割を人権条約が果たしている点にも注意を要する。自由権規約 2 条 3 項の「効果的な救済」を受ける権利は、憲法 32 条の「裁判を受ける権利」をして、「裁判所に対して実効的な権利保障を求める権利」の要素を強化する。また、退去強制の前日に難民不認定処分の異議申立の棄却決定を告知するなど、裁判を受ける権利を恣意的に妨害する行政手続においては、告知・聴聞の手続をなおざりにし、教示手続をほとんど無意味なものとする「行政の適正手続」違反の問題もある。行政手続法の適用除外とされる入管行政において、「行政の適正手続」を問題とする上では、刑事手続の憲法規定と憲法 13 条を結びつける融合的保障の可能性もまた大きなものがあるといえよう。法の支配において最終的には裁判所の審査の果たす役割は、重大である。「難民該当性に関する司法審査の機会を実質的に奪われない」権利の保障を示した名古屋高裁と東京高裁の判決の意義は大きい。

第 12 章

出入国管理に関する人権条約適合的解釈

1. 憲法の人権条約適合的解釈の 4 つの根拠

　国際人権法学会の芦部初代理事長は、アムネスティ・インターナショナルの講演会で、憲法の人権条約適合的解釈について、つぎのように指摘している。(1)「人権条約の規定が日本国憲法よりも保障する人権の範囲が広いとか、保障の仕方がより具体的で詳しいとかいう場合」は、「憲法のほうを条約に適合するように解釈していく」。本書では、これを人権条約適合的解釈の第1原理と呼ぶ。その根拠は、①憲法 98 条 2 項の「条約の誠実遵守義務」にあるという[1]。他方、(2)憲法の人権保障の方が高い水準の場合、「人権条約適合的解釈は従来の憲法解釈と同じでよい」。これを人権条約適合的解釈の第2原理と呼ぶ。その根拠は、多くの人権条約が定める②「高水準の国内法令の優先適用」の規定にある[2]。

　さらに、この両原理に通底する根拠として、③「留保や解釈宣言なしに憲法適合的として批准した」以上、人権条約と整合的な憲法解釈が望ましいことが考えられる。加えて、④「プロ・ホミネ原則」、すなわち複数の人権規定が存在する場合、「個人の利益を最大限に」保障する方向で解釈適用

---

1) 芦部、1991、29 頁。
2) 自由権規約 5 条 2 項、社会権規約 5 条 2 項、女性差別撤廃条約 23 条、子どもの権利条約 41 条。

する原則を挙げることもできる。[3]「すべての基本的人権の享有を妨げられない」と定める日本国憲法 11 条に、この原則が内在しているとの意見もある[4]基本権などの用語ではなく、人権という用語を使っていることも、この原則と親和的である。11 条には国民とあるが、外国人の人権享有主体性を否定する意味ではなく、11 条は人権の普遍性を示す規定と解されている。[5] また、日本国憲法 97 条は、「人類の多年にわたる自由獲得の努力の成果」としての「基本的人権」を明示し、同 13 条が「個人」の「権利」の国政上の「最大の尊重」を定めている点にも、個人の人権保障を重視するプロ・ホミネ原則により、基本的人権の尊重をはかる憲法の基本理念は明らかである。

　憲法学では、外国人の人権について、「性質説」が通説とされる。[6] しかし、何を根拠に権利の性質を判断するのかは、明らかでない点がある。今日の有力見解は、権利の性質の指針を人権条約に求める。[7] 性質説は、しだいに人権条約適合的解釈に近づきつつある。

　本章は、出入国管理と外国人の人権の歴史的展開を概観した上で、人権条約適合的解釈の具体例を考察する。最後に、合憲限定解釈の解釈手法が人権条約にも応用可能かどうかについても検討し、国内法の人権条約適合的解釈について検討する。

2. 出入国管理の歴史的展開

　戦後の入管政策は、6 つの時期に区分できる（表1）。一般に、厳しい制限からリベラルな規制緩和へと移行している。

　第 1 期は、占領期における厳しい出入国の制限の時代である。第 2 期は、高度経済成長期にかかわらず、厳しい入国規制が続いた。1979 年に国際人権規約を批准したこともあり、憲法の人権条約適合的解釈の萌芽がみられ

3）根岸、2015、103 頁。
4）Mazzuoli and Ribeiro, 2015, pp. 270-272.
5）芦部、1994、64-65 頁。
6）同、126 頁。
7）岩沢、2000、15 頁。

表 1　戦後の入管政策の時期区分

① 占領期における厳しい出入国の制限（1945-1951年）
② 高度経済成長期にかかわらず、厳しい入国規制（1951-1981年）
③ 厳しい入国規制の下だが、難民への門戸開放と外国人の権利向上（1982-1990年）
④ 比較的厳しい入国規制の下の3つの抜け穴（日系人、研修・技能実習生、非正規滞在者の「単純労働」への就労）（1990-2012年）
⑤ 比較的リベラルな入国規制として、高度人材ポイント制を導入（2012-2019年）
⑥ 中間的な「半熟練労働者」への門戸開放（2019年-現在）

る。第3期は、厳しい入国規制の下だが、加入した難民条約・議定書の発効に伴う社会権を中心とした外国人の権利向上がみられる。第4期は、多くの在留資格を創設したものの、いわゆる「単純労働」の受け入れを認めない政策の抜け穴として、日系人、研修・技能実習生、非正規滞在者の「単純労働」への就労が広がった。2000年に人身取引防止議定書を批准する前から、研修・技能実習生に対する人権侵害が問題となる。人権条約適合的解釈からすれば、現代型奴隷制としての人身取引の禁止は、憲法18条の奴隷的拘束の禁止の問題でもある。第5期は、（知識労働者としての）熟練労働者の積極的受け入れ策として高度人材ポイント制が導入された。しかし、海外からの直接の受け入れ実数が少ないこともあって、比較的リベラルな入国規制への転換の効果は限定的である。第6期に創設された「特定技能1号」の在留資格は、国内の人手不足が深刻な14業種（2022年からは12分野）において、熟練労働と非熟練労働との中間的な「半熟練労働」に門戸を開くものである。これに対し、「特定技能2号」は、熟練労働者としての「技能」の門戸を拡充する性格をもつ。

3. 外国人の人権の歴史的展開

　戦後の外国人の人権の発展は、4つの時期に区分される（表2）。

---

8) 小川、1981、34-35頁。

表 2　戦後の外国人政策の基本理念と新たな権利課題

(1) 排除と差別と同化の時代（1945 - 1980 年）：市民的権利
(2) 平等と「国際化」の時代　（1980 - 1990 年）：社会的権利
(3) 定住と「共生」の時代　　（1990 - 2006 年）：政治的権利
(4) 「多文化共生」の時代　　（2006 年 - 現在　）：文化的権利

　第 1 に、旧植民地の領土を放棄した平和条約に伴う通達上、主として national origin を示す戸籍により日本国籍を喪失した在日韓国・朝鮮・台湾人は、多くの社会保障制度から「排除」された。国籍に基づく雇用「差別」は、民間企業でも多く、就職差別裁判を通じて、「市民的権利」を拡充する試みがはじまる。公権力の行使または公の意思の形成への参画に携わる公務員の職を失わないためには、帰化が必要とされ、当時の帰化手続は、日本的氏名を強要する「同化」主義的な発想に根差していた。

　第 2 に、日本政府は、社会権規約の批准および難民条約・議定書への加入に伴い、「社会的権利」の保障が進んだ。また、女性差別撤廃条約の批准は、父母両系血統主義に国籍法を変更させ、新たな戸籍法により、日本的氏名を強要する帰化手続を廃止する副産物を伴った。人権条約の影響もあり、内外人「平等」の理念に基づく外国人の統合政策は、この時期「国際化」の名の下に推進された。

　第 3 に、入管法改正が日系人とその家族に定住者などの在留資格を認め、入管特例法が旧植民地出身者とその子孫に特別永住者の地位を認めた。一般の永住許可基準も、20 年から 10 年に居住要件が短縮された。「定住」を前提とする場合、「共生」社会の実現に向けて政治参加も重要となる。最高裁は、永住者等の地方選挙権を法律により認めることは憲法が禁止しておらず、立法政策の問題であるとした。[9] 選挙権・被選挙権は実現していない。しかし、外国人住民の協議会の創設、地方公務員への門戸開放、住民投票への外国人の参加の動きが広がった。

　第 4 に、総務省の地域における多文化共生推進プラン以後、多文化共生推

9) 定住外国人地方選挙権訴訟・最判 1995（平成 7）年 2 月 28 日民集 49 巻 2 号 639 頁。

進プランの整備が各地に広がり、同条例を制定する自治体も現われた。同プランにおけるコミュニケーション支援は、「文化的権利」を保障する。教育を受ける権利の文化的権利の側面も配慮され、日本語教育推進法 3 条 7 項は、家庭言語、すなわち母語の重要性への配慮も明記した。2018 年末の入管法等の改正に伴い、「外国人材の受入れ・共生のための総合的対応策」等が関係閣僚会議から示され、法務省が国としての共生施策の総合調整機能をになうことになった。2022 年には、関係閣僚会議により、中長期的な課題と具体的な施策を示す「外国人との共生社会の実現に向けたロードマップ」も策定された。

4. 憲法の人権条約適合的解釈の 6 つの具体例

(1) 非人道的な退去強制・品位を傷つける仮放免禁止

　自由権規約 7 条は「何人も、拷問または残虐な、非人道的なもしくは品位を傷つける取扱いもしくは刑罰を受けない」と定める。自由権規約委員会は、Warsame v. Canada (2011) において、サウジアラビアで生まれ、4 歳からカナダに住む 21 歳のソマリア国籍男性の永住者を 2 度の犯罪により退去強制することは、住んだこともなく、言葉も十分にできず、一族の支援もなく、家族もいないソマリアに送還し、拷問、残虐な・非人道的な・品位を傷つける取扱いの危険にさらすことであり、自由権規約 7 条に反するとした。また、同委員会は、O.Y.K.A. v. Denmark (2017) において、内戦を逃れ、ギリシアに渡り、不法入国で逮捕され、庇護申請したシリア国民が、数日間の抑留後、仮放免され、4 カ月間自費でホステルに滞在した後、ホームレスとなり、ギリシア当局の支援を得られず、2 カ月間も路上と公園での生活を余儀なくされたので、デンマークに移り庇護申請したものの、最初の庇護国のギリシアに送還することは、ホームレスの状態に置く「品位を傷つける取扱い」、路上で排外主義的な暴力にあう「非人道的な取扱い」の危険があり、自由権規約 7 条に反するとした。

　この点、多くは就労を禁止し、公的扶助も認めない日本の仮放免も、品位を傷つける取扱いにあたることに注視すべきである。日本国憲法に明文規定

のない人権については、憲法 13 条を根拠規定[10]とする従来の「補充的保障」の解釈よりも、複数の条文を結びつける「融合的保障」の解釈の方が適当である。たとえば、抽象的な 13 条だけを明示するよりも、「拷問及び残虐な刑罰」禁止を定める憲法「36 条と結びついた 13 条」が非人道的な・品位を傷つける取扱いの禁止を保障するといったように、関連規定と結びついた体系解釈の方が権利保障を強化しうる。普遍的な人間の尊厳に基づく人権は、本来、不可分一体のものである。人権の不可分性・相互依存性は、従来の憲法学に不足していた国際人権法学の基本原理である。個別の人権条項に分けて定めたとしても、それらは、相互に関わり合い、補強し合っていることに留意する必要がある。

(2) 恣意的に収容されない権利

　自由権規約 9 条 1 項は「何人も、恣意的に逮捕され又は抑留されない」と定める。外務省訳で「抑留」とある detention は、「収容」とも訳され、本項は、刑事収容だけでなく、入管収容などの行政収容にも適用される[11]。自由権規約委員会は、Shafiq v. Australia (2006) において、収容は必要性、逃亡または罪証の隠滅などの目的との適合性がなければ恣意的とみなしうるとした。収容はその必要性を定期的に審査し直す必要があり、締約国が相当の理由を示しうる期間を超えた収容は、自由権規約 9 条 1 項に反する。

　一方、従来の日本の憲法解釈は、「正当な理由がなければ、拘禁されず」と定める憲法 34 条の「拘禁」は、もっぱら刑事訴訟法上の「勾留」の問題とし[12]、入管法上の「収容」の問題を含まないと解してきた。このため、刑事収容の要件とされる（逃亡、罪証隠滅のおそれなどの）「拘禁」の必要性を基礎づける合理的・実質的理由を意味する「正当な理由」は、入管収容の実務では不要とされてきた。しかし、今日の有力な学説の中には、憲法 13

---

10) 憲法 13 条の個人の尊重を根拠とする判例として、東京高判 1998（平成 10）年 1 月 21 日判時 1645 号 67 頁参照。
11) 自由権規約委員会・一般的意見 8（1982 年）1 段落。
12) 厳密には、「鑑定留置」の問題も含む。
13) 樋口ほか、1997、306、311 頁〔佐藤〕、木下・只野編、2019、392 頁〔倉田〕。

条に基づく適正な行政手続の具体化として憲法34条の趣旨が及ぶ、ないしは類推適用を考える見解もある。[14] 今後は、人権条約適合的解釈に立ち、「正当な理由がなければ、拘禁され」ない憲法「34条と結びついた13条」が保障する「恣意的に収容されない権利」の侵害という点に目を向ける必要がある。

　また、退去強制令書による収容には期限の定めがない。しかし、人権理事会の恣意的な収容作業部会がいうように、無期限収容は恣意的である。[15] 「原則収容主義」の日本の実務は収容目的を在留資格のない者の在留活動禁止を含む「在留活動禁止説」に立つが、[16] 退去強制の円滑実施に限定する「執行保全説」に立つ「例外収容主義」への転換が必要である。[17] 2018年の国連の移住グローバルコンパクトでは、収容は「適正手続にしたがい、恣意的でなく、法律、必要性、比例性と個別の評価に基づき」、「最も短期間に行われることを確保」し、「代替措置」の取組みを求めている。[18] 収容手続の抜本的な法改正が望まれる。その際、受入見込国が存在しない「無国籍者」に対する退去強制・収容・仮放免の恣意禁止も、[19] 入管法に明示すべきである。[20]

⑶ ナショナル・オリジン差別・人種的プロファイリングの禁止

　人種差別撤廃条約1条により、「民族的もしくは種族的出身（national or ethnic origin）に基づくあらゆる区別、排除、制限または優先」も、人種差別に含まれるとされている。また、自由権規約2条1項・26条・社会権規約2条2項において、「国民的もしくは社会的出身（national or social origin）」による差別を禁止している。これらの規定を解釈指針とするならば、憲法14条1項の人種差別の禁止はnational originによる差別禁止も含

---

14) 佐藤、2020、299-304、313-315頁、高橋、2020、306頁。

15) Human Rights Council, A/HRC/39/45, para. 26.

16) 多賀谷・髙宅、2015、442頁。

17) 児玉、2018、51頁。

18) UN General Assembly, Global Compact for Safe, Orderly and Regular Migration (11 January 2019).

19) 参照、東京高判2020（令和2）年1月29日裁判所ウェブサイト。

20) 近藤、2019、288頁。

む。そして、朝鮮戸籍・台湾戸籍という national origin を基にした旧植民地出身者とその子孫の国籍剥奪およびそれに伴う差別的取扱いは、同項の「人種差別」にあたる。

　また、日本では、外見その他から判断して、外国人と思われる人に警察が職務質問をして、在留カードか旅券の提示を求めることが許されている。自由権規約委員会によれば、合理的かつ客観的な基準を欠く、この種の人種的プロファイリングは、差別禁止事項にあたるとした。この Lecraft v. Spain, HRC (2009) では、スペイン国籍を取得したアフリカ系アメリカ人の女性が、電車を降りた駅の近くで警察官に呼び止められ、身分証明書の提示を求められたが、夫と息子には求めなかった。スペインの憲法裁判所は、特定の人種の ID をチェックする命令や指示がなく、警察官に人種的偏見があった証拠もないので、差別の明確な事例とはいえないと判示したものの、自由権規約委員会は、不法移民の取締りのための ID チェックは正当な目的といえるとしても、申立人は人種的特徴のみを理由として当該 ID チェックをされており、区別が合理的かつ客観的な基準を欠いているので、自由権規約 26 条に反するとした。同条を解釈指針とするならば、この種の人種的プロファイリングは、日本国憲法 14 条 1 項にも反する。

(4) 自国に入国する権利・在留権

　自由権規約 12 条 4 項は、「何人も、自国に入国する権利（right to enter）を恣意的に奪われない」と定める。同規約を批准する前年、最高裁は、マクリーン事件において「国際慣習法上」、「特別の条約がない限り、外国人を自国内に受け入れるかどうか」を「国家が自由に決定することができる」ことを根拠に、「憲法上」、「外国人は、わが国に入国する自由」も、「在留の権利」も保障されていないと判示した。しかし、自由権規約委員会は、Nystorm v. Australia, HRC (2011) において、すべての家族がオーストラリアに住んでおり、スウェーデン語は習ったこともなく、生後 27 日から 32 歳までオーストラリアで暮らすスウェーデン国民が、スウェーデンとは国籍以外のつながりがないことを考慮して、オーストラリアが同項の意味での「自国」にあたるとし、多くの犯罪を理由とするスウェーデンへの送還を

同項違反とする。同委員会によれば、同項は「自国に在留する権利」の含意があり、「自国」の範囲は「国籍国」よりも広く、「長期の在留期間、密接な個人的・家族的つながり、在留目的、その種のつながりが他のどこにもないことなどの考慮」の下に「自国」とみなしうる国からの退去強制を禁止する。また、同項に基づいて、特別永住者に対する再入国許可制度の廃止も日本政府に勧告している[21]。こうした自国に入国する権利は、憲法「22条1項と結びついた13条」の保障するところである。

　なお、自由権規約委員会は、Shirin Aumeeruddy-Cziffra *et al.* v. Mauritius (1981) において、モーリシャスの入管法が男性国民の外国人配偶者にのみ在留権を認め、女性の外国人配偶者は裁量とすることは、自由権規約2条1項、3条、26条違反の性差別とした。一方、「外国人に対する憲法の基本的人権の保障」は、「外国人在留制度のわく内で与えられているにすぎない」というマクリーン事件最高裁判決の論理は、入管法を憲法よりも上位の規範とし、外国人に対する人種・性・信条差別に基づく入管行政であっても合憲となることを意味しかねない。泉元最高裁判事の批判もあるように、判例変更が望まれる[22]。

　また、今日の国際慣習法は、外国人の入国・在留について、「国家が自由に決定することができる」無制限の裁量があるのではなく、「ノン・ルフールマン、家族結合、恣意的な収容の禁止、差別禁止などに反しない限りで、国家が自由に決定することができる」という内容であることを理解する必要がある[23]。これらの新たな国際慣習法の内容は、憲法解釈上も導かれるものであり、在留資格による制限の問題は、憲法上の人権侵害についての司法審査が可能である。

⑸ 恣意的に退去強制されない権利・庇護権

　難民条約33条1項、拷問等禁止条約3条、強制失踪条約16条のノン・

21）自由権規約委員会・日本政府報告に関する総括所見（1998年）18段落。

22）泉、2011、21頁、同、2020、135-137頁。

23）Chetail, 2019, pp. 119-150; 近藤、2021、143-163頁。

ルフールマン（追放・送還禁止）原則によれば、人種以下 5 つの理由による生命・自由の脅威、拷問および強制失踪の対象となるおそれのある国に送還することはできない。また、自由権規約 6 条・7 条と同様、生命、拷問、非人道的・品位を傷つける取扱いのおそれのある場合も、送還が禁止される[24]。この点、「居住」の自由を「何人」にも保障している憲法「22 条 1 項と結びついた 13 条」から「恣意的に退去強制されない権利」が保障され、その論理的帰結として、ノン・ルフールマン原則による在留特別許可や補完的保護を含む広い意味での庇護権が憲法上導かれる。なぜならば、憲法 13 条が「生命、自由及び幸福追求」の権利と「個人の尊重」を保障していることから、生命、自由が脅威にさらされることがないように、国政上「最大の尊重」を必要とし、人道ないし人間の尊厳に反する取扱いが禁止されるとともに、憲法 22 条 1 項が「居住」の自由を保障することを要請しているからである。さらに、「職業選択」の自由も定める憲法「22 条 1 項と結びついた 13 条」が保障する補完的保護等では、就労も原則として認められるべきである。

⑹ 家族への恣意的な干渉を受けない権利・家族結合の権利・子どもの保護・最善の利益

　自由権規約 17 条の「家族」に対して「恣意的にもしくは不法に干渉され」ない権利、同 23 条 1 項の「家族」の「保護を受ける権利」および同 2 項の「家族を形成する権利」が導く家族結合の権利、同 24 条 1 項および子どもの権利条約 3 条の定める子どもの保護・最善の利益は、「家族」に関する「幸福追求」の権利について、国政上「最大の尊重を必要」とする憲法「24 条と結びついた 13 条」が保障する。自由権規約には、家族結合に関する期間の定めはないが、自由権規約委員会は、スイス政府の定期報告書に対して、18 カ月も家族と引き離されることを長すぎるとし、短期滞在許可後すぐに家族呼び寄せを認めるように勧告している[25]。

24）岩沢、2020, 348 頁、安藤、2020、172 頁。
25）U.N. Doc. CCPR/C/79/Add.70.

日本では、在留特別許可のガイドラインに反し、学校に通う子どもだけの在留を許可し、親を退去強制する事例がみられる。しかし、自由権規約委員会は、Winata v. Australia (2001) において、住んでいる国の学校に通い、社会との関係を築いてきた子どもにとって、親だけを退去強制するか、親と一緒に出国するかを選ばせることは、家族への干渉であり、家族結合の権利を侵害し、子どもへの必要な保護を欠き、自由権規約17条1項、23条1項および24条1項に反するとした。親の付属物ではなく、子どもを「個人として尊重」するならば、長期間生活している国からの退去強制が子どもの権利条約3条の「子どもの最善の利益」に反する場合、子どもの権利委員会等は親の正規化も勧告する。[26] この点、憲法「24条と結びついた13条」が、同様の家族への恣意的な干渉を受けない権利、家族結合の権利を保障し、子どもの保護・最善の利益を保障する。

5. 法律の合人権条約限定解釈から法改正へ

　法令の合憲限定解釈を日本の裁判所は、たびたび示してきた。合憲限定解釈とは、法令の複数の解釈が可能なときに、憲法の枠内の解釈をとる限りは、法令を文面上は合憲とし、憲法の枠を超えた場合は、適用違憲となるメッセージを示す憲法解釈手法である。外国人の人権に関する法律と人権条約との関係においても、この種の解釈手法、すなわち合人権条約限定解釈が可能と思われる。たとえば、刑事訴訟法175条の「国語に通じない者に陳述させる場合には、通訳人に通訳をさせなければならない」という規定の解釈の幅としては、有料の通訳の場合も無料の通訳の場合も含みうる。しかし、自由権規約14条3項(f)が「裁判所において使用される言語を理解することまたは話すことができない場合には無料で通訳の援助を受けること」と定めていることから、無料の通訳と限定解釈することができる。[27]

---

26) 子どもの権利委員会一般的意見23 (2017年) 29段落。
27) **法廷通訳無料訴訟**・東京高判1993 (平成5) 年2月3日東高時報 (刑事) 44巻1-12号11頁。

　また、入管法 50 条 1 項の「在留を特別に許可することができる」との法務大臣の裁量において、「政治的意見を理由に迫害を受けるおそれ」がある難民の場合に、在留特別許可を認めず、退去強制することは「拷問等禁止条約 3 条（ノンルフールマン原則）等の趣旨からも、裁量権の逸脱ないし濫用に該当し、違法」と限定解釈できる。[28)]

　裁判所としては、合人権条約限定解釈をするだけでなく、人権条約違反を明確にすることで、法改正を促すことが望まれる。行政府が「在留特別許可のガイドライン」を示すだけでなく、本来的には立法府が法律に明記することが必要である。入管法 53 条 3 項が禁止される送還先に関して、難民条約・拷問等禁止条約・強制失踪条約のノン・ルフールマン原則の規定を掲げるだけでは不十分である。入管法に「補完的保護」を定め、国際水準での運用を可能とするためには、これらの条約規定とともに自由権規約 6 条・7 条を明示した上で、拷問のおそれ、生命の危険、残虐・非人道的な・品位を傷つけるおそれがある場合の在留制度を新設すべきである。また、在留特別許可のガイドラインを入管法に明記し、子どもの権利条約 3 条 1 項・自由権規約 23 条 1 項・2 項を明示した上で、学齢期の子どものいる長期滞在家族の在留をより明確にすべきである。最後に、収容期間の上限を定め、収容の可否を裁判所が審査する制度を創設すべきである。

---

28) 大阪高判 2005（平成 17）年 6 月 15 日判時 1928 号 29 頁。

第 **13** 章

入管法と憲法の媒介項としての国際人権法

1. 憲法と入管法との関係——媒介項としての国際人権法

　廃案となった 2021 年の入管法等改正案（以下、2021 年改正案）および一部を修正して再提出された 2023 年の入管法等改正案[2]（以下、2023 年改正案）では、「退去強制手続を一層適切かつ実効的なものとするため」、①在留特別許可の申請手続の創設、②収容に代わる監理措置の創設、③難民申請者の送還停止効の見直し、④退去命令制度の創設、⑤補完的保護の規定整備などを目的としていた。最終章は、第 1 に、これら 5 点についての人権条約上および憲法上の問題点を考察する。

　第 2 に、2021 年改正案および 2023 年改正案の問題点とも重なるが、そもそも、外国人の人権に関するリーディングケースとされる 1978 年のマクリーン事件最高裁判決（以下、マクリーン判決）の基本命題である 3 点について検討する。同判決では、(1) 国際慣習法上、外国人の入国および在留の許否については、国家の自由な裁量により決定することができるという（第 1 命題）。また、このことを前提に、(2)憲法上、外国人の入国の自由および在留の権利は、保障されないとした（第 2 命題）。さらに、(3)憲法の基本的

---

1) 出入国管理及び難民認定法及び日本国との平和条約に基づき日本の国籍を離脱した者等の出入国管理に関する特例法の一部を改正する法律案（https://www.moj.go.jp/isa/content/001341292.pdf, 2023 年 3 月 10 日閲覧）。

2) 同法律案（https://www.moj.go.jp/isa/content/001392018.pdf, 2023 年 3 月 10 日最終閲覧）。

人権は、外国人の場合、権利の性質上日本国民のみをその対象としていると
解されるものを除き等しく及ぶが、入管法上の在留制度の枠内でしか保障さ
れない（第 3 命題）としている。この第 3 命題に従うと、権利の性質の判定
基準として入管法上の在留制度があることになり、あたかも憲法の定める人
権の解釈を入管法という法律に適合するように解釈するといった転倒した議
論になる。加えて、国会は、第 1 命題に従うと、国際慣習法上、第 2 命題
に従うと、憲法上、外国人の入国および在留に関する無制約な立法裁量を有
することになる。果たして、そのような国際慣習法の理解や憲法解釈が適切
であろうか。むしろ、入管法の改正は、憲法やその解釈指針としての人権条
約の趣旨に適合する形でなされる必要があるのではないだろうか。憲法が入
管法に対して、無制約の立法裁量を認めているかのように考えるのは誤りで
はないだろうか。

　憲法上の「権利の性質」を決める判断基準は、何に求めることができるの
であろうか。日本国憲法 98 条 2 項は「日本国が締結した条約及び確立され
た国際法規は、これを誠実に遵守することを必要とする」と定めている。そ
こで、芦部信喜博士がいうように、「人権条約の規定が日本国憲法よりも保
障する人権の範囲が広いとか、保障の仕方がより具体的で詳しいとかいう
場合」は、「憲法のほうを条約に適合するように解釈していく」必要がある。[3]
したがって、憲法の「人権条約適合的解釈」が必要である。ただし、多くの
人権条約は「高水準の国内法令の優先適用」を定めており、[4]憲法の人権保
障の方が高い水準の場合、人権条約適合的解釈は、従来の憲法解釈と同じで
よい。また、人権条約適合的解釈は、留保や解釈宣言なしに憲法適合的とし
て批准した経緯や、「基本的人権」の享有を定める憲法 11 条に内在し、「個
人」の権利の国政上「最大の尊重」をうたう憲法 13 条の趣旨にもかなう
「個人の利益を最大限に」保障する方向で人権規範を解釈適用するプロ・ホ
ミネ原則からも導かれる。なお、厳密には、「確立された国際法規」として
の国際慣習法も含む「国際人権法適合的解釈」と呼ぶ方が適当かもしれない。

3）芦部、1991、29 頁。
4）第 2 章参照。

しかし、ここでは、日本の批准した条約への特別な留意を促すために、国際慣習法も含む広義の意味で「人権条約適合的解釈」と呼ぶことにする。従来の憲法解釈が入管法の具体的な内容について憲法上の要請事項を明らかにしていない場合であっても、人権条約等が入管法の内容についての要請事項を明らかにしている場合には、人権条約適合的解釈上は、憲法上の要請事項となることに今後は目を向ける必要がある。したがって、憲法と入管法の関係をみる上で、国際人権法の発展を考慮することは不可欠である。いうなれば、憲法と入管法の関係は、国際人権法を媒介項とする人権条約適合的解釈を通じて、具体的な内容がより明らかになる場面が少なくない。

　人権条約適合的解釈をする上で、人権条約に明文規定があるものの、憲法の不文の人権をどう導くかという問題がある。果たして、すべてを憲法13条だけから補充的に保障するといった従来の通説的理解でよいのだろうか。また、適正な行政手続は、同31条の適正手続を準用するといった判例のような解釈手法でよいのだろうか。むしろ、自由権規約委員会をはじめとする多くの人権機関やドイツをはじめとする多くの国の憲法解釈でもみられるように、複数の人権規定の相互の関連性に着目する方が適当なのではないだろうか。たとえば、行政の適正手続は、憲法「31条と結びついた13条」が保障するといった融合的保障の方が、抽象的な13条だけを根拠規定とするよりも具体的な保障内容が明らかとなる。また、31条の明文規定を準用するよりも人権保障を強化することができる（実は、環境権については、日本でも、25条と13条の両方の側面から人権保障を拡充することを肯定する議論は多い）。憲法13条の融合的保障という新たな憲法解釈手法は、人権の不可分性・相互依存性・相互関連性に基づく体系解釈といえる[5]。

　そこで、本章は、33条以下の刑事手続の規定も13条と結びつけて、自由権規約等に明文規定がある入管手続の人権保障を憲法規定上、読み込みながら、2021年改正案の問題点を考察する。ついで、マクリーン判決の3つの

5）従来の憲法学では、人権の性質として、人権の固有性・不可侵性・普遍性が語られたが、今日の国際人権法学では、人権の普遍性・不可分性・相互依存性が語られる。近藤、2020、9-10頁。

命題を再考する。最後に、入管法に関連する憲法規定と憲法解釈を検討する。

2. 入管法等改正案の問題点

⑴ 在留特別許可

　第 1 に、在留特別許可の申請手続の創設について、入管法 50 条の定める在留特別許可は、退去強制に対する異議に理由がないとされた場合であっても、「永住許可」者、「かつて日本国民」であった者、「人身取引」の被害者、または「法務大臣が特別に在留を許可すべき事情があると認める」者に、正規の在留資格を付与する制度である。これまで、外国人の側から申請する手続規定がなかったので、申請手続を創設することは意義深い。

　しかし、判断基準や根拠となる人権規定が不明確である。2021 年改正案および 2023 年改正案 50 条 5 項では、法務大臣の在留特別許可の判断に際し、「在留を希望する理由、家族関係、素行、本邦に入国することとなった経緯、本邦に在留している期間、その間の法的地位、退去強制の理由となった事実及び人道上の配慮の必要性を考慮するほか、内外の諸情勢及び本邦における不法滞在者に与える影響その他の事情を考慮する」と考慮事項を定めるだけである。

　この点、2009 年に改正された「在留特別許可に係るガイドライン」[6] にみられる「家族結合の権利」や「子どもの最善の利益」[7] などの人権への配慮の視点が不足している。同ガイドラインでは、「特に考慮する積極要素」として、⑴「日本人の子又は特別永住者の子であること」、⑵「日本人又は特

6) 法務省入国管理局「在留特別許可に係るガイドライン」（2006〔平成 18〕年 10 月、2009〔平成 21〕年 7 月改訂）（https://www.moj.go.jp/isa/content/930002524.pdf, 2023 年 3 月 10 日閲覧）。

7) 衆議院議員服部良一君提出「在留特別許可に係るガイドライン」の運用における家族の取扱い及び子どもの最善の利益の尊重に関する質問に対する答弁書（内閣衆質 177 第 69 号、2011〔平成 23〕年 2 月 25 日）では、「入管法第 50 条第 1 項の規定により在留を特別に許可するか否かについては、個々の外国人ごとに、諸般の事情を総合的に勘案して判断しているところ、児童の権利に関する条約（平成 6 年条約第 2 号）第 3 条 1 の規定の趣旨についても勘案している」とある。

別永住者との間に出生した実子を扶養している場合で、……子が未成年かつ未婚、……親権を現に有し、……監護及び養育していること」、(3)「日本人又は特別永住者と婚姻が法的に成立し、……共同生活をし、相互に協力して扶助し、……婚姻が安定かつ成熟していること」とある。この(1)～(3)の背景には、自由権規約17条が「家族」への「恣意的な」干渉を禁止し、同23条が「家族」の「保護を受ける権利」・「家族を形成する権利」を定め、家族結合の権利を保障していることがうかがわれる。2021年改正案および2023年改正案の50条では、1年を超える実刑判決があった者の在留特別許可は、人道上の配慮に欠けると認められる特別の事情がある場合に限定する新たな規定を加えている。従来のガイドラインにある特に考慮する消極要素としての「重大犯罪等により刑に処せられたことがあること」を法律に明記する一方で、実刑判決があっても、特に考慮する積極要素としての家族結合の権利に関するガイドラインの内容を法律に明記しないことは、家族生活の人権保障としての在留特別許可の運用の後退を予想させる。したがって、入管法自体に家族結合の権利保障に関する内容を明記すべきである。

つづいて、(4)「本邦の初等・中等教育機関（母国語による教育を行っている教育機関を除く。）に在学し相当期間本邦に在住している実子と同居し、当該実子を監護及び養育していること」も同ガイドラインは挙げている。この背景には、子どもの権利条約3条1項が「子どもの最善の利益」を保障し、自由権規約24条1項が「子ども」の「未成年者としての地位」に必要な「家族」についての「保護」の「権利」を保障し、同17条と23条が家族結合の権利を保障していることが推察される。

今日、子どもの最善の利益を各国の入管法は、取り入れる傾向にある。スウェーデンの外国人法1章10条では、総則規定として、「子どもを含む場合、子どもの健康と発達および子どもの最善の利益などの必要と思われる特別な配慮を払う」と定めている。[8] ノルウェーの外国人法38条では、「強い人道的配慮や本邦との特別なつながりに基づく在留許可」において、「子どもの

---

8) Utlänningslag (2005:716), 1 kap. § 10.

場合は、子どもの最善の利益を基本的に考慮する」とある[9]。フランスの入国・滞在・庇護権法典 L631-4 条では「18 歳未満の外国人は、追放の決定の対象とすることはできない」と規定している[10]。ドイツの滞在法 25a 条の「統合された青少年の在留許可」は、4 歳以後継続的に退去強制が猶予され、ドイツの学校に 4 年以上就学または修学した、21 歳未満の生計要件と公安要件を満たす外国人には、在留を許可する[11]。また、同 25b 条の「持続可能な統合の場合の在留許可」では、「8 年（未成年の子と同居する場合は 6 年）以上居住し、公安要件と生計要件を満たし、ドイツの法制度の知識と A2 以上のドイツ語の会話能力を持ち、学齢期の子どもの就学証明ができる外国人には、在留を許可する」とある[12]。また、子どもの権利委員会と移住労働者権利委員会の合同委員会は、子どもを「個人として尊重」するのであれば、長期間生活している国からの退去強制が子どもの権利条約 3 条の「子どもの最善の利益」に反する場合、親の正規化も勧告している[13]。

　加えて、(5)「難病等により本邦での治療を必要としていること」等を同ガイドラインは掲げている。この背景には、自由権規約 6 条が「生命に対する権利」を、同 7 条が「非人道的な取扱い」等の禁止を保障していることが考えられる。

　こうした人権条約と同じ内容は、日本国憲法の解釈上も導くことができる。たとえば、憲法 24 条 1 項が「婚姻は、……相互の協力により、維持されなければならない」と定め、同 2 項が「住居の選定……婚姻及び家族に関するその他の事項に関しては、法律は、個人の尊厳……に立脚して、制定されなければならない」と定めている。そこで、憲法「**24 条と結びついた 13 条**」が、「個人として尊重され」、「幸福追求」の権利の「最大の尊重」を求

---

9) Lov om utlendingers adgang til riket og deres opphold her (utlendingsloven), §38.

10) Code de l'entrée et du séjour des étrangers et du droit, §L631-4.

11) Gesetz über den Aufenthalt, die Erwerbstätigkeit und die Integration von Ausländern im Bundesgebiet (Aufenthaltsgesetz), §25a.

12) *Ibid.*, §25b.

13) 子どもの権利委員会一般的意見 23（2017 年）29 段落。

めることから、**家族結合の権利を保障し**、[14] 家族生活における**子どもの最善の利益**を保障しているものと解しうる。また、「居住、移転」の自由を定める憲法「**22 条 1 項と結びついた 13 条**」が、「生命、自由及び幸福追求」の権利の「最大の尊重」を要請しているので、**恣意的に退去強制されない権利**を保障している。[15] したがって、今後は、「日本人や永住者等[16] との家族的なつながり」、「日本で育った子どもとその家族」および「人道的配慮を必要とする者や長期滞在者」[17] を在留特別許可の明文規定に定めることが、人権条約上の要請だけでなく、憲法上の要請でもあることに目を向ける必要がある。

(2) 収容に代わる監理措置

　第 2 に、収容に代わる監理措置についても、2021 年改正案および 2023 年改正案 52 条の 2 は、「主任審査官」という行政機関が収容か監理措置かを決定するままである。裁判所による収容の合理性・必要性・比例性の審査は不要とされ、無期限収容を可能としている。このことは、国連の自由権規約委員会や人権理事会の恣意的拘禁作業部会の指摘にあるように、「何人も、[18]

---

14) 近藤、2020、153-154 頁。

15) 近藤、2020、272-275 頁。

16) ガイドラインは、「その他の積極要素」として、(1)別表第 2 に掲げる在留資格で在留している者と婚姻が法的に成立している場合、(2)別表第 2 に掲げる在留資格で在留している実子を扶養している場合、(3)別表第 2 に掲げる在留資格で在留している者の扶養を受けている未成年・未婚の実子」などを掲げている。しかし、入管法別表第 2 に掲げる永住者、日本人の配偶者等、永住者の配偶者等、定住者の場合も、家族的なつながりは強く保障されるべきである。

17) ガイドラインは、「その他の積極要素」として、(4)「その他人道的配慮を必要とするなど特別な事情があること」、(5)「本邦での滞在期間が長期間に及び、本邦への定着性が認められること」を掲げている。しかし、後述する補完的保護などの人道的配慮を必要とする場合も、出身国とのつながりが少ない長期滞在者の場合も、自由権規約 7 条の「非人道的な取扱い」等の禁止、同 17 条の「私生活」への「干渉」の禁止、同 12 条 4 項の「自国に入国する権利」が保障されており、憲法「22 条と結びついた 13 条」が「居住、移転」における「生命、自由及び幸福追求」の権利の「最大の尊重」を定めていることから、強く保障されるべきである。

18) 自由権規約委員会・一般的意見 35（2014 年）12・18 段落、Working Group on Arbitrary Detention, 2020, paras. 76, 79, 91, 92, 100.

恣意的に逮捕され、または収容されない。何人も、法律で定める理由及び手続によらない限り、その自由を奪われない」と定める自由権規約 9 条 1 項の禁ずる恣意的な収容にあたる。自由権規約委員会は、日本政府に対し、入管収容の上限期間を導入し、収容に代わる措置を十分に検討し、必要最小限度の期間のみ最後の手段として収容を用いるように勧告している[19]。外務省訳で「抑留」と訳される detention は、「収容」とも訳され、本項は、刑事収容だけでなく、入管収容などの行政収容にも適用される[20]。また、自由権規約委員会もいうように、「恣意性」の概念は、「法律違反」と同等に扱うべきではなく、不適切、不正義、予測可能性および法の適正手続（due process of law）の欠如の要素、ならびに合理性、必要性および比例性の要素も含むものとして広く解釈されなければならない[21]。

　憲法上も、英文で be detained と表記される「拘禁され」るとは、刑事収容だけでなく、入管収容にも適正手続の保障は及ぶべきであり、「何人も、正当な理由がなければ、拘禁されず」と定める憲法「34 条と結びついた 13 条」が保障する恣意的に収容されない権利の侵害は許されない。およそ無期限収容を命じる「正当な理由」など、存在するものではない。そもそも、「抑留」・「拘禁」という従来の刑事訴訟法では全く見られなかった普遍的な言葉が用いられていることは、憲法 34 条が身柄の拘束一般に対する規定であることを示唆している[22]。憲法 34 条が英米法の「人身保護請求（habeas corpus）」的な発想を背景としているのであれば、行政手続による身体の拘束にも憲法 34 条の趣旨が及ぼされるべきである[23]。今日の有力な学説は、憲法 13 条に基づく適正な行政手続の具体化として、憲法 34 条の趣旨が及ぼされることが期待されていると指摘したり[24]、憲法 34 条の類推適用を説いた

19）自由権規約委員会・日本政府の第 7 回定期報告書に関する総括所見（2022 年）33 段落。
20）自由権規約委員会・一般的意見 8（1982 年）1 段落。
21）自由権規約委員会・一般的意見 35（2014 年）12 段落。
22）安念、1987、254 頁。
23）樋口ほか、1997、313 頁〔佐藤〕。
24）佐藤、2020、376 頁。

りしている。[25]

　また、自由権規約9条4項が「逮捕または収容によって自由を奪われた者は、裁判所がその収容が合法的であるかどうかを遅滞なく決定すること及びその収容が合法的でない場合にはその釈放を命ずることができるように、裁判所において手続をとる権利を有する」と定めている。同項は、人身保護請求の原則を規定したものである。[26] この点、日本の人身保護法2条は「法律上正当な手続によらないで、身体の自由を拘束されている者は、この法律の定めるところにより、その救済を請求することができる」と定めている。しかし、人身保護規則4条は、人身保護法の適用を「拘束又は拘束に関する裁判若しくは処分がその権限なしにされ又は法令の定める方式若しくは手続に著しく違反していることが顕著である場合」に限定しており、退去強制手続における収容に適用されることはほとんどない。[27] したがって、自由権規約委員会も、「人身保護規則4条が……自由権規約9条に適合しない」という。[28] 人が適法に収容された場合にも、自由権規約9条4項違反となりうるのである。[29]

　2021年改正案52条の2第1項では「逃亡」または「不法就労活動」をするおそれの程度その他の事情を考慮して収容に代わる監理措置の相当性を判断する旨を定めている。2023年改正案同項では、「収容によりその者が受ける不利益の程度」という考慮要素も加わった。しかし、自由権規約委員会によれば「逃亡の個別的蓋然性、他者に対する犯罪の危険、または国家安全保障に反する行為の危険」といった個人特有の特別な理由がない場合は、恣意的な収容となる。[30]「不法就労活動」のおそれを考慮要素にすることは、不必要な収容を長期化させる。なお、2020年の国連恣意的拘禁作業部会の意見において、日本の収容制度の恣意性が指摘されたのに対し、日本政府は、

25）高橋、2020、306頁。
26）自由権規約委員会・一般的意見35（2014年）39段落。
27）村上、2020、73頁。
28）自由権規約委員会・日本の第4回報告書に関する総括所見（1998年）24段落。
29）Schabas, 2019, p. 261.
30）自由権規約委員会・一般的意見35（2014年）18段落。

258

ヨーロッパを含むいくつかの先進国では、法令上、収容期間の上限が設定されていないことを抗弁の材料としている[31]。また、2021 年に入管庁が公表した「現行入管法上の問題点」においては、イギリスとオーストラリアは、ともに「収容期限の上限」も、「収容に当たっての司法審査」も、「なし」と紹介されている[32]。しかし、一般に、EU 諸国は、EU 帰還指令 15 条により、原則 6 カ月（本人の非協力・第三国の書類の遅れの場合に 12 カ月延長しても最長 18 カ月）という収容の上限を定めている[33]。また、上限がない国でも、裁判官による収容の必要性の審査が可能である。イギリスは入国 9 日目から保釈を求める審判や、4 カ月ごとの定期的な審判が、裁判官からなる第一審審判所（移民・庇護部）で行われる[34]。オーストラリアの連邦最高裁にあたる高等法院の判例 Commonwealth of Australia v. AJL20 (2021) HCA 21 では、人身保護請求に基づいて、ノン・ルフールマン原則によりシリアに送還できないシリア国民の無期限収容を 4 対 3 の多数意見は合法としたが、このことは、人権章典をもたないオーストラリア憲法では、適正手続などに関する違憲審査権をもっていないことと深く結びついている。アメリカでは、人身保護請求に基づく連邦最高裁判例 Zadvydas v. Davis 533 U.S. 678 (2001) により、「何人も……法の適正手続によらないで、……自由……を奪われることはない」と定める修正 5 条の適正手続から、退去強制令から 6 カ月を超える収容の場合、近い将来の送還の蓋然性があるかどうかについての収容の必要性の審査を導いている。日本国憲法「34 条と結びついた 13 条」の恣意

31) Working Group on Arbitrary Detention, 2020, para. 59.
32) 出入国在留管理庁「現行入管法上の問題点」(2021〔令和3〕年 12 月)（参考資料）「諸外国法制について」スライド 16 (https://www.moj.go.jp/isa/content/001361884.pdf, 2023 年 2 月 10 日閲覧)。
33) Majcher, 2019, p. 419. Annex 9 によれば、最長期間はフランスとアイスランドが 1.5 カ月、ポルトガルとスペインが 2 カ月、ベルギーが 5 カ月、ルクセンブルクが 6 カ月、リヒテンシュタインが 9 カ月、オーストリア 10 カ月、フィンランドとハンガリーとイタリアとスロベニアとスウェーデンが 12 カ月、ブルガリアとクロアチアとキプロスとチェコとデンマークとエストニアとドイツとギリシアとラトヴィアとリトアニアとマルタとオランダとノルウェーとポーランドとルーマニアとスロヴァキアとスイスが 18 カ月である。
34) 秋山、2021、9 頁。

的に収容されない権利からも、定期的な収容の必要性の裁判所による審査は憲法上の要請と解しうる。また、同「34条と結びついた13条」は、収容の合法性だけでなく、必要性や比例性の審査を裁判所に求める**人身保護請求権**を保障しており、人身保護規則4条の改正も憲法上の要請と思われる。なお、2023年改正案52条の8により、退去強制令書の発付を受けて収容されている場合は、3カ月ごとに収容の必要性を主任審査官が検討する規定が加わった。一歩前進であるものの、審査機関が行政機関であり、司法機関でない点は、従前のままの自由権規約9条4項違反の問題を残している。また、2021年改正案52条の3第5項にあった、被監理者の生活状況、監理措置条件の遵守状況の報告義務も、2023年の改正案の同項では、主任審査官が必要と判断した場合に限定されるようになった。監理人のなり手を確保する上では、ごく例外的な場合に報告義務を限定する運用ルールが必要であろう。

　なお、監理措置の場合も、「報酬を受ける活動」が許可されず、生活支援も認められず、人をホームレスの状態に置くことは、自由権規約7条の「品位を傷つける取扱い」違反となる。憲法上も、「拷問及び残虐な刑罰」を禁ずる憲法「36条と結びついた13条」が「個人として尊重される」べく、品位を傷つける取扱いの禁止を保障しているものと解しうる。国連難民高等弁務官事務所（UNHCR）は、2015年の日本の第5次出入国管理基本計画案に関する見解の中で、つぎのように指摘している。国際的な動向を見ると、たとえば、ヨーロッパにおいては、EU指令「国際的保護の申請者の処遇のための基準を定める2013年6月26日付けの欧州議会及び理事会指令2013/33/EU（改）」15条により、「一次審査の結果が権限ある当局により出されておらず、当該遅延が申請者によるものではない場合、申請者が国際的保護の申請が提出された日から9カ月以内に労働市場にアクセスできるよう確保するものとする」とあり、各国は概ねこの水準を遵守しているが、中にはスウェーデン、ノルウェー、ポルトガルなどのように、難民認定申請後

35）HRC, O.Y.K.A. v. Denmark (2017), paras. 8.4, 8.5 and 8.12. 参照、ECHR, M.S.S. v. Belgium and Greece (2011), para. 263.

36）近藤、2020、111頁。

直ぐに就労許可を与える国もある。韓国では難民法の下で、難民申請者は申請から 6 カ月後に就労が許可される。アメリカやカナダは難民申請中の難民申請者に就労を許可しており、ニュージーランドでは 6 ヶ月で就労可能になる。最近のヨーロッパ評議会の報告によると、難民申請者が国家からの支援に依存するばかりでなく、雇用を得ることで国家にかかる費用負担が減少すると同時に、雇用を通じて、彼らと地域社会との連携が促進・向上するとされている。何よりも、自らが収入を得て、生活を支えるということは、人間の尊厳を担保するうえで不可欠であることはいうまでもない。

　従来からも、「再審情願」という非制度的な形で、退去強制令書発付後に、日本人との婚姻や子どもの誕生などの「事情の変更」を考慮して、在留特別許可を求めることが、憲法 16 条および請願法 5 条を根拠に「請願」されてきた。入管法改正後も、請願権としてのこの種の運用は続くものと思われるが、こうした事情の変更に柔軟に対応することこそが、送還忌避者を減らすことに今後はもっと留意する必要がある。

(3) 難民申請者の送還停止効

　第 3 に、難民申請者の送還停止効の見直しについて、現行の入管法 61 条の 2 の 6 第 3 項により、難民申請者は、難民認定の手続中は、送還の執行が停止される。2021 年改正案および 2023 年改正案 61 条の 2 の 9 第 4 項 1 号により、3 回以上の難民認定の申請に対しては（2023 年改正案では相当の理由がある資料を提出した者を除き）原則として送還停止を認めない点は、難民条約 33 条 1 項・拷問等禁止条約 3 条・強制失踪条約 16 条のノン・ルフールマン原則に反するおそれがある。UNHCR は、2021 年改正案に対して、自動的な送還停止効の解除はルフールマンのおそれを高めるので一般的に望ましくないとの見解を示している。[37]　また、両改正案の同項 2 号は、テロリスト[38]、3 年以上の実刑判決を日本で受けた者などの送還停止を認めな

---

37) UNHCR「第 7 次出入国管理政策懇談会「収容・送還に関する専門部会」（専門部会）の提言に基づき 第 204 回国会（2021 年）に提出された 出入国管理及び難民認定法の一部を改正する法律案に関する UNHCR の見解」（2021 年 4 月 9 日）17 段落。

38) テロリストを送還する場合、退去強制手続における事実認定にかかわる重要な情報が

い。しかし、難民条約33条2項の定めるノン・ルフールマン原則の例外は、「国の安全にとって危険であると認めるに足りる相当な理由がある者」または①「特に重大な犯罪」について②「有罪の判決が確定し」③「当該締約国の社会にとって危険な存在となった者」という3つの累積条件が必要であり[39]、一律に3年以上の実刑判決を要件とすることは、本項に抵触する。また、テロリストの場合も含め、拷問等禁止条約・強制失踪条約には、この種の例外規定はない。そして自由権規約6条の「生命」に対する権利、同7条の「拷問」「残虐な刑罰」「非人道的な取扱い」「品位を傷つける取扱い」の禁止から導かれるノン・ルフールマン原則にも、この種の例外はなじまない。

　憲法「22条1項と結びついた13条」からも、ノン・ルフールマン原則は導かれ、その保障する庇護権は、上記の3つの条約の他に、自由権規約6条の「生命」に対する権利、同7条の「拷問」「残虐な刑罰」「非人道的な取扱い」「品位を傷つける取扱い」を受けない権利などを含む。

　また、とりわけ、諸外国の難民認定実務とは異なり、トルコ出身のクルド人が難民として認定されにくい日本では、こうした制度の導入が危惧されるところである。難民条約3条は、出身国による差別を禁止しており、憲法14条の禁止する人種差別も（人種差別撤廃条約1条等のnational originに基づく）出身国差別を禁止するものであり、制度導入に際しては実務の見直しが望まれる。

⑷ 退去命令制度と送還忌避罪

　第4に、退去命令制度について、2021年改正案および2023年改正案55条の2は、退去する意思がない者、送還を妨害する者に対して、退去命令を主任審査官が発することを認めている。2021年改正案72条8号および2023年改正案72条7号により、この退去命令に従わない者は、1年以上の懲役・禁錮もしくは20万円以下の罰金（またはこれを併科する）といった送

当事者に知られ、十分に反論を行う機会を保障する手続の整備が必要である。参照、ECHR, Muhammad and Muhammad v. Romania (2020).
39) Chetail, 2019, pp. 189-190.

還忌避罪の新設が提案されていた。しかし、自由権規約委員会の自由権規約 9 条に関する一般的意見では、入国管理において「いかなる必要な収容も、適切で、衛生的で、刑罰的でない施設で行われるべきであり、刑務所で行われるべきではない」という。[40] 退去強制令書の発付を受けた者に退去命令を発し、これに従わない場合の刑事罰は、母国の事情や日本での家族状況により帰国できない人にとって、自由権規約 9 条の禁ずる恣意的な収容にあたり、同 23 条の導く「家族結合の権利」や子どもの権利条約 3 条の「子どもの最善の利益」を侵害するおそれがある。

　同様のことは、人権条約適合的解釈によれば、憲法解釈上も問題となる。憲法「36 条と結びついた 13 条」が保障する恣意的に収容されない権利、憲法「24 条と結びついた 13 条」が保障する家族結合や子どもの最善の利益を侵害することは、許されてはならない。

　従来からも、日本人と婚姻していたり、子どもがいたりしていても、退去強制令書発付後など何らかの理由で在留特別許可を認めず、「みそぎ帰国」という形で、一度、帰国したのちに上陸特別許可を得て 1 年後などに再入国することを入管実務上すすめてきた場合もあるようである。2023 年の改正案 52 条 5 項により、退去強制や出国命令の経歴がない場合は、素行や退去強制理由その他の事情を考慮して、上陸拒否期間を 1 年と短縮する。罰則で強制するよりもソフトな形で、送還忌避者を減らす次善の策かもしれない。しかし、再度、入国できる保証がなかったり、帰国に身の危険を感じたりする場合は、帰国に応じないことも常であり、いわゆる「みそぎ帰国」をさせるまでもなく、在留特別許可を柔軟に認めることが送還忌避者を減らす最善の策である。

⑸ 補完的保護

　第 5 に、2023 年改正案 61 条の 2 の 2 は、難民に準じて保護すべき「補完的保護対象者」に、法務大臣が原則として定住者の在留資格を認めるという内容である。2021 年改正案では、この点が明らかではなかったことから

40）自由権規約委員会・一般的意見 35（2014 年）18 段落。

すると一歩前進といえよう。しかし、2021 年改正案および 2023 年改正案 2条 3 の 2 号における「迫害を受けるおそれがある理由が難民条約第 1 条 Aに規定する理由であること以外の要件を満たすもの」という補完的保護対象者の定義の中に「迫害を受けるおそれ」という表現があるが、「個別把握論」と呼ばれる難民認定要件の厳しい日本の実務が、ここでも繰り返されることを避ける上では、「迫害」という用語は、変えた方がよい。たとえば、EU資格指令 2 条(f)では、「重大な危害（serious harm）」とあり、その具体例を定める 15 条では、「死刑もしくは死刑執行」「拷問もしくは非人道的なもしくは品位を傷つける取扱い、または刑罰」「国際または国内武力紛争の状況における無差別暴力による文民の生命または身体に対する重大かつ個別の脅威」とある。[41] また、カナダの移民難民保護法 97 条 1 項(a)の「拷問」、同(b)の「生命、残虐な・非人道的な取扱い・刑罰」の危険、オーストラリアの移民法 36 条(2A)の「生命の恣意的な剝奪」「死刑」「拷問」「残虐な・非人道的な取扱い・刑罰」または「品位を傷つける取扱い・刑罰」、ニュージーランドの移民法 130 条の「拷問のおそれ」、同 131 条の「生命の恣意的な剝奪または残虐な取扱いを受けるおそれ」、同 6 項の「残虐な取扱いとは、残虐な、非人道的なもしくは品位を傷つける取扱いを意味する」と定めている内容とほぼ同じである。[42] 国際水準での運用を可能とするためにも、補完的保護対象者には、拷問等禁止条約 3 条、強制失踪条約 16 条、自由権規約 6 条および同 7 条の根拠条文を明示するか、「生命」「拷問」「残虐」「非人道的な取扱い」「品位を傷つける取扱い」といった内容を明示する形で、対象とすべきである。

　憲法上、「拷問及び残虐な刑罰」を禁ずる憲法「36 条と結びついた 13 条」からも、ノン・ルフールマン原則が導かれ、「居住、移転及び職業選択」において「生命、自由及び幸福追求」の権利の「最大の尊重」を定めている憲法「22 条 1 項と結びついた 13 条」からも、補完的保護の要請は導かれる。

---

41) EU 資格指令（第三国国民または無国籍者の国際的保護の受益者としての資格、難民または補充的保護を受ける資格のある者の統一した地位、および付与される保護内容についての基準に関する 2011 年 12 月 13 日の欧州議会・欧州理事会指令）。
42) 参照、安藤、2022、177-178 頁。

したがって、出身国に送還することで「生命、自由」が危険にさらされるおそれがある場合に保護する旨を入管法に明記するとともに、補完的保護においては、就労が認められる必要がある。

3. マクリーン判決の問題点

外国人の人権のリーディングケースとされる 1978 年のマクリーン判決は、人権法の発展の歴史からいえば、日本が国際人権規約を 1979 年に批准する以前のいわばアンシャンレジームの時代の判決である。日本がいずれの人権条約も批准していない時期のマクリーン判決は、今日の国際的な人権保障の発展により、少なくとも以下の 3 点について抜本的に見直す必要がある。司法も行政も立法も、人権条約に適合的な憲法解釈に努め、この 45 年間に国際慣習法が変化していることに目を向けるべきである。

⑴ 外国人の入国・在留についての国際慣習法

国際慣習法上、外国人の入国・在留の許否は、国家の自由裁量という同判決の第 1 命題は、国際人権法の発展を踏まえ、修正される必要がある。なぜならば、今日の国際慣習法上、ノン・ルフールマン原則、家族結合、恣意的な収容禁止、差別禁止なども国際慣習法といわれるからである[43]。したがって、国家の自由裁量は、少なくともこれらの 4 つの原則により制約されることになる。

まず、迫害の危険や重大な人権侵害のある国への人の追放・送還・引渡しを禁止するノン・ルフールマン原則は、難民条約 33 条 1 項、拷問等禁止条約 3 条 1 項および強制失踪条約 16 条にある[44]。また、明文のノン・ルフールマン原則を定めていない人権条約においても条約の履行状況を監督する自由

---

43) Chetail, 2019, pp. 119-164.
44) また、地域的な人権条約としては、1969 年の米州人権条約 22 条 8 項、1985 年の拷問を防止し処罰する米州条約 13 条 4 項、2000 年の EU 基本権憲章 19 条 2 項、2004 年のアラブ人権憲章 28 条も、ノン・ルフールマン原則を定めている。

権規約委員会[45]、子どもの権利委員会[46]および女性差別撤廃委員会[47]が不文のノン・ルフールマンの義務を条約解釈上、導いている[48]。加えて、ほとんどの国が関連する諸条約を締結し、その諸条約を締結していない国も含む一般慣行が存在し[49]、ノン・ルフールマン原則を国際慣習法と位置づける法的信念を示す多くの文書が存在するので[50]、大多数の法学者は、ノン・ルフールマン原則を国際慣習法として認めるようになっている[51]。また、ノン・ルフールマン原則は、自由権規約7条にある拷問、残虐な・非人道的な・品位を傷つける取扱いもしくは刑罰に対抗する規範の重要な帰結である[52]。米州人権裁判所は、とりわけ、拷問禁止の実効性をすべての人にいかなる差別もなく確保するために、ノン・ルフールマン原則は絶対的であり、国際慣習法の

45) 自由権規約委員会・一般的意見20（1992年）9段落。同・一般的意見31（2004年）12段落。

46) 子どもの権利委員会・一般的意見6（2005年）27段落。

47) CEDAW, MNN v. Denmark (2013), para. 8.10.

48) 地域的人権条約においては、ヨーロッパ人権裁判所の Soering v. the United Kingdom (1989)、Omar Othman (Abu Qatada) v. The United Kingdom (2012)、Ould Barar v. Sweden (1999)。なお、EU 基本権憲章19条2項は、明文で「何人も、死刑、拷問またはその他の非人道的もしくは残虐な処遇もしくは刑罰を受けるであろう重大な危険がある国へ、送還、追放または引き渡されてはならない」とノン・ルフールマン原則を定めている。

49) ミャンマーについては、UNHCR, 'Summary Record of the 556th Meeting of the Executive Committee of the High Commissioner's Programme held on 3 October 2001' (9 October 2001) UN Doc A/AC.96/SR.556, para. 21. バングラデシュについては、UNHCR, 'Summary Record of the 519th Meeting of the Executive Committee of the High Commissioner's Programme' (28 November 1997) UN Doc A/AC.96/SR.519, paras. 16 and 20.

50) たとえば、UNHCR, 'Summary Record of the 552nd Meeting of the Executive Committee of the High Commissioner's Programme' (5 October 2001) UN Doc A/AC.96/SR.552, para. 50; Resolution adopted by the General Assembly (21 December 2010) UN Doc A/RES/65/225, para. 1(iii).

51) de Weck, 2016, p. 2; Feller *et al.* (eds.), 2003, pp. 140-164 [Lauterpacht and Bethlehem]; Goodwin-Gill and Adam, 2007, pp. 345-354; Zimmermann (ed.), 2011, pp. 1343-1346 [Kälin *et al.*].

52) Schabas, 2021, p. 137.

強行規範となっているという。[53]

　つぎに、**家族結合**も、国際慣習法といわれる。[54] 多くの学説は、正規移民の核家族（未成年の子どもと配偶者を含む）の家族結合を容易にすることが国際慣習法であるという。[55] また、多様な学説の最小限の内容として、少なくとも家族生活の権利を行使する他の選択肢がどこにもない場合に、未成年の子とその外国に合法的に定住する家族との再統合の義務があるとする国際慣習法が存在するという。[56] フランスのコンセイユ・デタは、子どもと配偶者と共に家族結合する正規移民の家族生活の権利を憲法の前文や法の一般原則から導いている。[57] アメリカの連邦の地区裁判所は、アメリカが子どもの権利条約の締約国でないにもかかわらず、入管分野の国際慣習法として同条約3条の子どもの最善の利益を考慮しなければならないと判示している。[58]

　加えて、第6章でみたように、**恣意的な収容禁止**も、国際慣習法といわれる。恣意的な収容禁止は、多くの条約に法典化されている十分な根拠のある国際慣習法である。自由権規約委員会は、恣意的な収容禁止などの国際慣習法に相当する規定は、留保の対象とはならないという。[59]

　さらに、**差別禁止**は、国連憲章において唯一明示された人権である。したがって、すべての国を拘束する。[60] 多くの法学者は、差別禁止原理は、国際慣習法に組み込まれていることを承認している。[61] また、個人を差別する権

---

53) Inter-American Court of Human Rights, Advisory Opinion OC-21/14, Rights and Guarantees of Children in the Context of Migration and/or in need of International Protection, 19 August 2014, para. 225.

54) Kadidal, 2008, pp. 515-516; Maria v. McElroy, 68 F. Supp. 2d 206, (E.D.N.Y. 1999), p. 234.

55) Chetail, 2019, p. 126; Aleinikoff and Chetail (eds.), 2003, pp. 193-197 [Jastram].

56) Chetail, 2019, p. 127.

57) Conseil d'État, GISTI, CFDT et CGT - Rec. Lebon (8 December 1978), p. 493.

58) Beharry v. Reno, 183 F. Supp. 2d 584 (E.D.N.Y., 2002), p. 600.

59) 自由権規約委員会・一般的意見24（1994年）8段落。

60) Chetail, 2019, p. 145.

61) Henkin (ed.), 1981, p. 249 [Ramcharan]; Saul *et al.*, 2014, p. 176; Weller and Nobbs, 2010, pp. 98-99; Shelton, 2009, pp. 273-274; Moeckli, 2008, p. 59; Lillich, 1984, p.133.

利があると主張する国はない。差別禁止は、別異の取扱いを一切禁じるものではないが、その区別は、合理的であり、客観的であり、正当な目的達成のために比例的である必要がある。したがって、マクリーン判決のように、ベトナム戦争に反対する思想を表明すべく合法的なデモに参加したことをもって、「日本国の利益を害する」として在留期間の更新を不許可にすることは、比例的でなく、信条差別にあたることを今後の入管行政では留意する必要があろう。

　そこで、修正第1命題は、「今日の国際慣習法上、外国人の入国・在留については、ノン・ルフールマン原則、家族結合、恣意的な収容禁止、差別禁止などに反しない限りで、国家が自由に決定することができる」となる。

(2) 憲法解釈上の入国の自由と在留の権利

　マクリーン判決の第2命題も、見直しが必要である。そもそも、憲法22条1項が「何人も、公共の福祉に反しない限り、居住……の自由を有する」と定めているのにかかわらず、憲法の不文の要件として「日本国内における」という制約を導いて、「在留の権利」の保障を否定する。しかし、入国して居住する自由を保障していないとしても、すでに日本に居住している人の在留の権利が憲法の「居住の自由」とは無関係というのは、いささか無理な解釈ではないだろうか。

　一方、マクリーン判決の翌年に日本が批准した自由権規約の12条4項では、「何人も、自国に入国する権利を恣意的に奪われない」と定めている。第7章でみたように、自由権規約委員会によれば、「自国」の範囲は、「国籍国」の概念より広く、「長期の在留期間、密接な個人的・家族的つながり、在留目的、その種のつながりが他のどこにもないことなど」といった「国籍以外の人と国との間の密接かつ永続的な関係、すなわち国籍の関係よりも強いかもしれない関係を形成する諸要素」を含む。また、自国に入国する

---

62) Chetail, 2019, p. 148.
63) 自由権規約委員会・一般的意見18（1989年）13段落、社会権規約委員会・一般的意見20（2009年）13段落、人種差別撤廃委員会・一般的勧告30（2002年）4段落。
64) HRC, Nystorm v. Australia (2011); HRC, Warsame v. Canada (2011).

権利は、自国に「在留する権利」を含むという。[65] そこで、特別永住者など
の長期の永住者には、自国に入国する権利や在留権が保障されるべきであ
り、このことは、「居住・移転の自由」を定める憲法「22 条 1 項と結びつい
た 13 条」が保障するものと思われる。福岡高裁がいうように、特別永住者
（1988 年の崔善愛事件の提訴当時は協定永住者）の再入国不許可処分は、「余り
にも苛酷な処分として比例原則に反して」いる。[66] 近年の新型コロナウイル
ス感染症対策としての再入国禁止措置には、特別永住者は対象から除かれた
ことも、この点からは妥当といえよう。ただし、その他の長期の永住者の再
入国の自由の問題は、残っている。

　かくして、マクリーン判決の修正第 2 命題は、「憲法上、自国とみなしう
る一定の長期滞在外国人の入国の自由および在留の権利は、保障される」と
修正すべきである。

(3) 憲法の基本的人権と在留制度

　さらに、マクリーン判決の第 3 命題について、なぜ「憲法の基本的人権
の保障」が入管法上の「外国人在留制度のわく内」なのだろうか。本来、在
留制度は、居住の権利と労働の権利の制約条件を定めるだけであり、原理的
には他の基本的人権の制約根拠とは、いえないはずである。そもそも、外国
人の人権をめぐる憲法解釈は、「文言」ではなく、権利の「性質」で判断す
るとの立場を最高裁は表明したものの、性質の判断基準は、必ずしも明らか
でない。諸外国の憲法実務や日本の批准する人権条約や国際慣習法から、権
利の性質を導くことが適当と思われるが、第 3 命題の論理に従うと、在留
資格も性質の判断基準となると想定されているのかもしれない。しかし、こ
れでは、入管法を憲法よりも上位の規範とすることになる。たとえば、外国
人に対する人種・性・信条などの差別に基づく入管行政であっても合憲とな
ることを意味しかねず、不合理な結果となりかねない。その種の差別禁止に
関して、かつて自由権規約委員会は、モーリシャスの入管法が男性国民の外

65）自由権規約委員会・一般的意見 27（1999 年）20 段落。
66）福岡高判 1998（平成 6）年 5 月 13 日裁判所ウェブサイト。

国人配偶者にだけ在留権を認め、女性の外国人配偶者については裁量とすることは、性差別として規約違反としたことがある[67]。マクリーン判決は、法務大臣の政治信条に反する「外国人の行為が合憲合法な場合でも、法務大臣がその行為を当不当の面から日本国にとって好ましいものとはいえないと評価」することができるという[68]。しかし、このことは、法務大臣の信条差別を許す論理となっていないだろうか。憲法で保障された表現の自由の範囲内の政治的意見の表明が、在留期間更新のマイナス要素として考慮されるのであれば、法務大臣は憲法の基本的人権の保障を無視してもよいことになる[69]。憲法は信条差別を禁止し、ベトナム戦争に反対する思想を表明すべく合法的なデモに参加したことをもって、「日本国の利益を害する」として在留期間の更新を法務大臣が不許可にすることは、信条差別にあたることに目を向けるべきである。

　そこで、修正第3命題は、「日本が批准している人権条約および国際慣習法を指針として権利の性質を判断すべきであり、憲法の基本的人権は、在留資格の有無にかかわらず、保障されるものも少なくない」となる。とりわけ、恣意的な収容禁止は、在留資格のない外国人にとって、重要な憲法上の基本的人権である。今後は、「正当な理由がなければ、拘禁されず」と定める憲法34条と結びついた13条が、恣意的な収容禁止を保障していることに着目すべきである。

　また、非正規滞在者にとっての憲法上の基本的人権としての32条の裁判を受ける権利、31条と結びついた13条の行政の適正手続の保障は重要である。この点、第11章でみたように、2021年の東京高裁は、超過滞在の外国人が、難民不認定処分に対する異議申立の棄却決定を告知された翌日に、チャーター便で強制送還された事件において、異議申立の棄却決定の告知を送還直前まで遅らせ、告知後は事実上第三者と連絡することを認めずに強制送還したことは、難民該当性に対する司法審査を受ける機会を実質的に奪っ

67）HRC, Shirin Aumeeruddy-Cziffra and 19 Other Mauritian Women v. Mauritius (1981).
68）最大判 1978（昭和 53）年 10 月 4 日民集 32 巻 7 号 1223 頁。
69）泉、2011、21 頁。

たものであり、「憲法 32 条で保障する裁判を受ける権利を侵害し、同 31 条の適正手続の保障及びこれと結びついた同 13 条に反するもので、国賠法 1 条 1 項の適用上違法となる」と判示している。[70] 同判決は、憲法 13 条の融合的保障をはじめて採用した判決であるとともに、非正規滞在者に対して違憲判断を示したはじめての判決であり、「憲法の基本的人権の保障」が入管法上の「外国人在留制度のわく内」とするマクリーン判決の第 3 命題の修正を迫る判決と思われる。

　また、類似の事例について、難民該当性に関する司法審査の機会を実質的に奪われない法律上保護された利益を、憲法の定める裁判を受ける権利および適正手続の保障や各種人権条約の規定（自由権規約 2 条 3 項、14 条 1 項、難民条約 16 条）との入管法および行政事件訴訟法の適合的解釈から導く名古屋高裁の判決もある。[71] いわば、憲法に適合的な入管法の解釈を導く媒介項としての役割を人権条約が果たしているともいえよう。

4. 入管法に関連する憲法規定と憲法解釈

　諸外国の憲法の中には、人の出入国や在留を規律する入管法に関連する憲法規定を直接に定めているものもある。たとえば、カナダの人権憲章 6 条 1 項が「カナダのすべての市民は、カナダに入国し、滞在し、出国する自由を有する」と規定し、同 2 項が「カナダのすべての市民と永住権者は、他の州へ移転し、居住する自由、あらゆる州において生計手段を追及する自由」を有すると定めている。

　一方、ドイツの基本法 11 条 1 項が「すべてのドイツ人は、連邦の全領域において移転の自由を有する」と規定し、同 16 条 2 項が「いかなるドイツ人も、外国に引き渡されてはならない」との原則を定めている。[72] ただし、

70) 東京高判 2021（令和 3）年 9 月 22 日判タ 1502 号 55 頁。
71) 名古屋高判 2021（令和 3）年 1 月 13 日判タ 1488 号 128 頁。
72) ここでのドイツ人とは、基本法 116 条 1 項により、「ドイツ国籍を有する者」と「1937 年 12 月 31 日現在のドイツ国の領域内に、ドイツ民族に属する難民もしくは被追放者またはその配偶者もしくは子孫として受け入れられている者」をさす。後者のアウス

外国人の滞在の権利については、同2条1項の「人格の自由な発展を求める権利」の解釈から導き、滞在の長期化に伴う行政裁量の制限を法治国家における平等・比例性・信頼保護の基本原理に求めている[73]。また、同1条1項により「人間の尊厳は不可侵である。これを尊重し、保護することは、すべての国家権力の義務である」。そして追放・送還・引渡しの禁止（ノン・ルフールマン原則）については、同16a条1項が「政治的に迫害されている者は、庇護権を有する」と定めている。

　他方、カナダでは、人権憲章7条の「何人も、生命、自由および身体の安全を享受する権利を有し、基本的正義の原則によらなければ、その権利を奪われない」という規定が、「カナダに物理的に存在するすべての人」に適用され[74]、死刑になるおそれのあるアメリカへの引渡しを同7条違反とするなど[75]、解釈上、ノン・ルフールマン原則を導いている。

　憲法規定上、もしくは憲法解釈上、入管法のあり方についての要請を導いていることは、珍しいことではない。そこで最後に、日本における憲法規定上および憲法解釈上の入管法に関連する要請事項を整理しておこう。まず、日本国憲法22条1項は「何人も、公共の福祉に反しない限り、居住、移転及び職業選択の自由を有する」と定め、同2項は「何人も、外国に移住……する自由を侵されない」と定めている。しかし、マクリーン事件最高裁判決によれば、「憲法22条1項は、日本国内における居住・移転の自由を保障する旨を規定するにとどまり、外国人がわが国に入国することについてはなんら規定していない」という。「このことは、国際慣習法上、国家は外国人を受け入れる義務を負うものではなく、特別の条約がない限り、外国人を自国内に受け入れるかどうか、また、これを受け入れる場合にいかなる条件を付するかを、当該国家が自由に決定することができるものとされていることと、その考えを同じくするものと解される」として、国際慣習法を根拠

　ジードラーと呼ばれるドイツ民族に属する帰還者は、外国人とは区別される。

73) BVerfGE 49, 168 (1978).

74) Singh v. Minister of Employment and Immigration [1985] 1 S.C.R. 177.

75) United States v. Burns [2001] 1 S.C.R. 283.

に憲法の「居住、移転」の自由という明文規定に「日本国内における」という不文の限定を加える解釈をする。本来、素直に憲法規定を読めば、文字通り「何人も」カナダのような「居住の自由」を有し、ドイツのような「移転の自由」を有するのであって、ただ、「公共の福祉」を理由とした制約は可能だという憲法規定のはずである。

　そして、公共の福祉による制約は、比例原則に照らして、入管規制の手段と目的との間で適合性・必要性・狭義の比例性を有するか否かで違憲審査を行うことを要請している。憲法 13 条は、比例原則の根拠規定でもある[76]。同条は、「生命、自由及び幸福追求」の権利が、「公共の福祉に反しない限り、立法その他の国政の上で、最大の尊重を必要」と定めている。第 1 に、「公共の福祉に反しない限り」とは、規制目的が公共の福祉にかなう正当なものであるとともに、規制目的と規制手段との「適合性」の審査を要件とする。第 2 に、国政上、個人の権利の「最大の尊重」を必要とすることは、国家の規制を「必要最小限」にとどめることを意味し、規制手段は規制目的との間で「必要性」の審査を要件とする。第 3 に、個人の権利の「最大の尊重」のためには、規制により得られる国家の利益と規制により失われる個人の利益といった「狭義の比例性」の審査を要件とする。たとえば、学齢期の子どものいる長期の非正規滞在家族に対する退去強制令書発付を違法としたアミネ・カリル事件において、東京地裁は「憲法 13 条の趣旨等に基づき、権力的行政一般に比例原則を認める考え方」を示し、「家族が受ける著しい不利益との比較衡量において、本件処分により達成される利益は決して大きいものではない」との狭義の比例性の判断をもとに、本件処分は、「比例原則に反した違法なもの」と判示している[77]。

　そこで、「居住、移転の自由」を定める日本国憲法「22 条 1 項と結びついた 13 条」は、「公共の福祉に反しない限り、立法その他の国政の上で、最大の尊重を必要」としている。マクリーン判決がいう入管規制の目的は「国内の治安と善良の風俗の維持、保健・衛生の確保、労働市場の安定などの国

76）近藤、2020、74 頁。
77）アミネ・カリル事件・東京地判 2003（平成 15）年 9 月 19 日判時 1836 号 46 頁。

益の保持」にある。この規制目的は正当であると思われる。しかし、規制手段として在留期間の更新を法務大臣の全くの自由裁量とすることは、適合性を欠く。また、当時の出入国管理令（および現行の入管法）21条3項は、「在留期間の更新を適当と認めるに足りる相当の理由」があるときに限り、これを許可することができると定めている。したがって、「相当の理由」の有無の判断を法務大臣が行い、その裁量権の踰越・濫用の基準として、同判決は、「その判断が全く事実の基礎を欠き又は社会通念上著しく妥当性を欠くことが明らかである場合」といった広範な国の裁量権を認めている。しかし、このような法令の解釈・運用は、公共の福祉に反しない限り、国政上、個人の権利の最大の尊重を定める憲法13条に違反する。第1に、事実認定において問題とされたベトナム反戦デモへの参加等の政治活動は、合法的であり、「治安」を乱すものではない以上、在留期間の更新の不許可という手段は、入管規制の目的に適合しているかは疑わしい。第2に、更新の不許可という手段をとらなければならない必要性はない。第3に、上述した入管規制の国益に合致しているか疑わしい国の利益が、日本で英語教師をしながら趣味の琵琶の勉強を続けたい個人の利益を上回るものとも思われない。したがって、規制手段は規制目的に比例的ではない。実は、法務大臣の政治信条からはベトナム反戦デモ等への参加は「合憲合法」な場合でも、「当不当」の面から国益に反すると判断できるとする判旨は、法務大臣の「信条差別」を許すものであり、憲法14条に反するおそれが大きい。

　日本国憲法をよくみると、前文は「全世界の国民」が「ひとしく恐怖……から免れ」る「権利」を定めており、憲法13条は「国政の上で、最大の尊重」を必要とする「生命、自由及び幸福追求」の権利や、「個人の尊重」を保障している。このことは、人間の尊厳を尊重し、保護することは、立法・司法・行政のすべての国家権力の義務であることを意味する。したがって、生命、自由への重大な危害、人間の尊厳に反する拷問・残虐な・非人道的な・品位を傷つける取扱いのおそれがある国への送還禁止のため、「立法その他の国政の上で、最大の尊重を必要とする」ことを憲法13条は要請している。かくして、「拷問及び残虐な刑罰」を禁ずる憲法36条と結びついた憲法13条がノン・ルフールマン原則を保障し、送還を禁止する。加え

て、「居住、移転及び職業選択の自由」を保障する憲法 22 条 1 項と結びつ
いた憲法 13 条が難民保護、および補完的保護といった庇護権を保障してお
り、就労活動に制限のない定住者ないし永住者の在留資格の付与を要請して
いることに今後は目を向ける必要がある。

　こうした憲法解釈は、「自国のことのみに専念して他国を無視してはなら
ない」と定める前文の国際協調主義、「すべての基本的人権の享有を妨げら
れない」と定める憲法 11 条の人権の普遍性、「個人」の「権利」の国政上
の「最大の尊重」を定める憲法 13 条、「人類の多年にわたる自由獲得の努
力の成果」としての「基本的人権」を定める憲法 97 条、「日本国が締結し
た条約及び確立された国際法規は、これを誠実に遵守することを必要とす
る」憲法 98 条 2 項の条約遵守義務からも導かれる。

　たとえば、日本が締結した自由権規約 6 条 1 項が「何人も、恣意的にそ
の生命を奪われない」と定め、同規約 7 条が「何人も、拷問または残虐な、
非人道的なもしくは品位を傷つける取扱いもしくは刑罰を受けない」と定め、
難民条約 33 条 1 項が「難民を、いかなる方法によっても、人種、宗教、国
籍もしくは特定の社会的集団の構成員であることまたは政治的意見のために
その生命または自由が脅威にさらされるおそれのある領域の国境へ追放しま
たは送還してはならない」と定め、拷問等禁止条約 3 条が「拷問が行われ
るおそれがあると信ずるに足りる実質的な根拠がある他の国へ追放し、送還
しまたは引き渡してはならない」と定め、強制失踪条約 16 条 1 項が「強制
失踪の対象とされるおそれがあると信ずるに足りる実質的な根拠がある他の
国へ追放し、送還しまたは犯罪人引渡しを行ってはならない」と定めている
ことから、生命、自由への重大な危害、人間の尊厳に反する拷問および残虐
な・非人道的な・品位を傷つける取扱い、強制失踪の対象とされるおそれが
ある国への送還禁止は、単に条約上の要請にとどまらず、その遵守は憲法上
の要請である。就労も生活支援も認めず、人をホームレスのような状態に置
くことで品位を傷つける取扱いをしないことも、単に条約上の要請にとどま
らず、その遵守は憲法上の要請である。これらの人権条約を媒介項とするこ
とで、日本国憲法の入管法に関連する規定の保障内容が具体化され、人権条
約と憲法との整合的な解釈が導かれ、「基本的人権」の享有が保障されるの

である。

　憲法と人権条約は、ともに「基本的人権」を定めており、どちらかの規定が人権保障において不足する内容をもっているのであれば、個人の権利保障を進展させる方向で解釈適用される必要がある。そして、入管法をはじめとする個々の法律は、その「基本的人権」に適合するために、合憲限定解釈または合人権条約限定解釈を施されたり、法改正されたりしながら、基本的人権を尊重する憲法の基本原理が具体化されていくことに今後は、目を向ける必要がある。

文献一覧

【日本語】

秋山瑞季、2021、「退去強制手続における外国人の収容」『調査と情報』1140 号、1-13 頁

芦部信喜編、1981、『憲法 III——人権(2)』有斐閣

芦部信喜、1991、「人権の普遍性と憲法——国際人権法との関連において」『法学セミナー』437 号、22-29 頁

芦部信喜、1992、『憲法学 I——憲法総論』有斐閣

芦部信喜、1994、『憲法学 II——人権総論』有斐閣

芦部信喜、2000、『憲法学 III——人権各論(1)〔増補版〕』有斐閣

芦部信喜、2019、『憲法〔第 7 版〕』岩波書店

新垣修、2014、「無国籍者地位条約の成立と展開」『難民研究ジャーナル』4 号、3-15 頁

安藤由香里、2022、『ノン・ルフルマン原則と外国人の退去強制——マクリーン事件「特別の条約」の役割』信山社

安念潤司、1987、「憲法問題としての『手続き上の権利』」『ジュリスト』884 号、246-255 頁

池井優、1963、「パリ平和会議と人種差別撤廃問題」『国際政治』23 号、44-58 頁

泉徳治、2011、「マクリーン事件最高裁判決の枠組みの再考」『自由と正義』62 巻 2 号、19-26 頁

泉徳治、2020、「マクリーン判決の間違い箇所」『判例時報』2434 号、133-145 頁

市川正人、2003、『表現の自由の法理』日本評論社

市川正人、2014、『基本講義 憲法』新世社

伊藤正己、1995、『憲法〔第 3 版〕』弘文堂

岩沢雄司、2000、「外国人の人権をめぐる新たな展開——国際人権法と憲法の交錯」『法学教室』238 号、14-16 頁

岩沢雄司、2020、『国際法』東京大学出版会

ウォルドロン、ジェレミー、2015、『ヘイト・スピーチという危害』谷澤正嗣・川岸令和訳、みすず書房〔=2012, *The Harm in Hate Speech*, Harvard University Press.〕

江川英文・山田鐐一・早田芳郎、1997、『国籍法〔第 3 版〕』有斐閣

江島晶子、2022、「重国籍を認めない規定の合憲性」『ジュリスト』臨時増刊 1570 号、24-25 頁

江橋崇・戸松秀典、1992、『基礎演習 憲法』有斐閣

大須賀明、1984、『生存権論』日本評論社

岡崎勝彦、1998、『外国人の公務員就任権——「当然の法理」の形成と崩壊』地方自治
　　総合研究所

岡田信弘、1999、「第三世代の人権論——その提起するもの」高見勝利編『人権論の新
　　展開』北海道大学出版会、157-184 頁

小川政亮、1981、「社会保障と国籍」『法律時報』646 号、28-36 頁

片山智彦、2007、『裁判を受ける権利と司法制度』大阪大学出版会

辛嶋了憲、2019、「連邦憲法裁判所における一般的平等原則審査の変遷」『一橋法学』
　　18 巻 3 号、395-463 頁

河原畯一郎、1957、「出国の自由」『ジュリスト』129 号、32-37、58 頁

喜多明人・森田明美・広沢明・荒牧重人編、2009、『逐条解説 子どもの権利条約』日
　　本評論社

木棚照一、2021、『逐条 国籍法——課題の解明と条文の解説』日本加除出版

北村泰三、2022、「難民不認定処分と裁判を受ける権利」『ジュリスト』臨時増刊
　　1570 号、250-251 頁

木下智史・只野雅人編、2019、『新・コンメンタール憲法〔第 2 版〕』日本評論社

国京則幸、2016、「非定住外国人への生活保護法の適用」『別冊ジュリスト』227 号、
　　12-13 頁

国友明彦、2022、「国籍法 11 条 1 項の憲法適合性」『ジュリスト』臨時増刊 1570 号、
　　268-269 頁。

公益財団法人人権教育啓発推進センター、2016、「ヘイトスピーチに関する実態調査
　　報告書」公益財団法人人権教育啓発推進センター

児玉晃一、2018、「入管収容の目的は何か」移民政策学会設立 10 周年記念論集刊行
　　委員会編『移民政策のフロンティア——日本の歩みと課題を問い直す』明石書店、
　　51-57 頁

小林武、1994、「亡命者・政治難民の保護——尹秀吉事件」芦部信喜・高橋和之編『別
　　冊ジュリスト憲法判例百選 I〔第 3 版〕』有斐閣、16-17 頁

駒井知会、2020、「［コラム］人間を壊す入管収容政策」『法学セミナー』65 巻 2 号、
　　40-41 頁

近藤敦、1996、『「外国人」の参政権——デニズンシップの比較研究』明石書店

近藤敦、2019、『多文化共生と人権——諸外国の「移民」と日本の「外国人」』明石書店

近藤敦、2020、『人権法〔第 2 版〕』日本評論社

近藤敦、2021、『移民の人権——外国人から市民へ』明石書店

近藤敦、2022、「国籍離脱の自由の規範内容と複数国籍の合理性」佐々木てる編『複
　　数国籍——日本の社会・制度的課題と世界の動向』明石書店、105-126 頁

齋藤民徒、2016、「ヘイトスピーチ対策をめぐる国内法の動向と国際法——人権条約の効果的実現への課題と示唆」『論究ジュリスト』19 号、91-98 頁

坂元茂樹、2001、「『自国』に戻る権利——自由権規約 12 条 4 項の解釈をめぐって」藤田久一・松井芳郎・坂元茂樹編『人権法と人道法の新世紀』東信堂、169-175 頁

笹田栄司、1997、『裁判制度——やわらかな司法の試み』信山社

笹田栄司、2008、『司法の変容と憲法』有斐閣

佐藤功、1983、『ポケット註釈全書 憲法（上）〔新版〕』有斐閣

佐藤功、1984、『ポケット註釈全書 憲法（下）〔新版〕』有斐閣

佐藤幸治、2020、『日本国憲法論〔第 2 版〕』成文堂

篠原初枝、2015、「国際連盟と少数民族問題——なぜ、誰が、誰を、誰から、どのようにして、保護するのか」『アジア太平洋討究』24 号、71-86 頁

渋谷秀樹、2017、『憲法〔第 3 版〕』有斐閣

渋谷秀樹・赤坂正浩、2022、『憲法 1 ——人権〔第 8 版〕』有斐閣

下山重幸、2008、「不法在留外国人の緊急医療を受ける権利と憲法 25 条の理念」『和光大学現代人間学部紀要』1 号、89-103 頁

申惠丰、2016、『国際人権法——国際基準のダイナミズムと国内法との協調〔第 2 版〕』、信山社

生活保護問題対策全国会議編、2022、『外国人の生存権保障ガイドブック——Q & A と国際比較でわかる生活保障と医療』明石書店

昔農英明、2014、『「移民国家ドイツ」の難民庇護政策』慶應義塾大学出版会

曽我部真裕、2015、「ヘイトスピーチと表現の自由」『論究ジュリスト』14 号、152-158 頁

髙尾栄治、2021、「国連人権理事会・恣意的拘禁作業部会『Deniz Yengin 及び Heydar Safari Diman（日本）に関する意見 No.58/2020』の紹介——日本政府による入管収容施設への収容について、世界人権宣言及び自由権規約の規定に違反しており、恣意的な身体の自由の剥奪にあたると判断した意見」『武蔵野法学』14 号、124-198 頁

高佐智美、2022、「国籍法の日本国籍剥奪条項の合憲性——国籍法 11 条 1 項違憲訴訟」『国際人権』33 号、101-103 頁

高橋和之、2020、『立憲主義と日本国憲法〔第 5 版〕』有斐閣

多賀谷一照・髙宅茂、2015、『入管法大全——I 逐条解説』日本加除出版株式会社

田口精一、2003、「国外旅行の自由と憲法による保障——エルフェス判決」ドイツ憲法判例研究会編『ドイツの憲法判例〔第 2 版〕』信山社、42-46 頁

竹中勲、2009、「憲法上の自己決定権と裁判所」『同志社法学』61 巻 3 号、1-29 頁

館田晶子、2019、「国籍をめぐる世界の潮流」国籍問題研究会編『二重国籍と日本』ちくま新書、151-174 頁

田中宏、2013、『在日外国人——法の壁、心の溝〔第3版〕』岩波新書

玉蟲由樹、2019、「平等取扱原則と比例性」『日本法学』85巻2号、41-67頁

戸塚悦郎、2011、「外国籍の子どもの教育への権利と教育法制（その5）——国際人権法の視点から教育基本法『改正』問題を振り返る」『龍谷法学』44巻1号、92-141頁

戸波江二、1998、『憲法〔新版〕』ぎょうせい

中島智子・権瞳・呉永鎬・榎井縁、2021、『公立学校の外国籍教員——教員の生（ライヴズ）、「法理」という壁』明石書店

中西又三、2005、「東京都職員管理職選考受験資格確認等請求事件上告審判決の意義と問題点」『ジュリスト』1288号、16-25頁

中村英樹、2021、「地方公共団体によるヘイトスピーチ対策の現況」桧垣伸次・奈須祐治編『ヘイトスピーチ規制の最前線と法理の考察』法律文化社、82-101頁

根岸陽太、2015、「プロ・ホミネ原則に基づく米州人権条約と憲法の関係——ラテン・アメリカ共通憲法の形成に向けて」『国際人権』26号、103-108頁

野中俊彦・中村睦男・高橋和之・高見勝利、2012、『憲法I〔第5版〕』有斐閣

長谷部恭男、2018、『憲法〔第7版〕』新世社。

長谷部恭男編、2020、『注釈日本国憲法(3)——国民の権利及び義務(2)・国会25条～64条』有斐閣

桧垣伸次、2017、『ヘイト・スピーチ規制の憲法学的考察——表現の自由のジレンマ』法律文化社

東澤靖、2012、「表現の自由をめぐる憲法と国際人権法の距離——自由権規約委員会一般的意見34の検討を中心に」『明治学院大学法科大学院ローレビュー』16号、93-111頁

東澤靖、2022、『国際人権法講義』信山社

樋口陽一・中村睦男・佐藤幸治・浦部法穂、1997、『憲法II』青林書院

樋口陽一、2021、『憲法〔第4版〕』勁草書房

福岡右武、1998、「最高裁判所判例解説」『法曹時報』50巻3号、829-853頁

法学協会編、1953、『註解日本国憲法（上巻）』有斐閣

本間浩、1985、『個人の基本権としての庇護権』勁草書房

前田朗、2021、『ヘイト・スピーチ法研究要綱——反差別の刑法学』三一書房

松井茂記、2022、『日本国憲法〔第4版〕』有斐閣

水鳥能伸、2015、『亡命と家族——戦後フランスにおける外国人法の展開』有信堂

美濃部達吉、1927、『逐条憲法精義』有斐閣

宮崎繁樹編、1996、『解説 国際人権規約』日本評論社

宮沢俊義、1974、『憲法II〔新版改訂〕』有斐閣

棟居快行、1995、「生存権の具体的権利性」長谷部恭男編『リーディングズ 現代の憲

法』日本評論社、155-169 頁

村上正直、1994、「人権保障の国際化と国際連合——個人の人権問題の取扱いを中心として」『世界法年報』14 号、37-57 頁

村上正直、2020、「入管収容と自由権規約」『法律時報』92 巻 2 号、69-73 頁

文公輝、2016、「『大阪市ヘイトスピーチ対処条例』成立の背景、評価と課題」龍谷大学人権問題研究委員会『ヘイトスピーチによる被害実態調査と人間の尊厳の保障』67-82 頁

毛利透、2021、「国籍法 11 条 1 項の合憲性」『法学教室』489 号、165 頁

森川俊孝・佐藤文夫、2014、『新国際法講義〔改訂版〕』北樹出版

山内敏弘、2003、『人権・主権・平和——生命権からの憲法的省察』日本評論社

山浦善樹、2022、「爺が孫に伝えた年頭のことば」『法の支配』205 号、2-7 頁

山村淳平、2014、「チャーター機による大量強制送還の実態——法務省入国管理局のオウンゴール」『移民政策研究』6 号、166-179 頁

結城忠、2008、「就学義務制と教育義務制(1)」『教職研修』36 巻 10 号、117-121 頁

李嘉永、2022、「カタールによる国家間通報に対する管轄権・受理可能性に関する人種差別撤廃委員会の決定について」『近畿大学人権問題研究所紀要』36 号、69-86 頁

ロック、ジョン、1980 (1689)、宮川透訳「統治論」大槻春彦編『世界の名著 32』中央公論社、189-346 頁

渡辺富久子、2015、「ドイツにおける難民に関する立法動向」『外国の立法』264 号、64-75 頁

渡辺康行・宍戸常寿・松本和彦・工藤達朗、2016、『憲法 I ——基本権』日本評論社

【外国語】

Ahmad, N., 2017, The Constitution-Based Approach of Indian Judiciary to the Refugee Rights and Global Standards of the UN Convention, *The King's Student Law Review* 8(1), pp. 30-55.

Aleinikoff, T. A. and Chetail, V. (eds.), 2003, *Migration and International Legal Norms*, T.M.C. Asser Press.

American Law Institute, 1987, *Restatement of the Law (Third) of Foreign Relations Law of the United States*, American Law Institute Publishers.

Andrès, H., 2013, Le droit de vote des résidents étrangers est-il une compensation à une fermeture de la nationalité?: Le bilan des expériences européennes, *Migrations société* 25(146), pp. 103-115.

Barnett, L., 2002, Global Governance and the Evolution of the International Refugee Regime, *International Journal of Refugee Law* 14(2/3), pp. 238-262.

Beiter, K. D., 2006, *The Protection of the Right to Education by International Law: Including a Systematic Analysis of Article 13 of the International Covenant on Economic, Social and Cultural Rights*, Martinus Nijhoff.

Bergmann, J. and Dienelt, K. (eds.), 2022, *Ausländerrecht 14. Auflage*, C.H. BECK.

Bhabha, J., 2003, Children, Migration and International Norms. In Aleinikoff, T. A and Chetail, V. (eds.), *Migration and International Legal Norms*, T.M.C. Asser Press, pp. 203-223.

Brown, A., 2015, *Hate Speech Law: A Philosophical Examination*, Routledge.

Bundesamt für Migration und Flüchtlinge, 2021, *Migrationsbericht der Bundesregierung 2020*, BAMF.

Burton, E. B. and Goldstein, D. B., 1993, Vietnamese Women and Children Refugees in Hong Kong: An Argument Against Arbitrary Detention, *Duke Journal of Comparative and International Law* 4: 71, pp. 71-92.

Chalmers, J. and Leverick, F., 2017, *A Comparative Analysis of Hate Crime Legislation: A Report to the Hate Crime Legislation Review*, University of Glasgow.

Chetail, V., 2014, Are Refugee Rights Human Rights?: An Unorthodox Questioning of the Relations between Refugee Law and Human Rights Law. In Rubio-Marin, R. (ed.), *Human Rights and Immigration*, Oxford University Press, pp. 19-72.

Chetail, V., 2019, *International Migration Law*, Oxford University Press.

Cloots, E., 2016, National Identity, Constitutional Identity, and Sovereignty in the EU, *Netherlands Journal of Legal Philosophy* 45(2), pp. 82-98.

Constitution Making.org, 2008, Option Reports – Right to Asylum（http://comparativeconstitutionsproject.org/files/cm_archives/right_to_asylum.pdf?6c8912, 2022 年 9 月 30 日閲覧）

Council of Europe, 1998, European Convention on Nationality and Explanatory Report. In O'Leary, S. and Tiilikainen, T. (eds.), *Citizenship and Nationality Status in the New Europe*, Sweet & Maxwell, pp. 205-254.

de Groot, G.-R., 2003, The Background of the Changed Attitude of European States in Respect to Multiple Nationality. In Kondo, A. and Westin, C. (eds.), *New Concepts of Citizenship: Residential/Regional Citizenship and Dual Nationality/Identity*, CEIFO, pp. 99-119.

de Londras, F., 2011, *Detention in the 'War on Terror': Can Human Rights Fight Back?*, Cambridge University Press.

de Weck, F., 2016, *Non-Refoulement under the European Convention on Human Rights and the UN Convention Against Torture: The Assessment of Individual Complaints by the European Court of Human Rights Under Article 3 ECHR and the United Nations Committee against Torture under Article 3 CAT*, Brill.

den Heijer, M., 2014, Article 18 – Right to Asylum. In Peers, S. *et al.* (eds.), *The EU Charter of Fundamental Rights: A Commentary*, Hart.

Dörr, O., 2019, Nationality. In Wolfrum, R. (ed.), *The Max Planck Encyclopedia of Public International Law*, Oxford University Press, pp. 496-509.

ECRE (European Council on Refugees and Exiles), 2017, Refugee Rights Subsiding?: Europe's Two-Tier Protection Regime and its Effect on the Rights of Beneficiaries（https://asylumineurope.org/wp-content/uploads/2020/11/aida_refugee_rights_subsiding.pdf, 2023 年 2 月 10 日閲覧）.

ECRE (European Council on Refugees and Exiles), 2020, Asylum Information Database: Country Report: Sweden（https://asylumineurope.org/reports/country/sweden/, 2023 年 2 月 10 日閲覧）.

Eide, A., Krause, C. and Rosas, A. (eds.), 2001, *Economic, Social and Cultural Rights, 2nd ed.*, Martinus Nijhoff.

Europarat, 1994, Zweites Protokoll zur Änderung des Übereinkommens über die Verringerung von Mehrstaatigkeit und die Wehrpflicht von Mehrstaatern (2.2.1993). In Barwig, K. *et al.* (eds.), *Vom Ausländer zum Bürger: Problemanzeigen im Ausländer-, Asyl- und Staatsangehörigkeitsrecht: Festschrift Fritz Franz und Gert Müller*, Nomos, pp. 411-412.

European Commission and OECD, 2018, *Settling In 2018: Indicators of Immigrant Integration*, OECD Publishing〔=2020、斎藤里美・三浦綾希子・藤浪海監訳、『図表でみる移民統合──OECD ／ EU インディケータ（2018 年版）』明石書店〕.

Feller, E., Türk, V. and Nicholson, F. (eds), 2003, *Refugee Protection in International Law: UNHCR's Global Consultations on International Protection*, Cambridge University Press.

Foster, M. and Klaaren, J., 2013, Asylum and Refugees. In Tushnet, M., Fleiner, T. and Saunders, C. (eds.), *Routledge Handbook of Constitutional Law*, Routledge, pp. 415-425.

Gil-Bazo, M.-T., 2010, 'Thou shalt not judge'... Spanish Judicial Decision-Making in Asylum and the Role of Judges in Interpreting the Law. In Goodwin-Gill, G. S. and Lambert, H. (eds.), *The Limits of Transnational Law: Refugee Law, Policy Harmonization and Judicial Dialogue in the European Union*, Cambridge University Press, pp. 107-124.

Gil-Bazo, M-T., 2015, Asylum as a General Principle of International Law, *International Journal of Refugee Law* 27(1), pp. 3-28.

Global Citizenship Observatory (GLOBALCIT), 2019, Conditions for Electoral Rights 2019 (https://globalcit.eu/conditions-for-electoral-rights/, 2022 年 9 月 30 日閲覧).

Goodwin-Gill, G. S. and McAdam, J., 2007, *The Refugee in International Law, 3rd ed.*, Oxford University Press.

Gustafson, P., 2002, Globalisation, Multiculturalism and Individualism: the Swedish Debate on Dual Citizenship, *Journal of Ethnic and Migration Studies* 28(3), pp. 463-481.

Gustafson, P., 2005, International Migration and National Belonging in the Swedish Debate on Dual Citizenship, *Acta Sociologica* 48(1), pp. 5-19.

Gwangndi, M. I., 2015, The Right to Liberty under International Human Rights Law: An Analysis, *Journal of Law, Policy and Globalization* 37, pp. 213-217.

Hailbronner, K., 1999, Doppelte Staatsangehörigkeit. In Barwig, K. *et al.* (eds.), *Neue Regierung: neue Ausländerpolitik*, Nomos, pp. 97-114.

Hailbronner, K., 2006, Nationality in Public International Law and European Law. In Bauböck, R. *et al.* (eds.), *Acquisition and Loss of Nationality, Volume 1: Comparative Analyses: Policies and Trends in 15 European Countries*, Amsterdam University Press, pp. 35-104.

Hailbronner, K. and Farahat, A., 2015, *Country Report on Citizenship Law: Germany*, EUDO Citizenship Observatory.

Hailbronner, K. *et al.*, 2022, *Staatsangehörigkeit, 7th ed.*, C.H. Beck.

Hannum, H., 1996, The Status of the Universal Declaration of Human Rights in National and International Law, *Georgia Journal of International & Comparative Law* 25(1), pp. 287-397.

Henkin, L., 1990, *The Age of Rights,* Columbia University Press〔=1996、江橋崇監修・小川水尾訳、『人権の時代』有信堂高文社〕.

Henkin, L. (ed.), 1981, *The International Bill of Rights: The Covenant on Civil and Political Rights*, Columbia University Press.

Heyman, S. J., 2008, *Free Speech and Human Dignity,* Yale University Press.

Hodgkin, R. and Newell, P., 2007, *Implementation Handbook for the Convention on the Rights of the Child, 3rd ed.*, UNICEF.

Hofmann, R. M. (ed), 2016, *Ausländerrecht: Aufenthg - AsylVfG - GG - FreizügG/EU - StAG Eu-Abkommen – Assoziationsrecht 2. Auflage*, Nomos.

Hokema, T. O., 2002, *Mehrfache Staatsangehörigkeit: eine Betrachtung aus völkerrechtlicher und verfassungsrechtlicher Sicht : unter Berücksichtigung des St aatsangehörigkeitsreformgesetzes vom 15. Juli 1999*, Peter Lang.

International Labour Organization, 2021, *Application of International Labour*

Standards 2021: Addendum to the 2020 Report of the Committee of Experts on the Application of Conventions and Recommendations, International Labour Office.

Isensee, J., 1994, Öffentlicher Dienst. In Benda, E., Maihofer, W. and Vogel, H. -J. (eds.), *Handbuch des Verfassungsrechts der Bundesrepublik Deutschlands, 2nd ed.*, De Gruyter, pp. 1527-1577.

Järvegren, I., 2011, *The Principle of Non-Refoulement in Swedish Migration Law*, Faculty of Law, Lund University (http://lup.lub.lu.se/luur/download?func=downlo adFile&recordOId=1971928&fileOId=1973534, 2022 年 9 月 30 日閲覧).

Joseph, S. and Castan, M., 2013, *The International Covenant on Civil and Political Rights: Cases, Materials, and Commentary, 3rd ed.*, Oxford University Press.

Joseph, S. and McBeth, A. (eds.), 2010, *Research Handbook on International Human Rights Law*, Edward Elgar.

Kadidal, S, 2008, "Federalizing" Immigration Law: International Law as a Limitation on Congress's Power to Legislate in the Field of Immigration, *Fordham Law Review* 77(2), pp. 501-528.

Kowalczyk, L. and Versteeg, M., 2017, The Political Economy of the Constitutional Right to Asylum, *Cornell Law Review* 102(5), pp. 1219-1318.

Kunzman, R. and Gaither, M., 2013, Homeschooling: A Comprehensive Survey of the Research, *The Journal of Educational Alternatives* 2(1), pp. 4-59.

Lambert, H., Messineo, F. and Tiedemann, P., 2008, Comparative Perspectives of Constitutional Asylum in France, Italy, and Germany: Requiescat in Pace?, *Refugee Survey Quarterly* 27(3), pp. 16-32.

Liberty, 2010, *A Parliamentarian's Guide to the Human Rights Act*, The National Council for Civil Liberties.

Lillich, R. B., 1984, Civil Rights. In Meron, T. (ed.), *Human Rights in International Law: Legal and Policy Issues vol 1*, Claredon Press.

Magiera S. and Siedentopf, H. (eds.), 1994, *Das Recht des öffentlichen Dienstes in den Mitgliedstaaten der Europäischen Gemeinschaft*, Duncker & Humblot.

Majcher, I., 2019, *The European Union Returns Directive and Its Compatibility With International Human Rights Law: Analysis of Return Decision, Entry Ban, Detention, and Removal*, Martinus Nijhoff.

Martin, D. A., 2003, Introduction: The Trend Toward Dual Nationality. In Martin, D. A. and Hailbronner, K. (eds.), *Rights and Duties of Dual Nationals: Evolution and Prospects*, Kluwer Law International, pp. 3-18.

Martin, F. F. *et al.*, 2006, *International Human Rights and Humanitarian Law: Treaties, Cases, and Analysis*, Cambridge University Press.

Mazzuoli, V. de O. and Ribeiro, D., 2015, The Japanese Legal System and the Pro Homine Principle in Human Rights Treaties, *Anuario Mexicano de Derecho Internacional* 15(1), pp. 239-282.

Meili, S., 2017, The Constitutional Right to Asylum: The Wave of the Future in International Refugee Law?, *Fordham International Law Journal* 41(2), pp. 383-423.

Messineo, F., 2010, The Solipsistic Legal Monologue of Italian Authorities. In Goodwin-Gill, G. S. and Lambert, H. (eds.), *The Limits of Transnational Law: Refugee Law, Policy Harmonization and Judicial Dialogue in the European Union*, Cambridge University Press, pp. 85-106.

Migrant Integration Policy Index (MIPEX), 2020, (https://mipex.eu/, 2023 年 2 月 10 日閲覧).

Millet, F. -X., 2013, *L'Union européenne et l'identité constitutionnelle des États members*, L.G.D.J.

Moeckli, D., 2008, *Human Rights and Non-Discrimination in the "War on Terror"*, Oxford Universuty Press.

Moeckli, D., 2010, Equality and Non-Discrimination. In Moeckli, D. *et al.* (eds.), *International Human Rights Law*, Oxford University Press, pp. 189-208.

OECD, 2020, *Education at a Glance 2020: OECD Indicators,* OECD Publishing.

OECD, 2022, *International Migration Outlook 2022*, OECD Publishing.

Oers, R., Hart, B. and Groenendijk, K., 2013, *Country Report: The Netherlands*, EUDO Citizenship Observatory.

Onida, V. *et al.* (eds.), 2019, *Constitutional Law in Italy, 2nd ed.*, Wolters Kluwer.

Peters, A. and Preuss, U. K., 2012, International Relations and International Law. In Tushnet, M., Fleiner T. and Saunders, C. (eds.), *Routledge Handbook of Constitutional Law*, Routledge, pp. 33-44.

Robledo, A. R., 2018, *Constitutional Law in Spain, 2nd ed.*, Kluwer Law International.

Saul, B., Kinley, D. and Mowbray, J., 2014, *The International Covenant on Economic, Social and Cultural Rights: Commentary, Cases, and Materials*, Oxford University Press.

Schabas, W. A., 2019, *U.N. International Covenant on Civil and Political Rights: Nowak's CCPR Commentary, 3rd revised ed.*, N.P. Engel Verlag.

Schabas, W. A., 2021, *The Customary International Law of Human Rights*, Oxford University Press.

Schade, H., 1994, Mehrstaatigkeit – neuere Entwicklungen im Europarat. In Barwig, K. *et al.* (eds.), *Vom Ausländer zum Bürger: Problemanzeigen im Ausländer-, Asyl-*

und Staatsangehörigkeitsrecht: Festschrift Fritz Franz und Gert Müller, Nomos, pp. 408-410.

Schoukens, P. and Buttiens, S., 2017, Social Protection of Non-Removable Rejected Asylum-Seekers in the EU: A Legal Assessment, *European Journal of Social Security* 19(4), pp. 313-334.

Schwerdtfeger, G., 1980, *Welche rechtlichen Vorkehrungen empfehlen sich, um die Rechtsstellung von Ausländern in der Bundesrepublik Deutschland angemessen zu gestalten?*, C. H. Beck.

Shelton, D., 2009, Prohibited Discrimination in International Human Rights Law. In Constantidines, A. and Zaikos, N. (eds.), *The Diversity of International Law: Essays in Honour of Professor Kalliopi K. Koufa*, Martinus Nijhoff, pp. 261-292.

Simon, S. A., 2015, *Universal Rights and the Constitution*, State University of New York Press.

Sohn, L. B., 1977, The Human Rights Law of the Charter, *Texas International Law Journal* 12, pp. 129-140.

Spiro, P., 2002, Embracing Dual Nationality. In Hansen, R. and Weil, P. (eds.), *Dual Nationality, Social Rights and Federal Citizenship in the U.S. and Europe: The Reinvention of Citizenship*, Berghahn, pp. 19-33.

Spiro, P., 2016, *At Home in Two Countries: The Past and Future of Dual Citizenship*, New York University Press.

Spiro, P., 2019, *Citizenship: What Everyone Needs to Know*, Oxford University Press.

Stern, J. and Valchars, J., 2013, *Country Report: Austria*, EUDO Citizenship Observatory.

Tanasoca, A., 2018, *The Ethics of Multiple Citizenship*, Cambridge University Press.

Temperman, J., 2015, *Religious Hatred and International Law*, Cambridge University Press.

Tiedemann, P., 2009, Das konstitutionelle Asylrecht in Deutschland – Ein Nachruf –, *Zeitschrift für Ausländerrecht und Ausländerpolitik* 5(6), pp. 161-167.

Tobin, J., 2019, *The UN Convention on the Rights of the Child: A Commentary,* Oxford University Press.

UN High Commissioner for Refugees (UNHCR), 2020, Guidelines on Statelessness No. 5: Loss and Deprivation of Nationality under Articles 5-9 of the 1961 Convention on the Reduction of Statelessness, May 2020, HCR/GS/20/05（https://www.refworld.org/docid/5ec5640c4.html, 2022 年 8 月 13 日閲覧）.

UN Human Rights Council, 2013, Annual Report of the United Nations High Commissioner for Human Rights: Addendum, Report of the United Nations High

Commissioner for Human Rights on the Expert Workshops on the Prohibition of Incitement to National, Racial or Religious Hatred (11 January 2013), A/HRC/22/7/Add.4.

Verheyde, M., 2006, *A Commentary on the United Nations Convention on the Rights of the Child, Article 28: The Right to Education*, Martinus Nijhoff.

Vink, M., De Groot, G. -R. and Luk, N. C., 2015, "MACIMIDE Global Expatriate Dual Citizenship Dataset", doi:10.7910/DVN/TTMZ08, Harvard Dataverse, V5 [2020].

Weller, M. and Nobbs, K., 2010, *Political Participation of Minorities: A Commentary on International Standards and Practice*, Oxford University Press.

Wong, T. K., 2015, *Rights, Deportation, and Detention in the Age of Immigration Control*, Stanford University Press.

Working Group on Arbitrary Detention, 2020, Opinions Adopted by the Working Group on Arbitrary Detention at its Eighty-Eighth Session, 24-28 August 2020, Opinion No. 58/2020, A/HRC/WGAD/2020/58.

Yilmaz, S., 2019, Protection of Refugees' Rights Arising out of the International Protection Procedure from the view of Turkish Constitutional Court's Individual Application Decisions, *Ankara Üni. Hukuk Fak. Dergisi* 68(3), pp. 707-752.

Zimmermann, A. (ed.), 2011, *The 1951 Convention Relating to the Status of Refugees and its 1967 Protocol: A Commentary*, Oxford University Press.

索　引

【著者紹介】

近藤　敦（こんどう・あつし）

現職：名城大学法学部教授。博士（法学、九州大学）。ストックホルム大学・オックス
　　　フォード大学・ハーバード大学客員研究員。名古屋多文化共生研究会会長。移民政
　　　策学会元会長。国際人権法学会理事。

著書：『「外国人」の参政権——デニズンシップの比較研究』（明石書店、1996 年）

　　　『政権交代と議院内閣制——比較憲法政策論』（法律文化社、1997 年）

　　　『〔新版〕外国人参政権と国籍』（明石書店、2001 年）

　　　『外国人の人権と市民権』（明石書店、2001 年）

　　　『Q&A 外国人参政権問題の基礎知識』（明石書店、2001 年）

　　　『多文化共生と人権——諸外国の「移民」と日本の「外国人」』（明石書店、2019 年）

　　　『人権法〔第 2 版〕』（日本評論社、2020 年）

　　　『移民の人権——外国人から市民へ』（明石書店、2021 年）

編著：『Citizenship in a Global World: Comparing Citizenship Rights for Aliens』（Palgrave
　　　Macmillan, 2001）

　　　『外国人の法的地位と人権擁護』（明石書店、2002 年）

　　　『Migration and Globalization: Comparing Immigration Policy in Developed
　　　Countries』（明石書店、2008 年）

　　　『多文化共生政策へのアプローチ』（明石書店、2011 年）

　　　『外国人の人権へのアプローチ』（明石書店、2015 年）

共編著：『New Concept of Citizenship: Residential/Regional Citizenship and Dual
　　　Nationality/Identity』（CEIFO, Stockholm University, 2003）

　　　『移民政策へのアプローチ』（明石書店、2009 年）

　　　『非正規滞在者と在留特別許可——移住者たちの過去・現在・未来』（日本評論社、
　　　2010 年）

　　　『越境とアイデンティフィケーション——国籍・パスポート・ID カード』（新曜社、
　　　2012 年）

　　　『移民政策のフロンティア——日本の歩みと課題を問い直す』（明石書店、2018 年）

　　　『Migration Policies in Asia』（SAGE, 2020）

訳書：ヤン・ラト著、『ヨーロッパにおける外国人の地方参政権』（明石書店、1997 年）

監訳：トーマス・ハンマー著、『永住市民（デニズン）と国民国家——定住外国人の政治参
　　　加』（明石書店、1999 年）

国際人権法と憲法
──多文化共生時代の人権論

2023 年 4 月 15 日　初版第 1 刷発行

　　　　　　　　著　者　　　　　　　　　　　近　藤　　敦
　　　　　　　　発行者　　　　　　　　　　　大　江　道　雅
　　　　　　　　発行所　　　　　　　株式会社　明石書店
　　　　　　　　　　〒 101–0021 東京都千代田区外神田 6-9-5
　　　　　　　　　　　　　　　　電話 03（5818）1171
　　　　　　　　　　　　　　　　FAX 03（5818）1174
　　　　　　　　　　　　　　　　振替　00100-7-24505
　　　　　　　　　　　　　　　　https://www.akashi.co.jp/
　　　　　　　　装丁　　　　　　明石書店デザイン室
　　　　　　　　印刷／製本　　　モリモト印刷株式会社

移民政策のフロンティア

日本の歩みと課題を問い直す

移民政策学会設立10周年記念論集刊行委員会 編著
（井口泰、池上重弘、榎井縁、大曲由起子、児玉晃一、駒井洋、近藤敦、鈴木江理子、渡戸一郎）

■四六判／並製／296頁 ◎2500円

外国人居住者数・外国人労働者数が共に過去最高を更新し続けているなかでも、日本には移民に対する包括的な政策理念が存在していない。第一線の研究者らが日本における移民政策の展開、外国人との共生について多面的、網羅的に問い直す。

移民政策研究
移民政策学会編 移民政策の研究・提言に取り組む研究誌【年1回刊】

日本の移民統合 全国調査から見る現況と障壁
永吉希久子編
◎2800円

ニューカマーの世代交代
日本における移民2世の時代
樋口直人・稲葉奈々子編著
◎3600円

アンダーコロナの移民たち
日本社会の脆弱性があらわれた場所
鈴木江理子編著
◎2500円

日本の「非正規移民」
「不法性」はいかにつくられ、維持されるか
加藤丈太郎著
◎3600円

人口減少・超高齢社会と外国人の包摂
外国人労働者・日本語教育・民俗文化の継承
熊谷嘉隆監修 成澤徳子編集代表
◎4500円

多言語化する学校と複言語教育
移民の子どものための教育支援を考える
大山万容 清田淳子、西山教行編著
◎2500円

外国人の子ども白書【第2版】 権利・貧困・教育・文化・国籍と共生の視点から
荒牧重人、榎井縁、江原裕美、小島祥美、志水宏吉、南野奈津子、宮島喬、山野良一編
◎2500円

〈価格は本体価格です〉

入管問題とは何か

終わらない〈密室の人権侵害〉

鈴木江理子、児玉晃一　編著

■四六判／並製／304頁　◎2400円

日本には、正規の滞在が認められない外国人を収容する入管収容施設がある。収容の可否に司法は関与せず、無期限収容も追放も可能な場所だ。差別と暴力が支配するこの施設は、私たちの社会の一部である。「不法な外国人」に対する眼差しにも迫る、果敢な試み。

複数国籍

佐々木てる編

日本の社会・制度的課題と世界の動向

◎3200円

東北の結婚移住女性たちの現状と日本の移民問題

不可視化と他者化の狭間で

李善姫著

◎3500円

多様性×まちづくり インターカルチュラル・シティ

欧州・日本・韓国・豪州の実践から

山脇啓造、上野貴彦編著

◎2600円

外国人の医療・福祉・社会保障 相談ハンドブック

移住者と連帯する全国ネットワーク編

◎2500円

医療通訳学習ハンドブック

医療現場で役立つ知識！8ヶ国語対応

G・アビー・ニコラス・フリュー、一枝あゆみ、岩本弥生、西村明夫、三木紅虹著

◎3600円

難民を知るための基礎知識

政治と人権の葛藤を越えて

滝澤三郎、山田満編著

◎2500円

難民とセクシュアリティ

アメリカにおける性的マイノリティの包摂と排除

工藤晴子著

◎3200円

国際水準の人権保障システムを日本に

個人通報制度と国内人権機関の実現を目指して

日本弁護士連合会第62回人権擁護大会シンポジウム第2分科会実行委員会編

◎3000円

〈価格は本体価格です〉

多文化共生と人権

諸外国の「移民」と日本の「外国人」

近藤敦 著

■A5判／並製／336頁 ◎2500円

EU各国や北米、豪州、韓国における移民統合政策との国際比較を行い、日本の法制度と人権条約等の国際的な人権規範との整合性を検討することで、日本の実態と課題を多角的な視点から整理。求められる「多文化共生法学」の地平を切り開き、多文化共生政策の実態と課題、展望を考察する。

移民の人権

外国人から市民へ

近藤敦 著

■A5判／並製／208頁 ◎2400円

国民と外国人の二分法ではなく、「外国にルーツを持つ人」「将来の国民」も含む "移民" の人権をめぐる国内法上の問題について判例を分析しながら整理。人権条約と憲法に照らして課題を乗り越える、多文化共生社会に求められる指針を提示する。

〈価格は本体価格です〉